저출산·고령사회와 그 적들

이 저서는 2015학년도 서울여자대학교 교내학술연구비의 지원을 받았음.

This work was supported by a research grant from

Seoul Women's University(2015).

C O N T E N T S

서 문

표 목차

CONTENTS

그림 목차

CONTENTS

저출산·고령화는 한국사회에서 더 이상 새로운 사회이슈가 아니다. 여기저기에서 누구나 원인, 과정, 결과 등 많은 이야기를 쏟아낸다. 굳이 전문가가 아니더라도 "왜 아이를 낳지 않는지, 노인의 삶이 어떤지..." 열변을 토할 수 있다. 인생 경험을 바탕으로 할 수 있는 이야기가 많은 주제이기 때문이다. 그렇기 때문에 성급하게 결론내리고 일반화하기도 한다. 교육비 부담 때문에 아이를 낳지 않는다고 단정적인 이야기를 한다거나, 노인을 아집과 편견에 사로잡혀 꽉 막힌, 소통이 불가능한 세대로 싸잡아 말하기도 한다.

그러나 조금만 여유를 갖고 생각해 보면 저출산·고령화 현상의 원인, 과정, 결과는 매우 복합적임을 인정하게 된다. 다른 생각과 가치관을 습득한 사람들이 살면서 다양한 인생 경험을 하는 과정에서 당연히 복합적 원인·과정·결과가 나온다. 이런 이야기를 모두 담아보고 싶었다. 그리고 가능하면 객관적인 현상 파악을 하고 싶었다. 그래서 각종 통계자료를 우선 정리하였다. 그리고 가능한 많은 원인과 현상, 그리고 해석을 담으려 하였다.

그럼에도 불구하고 한 가지 꼭 하고 싶은 주장이 있다. 한국사회 구조와 체제 차원의 문제이다. 저출산 원인으로서 교육비 부담, 독박육아, 주거·고용불안 등 많은 이야기를 한다. 국민연금이 부족하고 기초연금 수준도 낮기 때문에 발생하는 경제협력개발기구(OECD) 회원국 최고 수준의 노인빈곤 이야기도 한다. 저출산·고령사회의 원인이나 문제를 이야기 할 때 늘 언급되는 주제이다. 그런데 이런 현상이 나오게 된 한국적 상황에서의 근본원인이 무엇일까 문제제기를 하고 싶었다. 그래서 '발전주의체제'를 역사 속에서 가져왔다.

저출산 · 고령사회와 그 적들

아직은 문제제기 수준에 불과하다. 그러나 1960년대 이후 산업화 시대와 1990년대 이후 민주화 과정을 거치면서 오늘날 한국사회의 모습을 만드는 결정적 요인으로서 발전주의체제를 그냥 지나칠 수 없다. 발전주의체제 관련 많은 연구와 논평이 있지만, 노무현 정부에서 시작하여 지금에 이르고 있는 저출산·고령사회 기본계획에 녹아있는 발전주의체제의 유산에 대한 관심은 없다. 그래서 저출산·고령사회 기본계획은 "국가가 이만큼 투자할테니 국민 여러분은 아이를 낳으셔야 한다. 기초연금을 확대하면 노인빈곤율이 감소할 것이다."라는 메시지를 반복하고 있는 것이다. 이것이 개별 요인을 떠나 저출산·고령사회의 적을 '발전주의체제의 유산'으로 규정한 이유이다.

저출산·고령화가 더 이상 새로운 사회적 이슈가 아님을 이야기하였다. 그러나 저출산·고령화의 결과는 매년 새롭게 한국사회에 나타날 것이다. "경제성장이 멈추고 한반도에서 인구가 사라질 것이다."라는 공포 메시지도 더욱 강도를 더해 갈 것이다. 하지만 저출산·고령화는 인간의 가치에 대한 인식을 새롭게 하고 장수의 축복을 경험할 수 있는 좋은 기회가 될 수 있다. 발전주의체제에서 유래한 "하면 된다."식의 개발 · 성장 우선주의, 권력의 입맛을 우선하는 실적주의, 경제협력개발기구(OECD) 회원국 중 가장 낮은 사회연대 수준을 극복하는 거대한 패러다임의 전환이 있다면 말이다.

이제 이 책을 계기로 한국사회 패러다임 전환 논의가 본격적으로 시작되었으면 한다. 발전주의체제 유산 정리라는 역사 청산이 없는 '한국사회 다시 만들기, 4차산업 혁명' 등 논의는 모래 위에 짓는 집일 뿐이다.

이 책을 만드는 과정에서 출판사 김영환 원장과 손유창 선생님께서 많은 수고를 해주셨다. 서울여대 독일 스터디 그룹 멤버인 문채영, 이

보미, 안예진, 김민주, 김지연에게도 감사한다. 서울여대 대학원 박사 과정 최혜진과 석사 과정 김승혜의 마무리가 없으면 이 책 출판은 불가능했을 것이다. 늘 저자의 학문적 뿌리로서 독일 트리어 대학교(Universität Trier) 한스 브라운 교수(Prof. Dr. Hans Braun)가 있음을 잊지 않고 있다. 트리어에 갈 때마다 한스와 함께 늘 반갑게 맞아주는 카타리나(Katharina)에게도 인사를 전한다. 영국에 사는 조카 또마(Thomas)가 이제는 삼촌의 책을 읽을 수 있을 만큼 한글 실력이 늘어서 기쁘다. 독일의 사랑스러운 민희, 다희, 다호는 늘 살아가는 에너지의 원천이다. 종암동과 일산의 양 부모님께 드리는 감사의 마음은 언제나 변함없다. 청년세대로서 아픔과 가능성을 공유하고 있는 큰 딸 성희, 이제 뛰어다니면서 세상을 겪기 시작하는 아들 주호에게 저출산·고령사회가 희망으로 다가오길 바란다. 책을 쓰는 과정에서 지지와 성원, 토론과 의견 교환을 통해 늘 함께 한 아내 지은에게 사랑과 감사의 마음을 전한다.

2017년 4월
그리고 민호를 생각하면서...

정재훈

서 문

독일의 저명 주간지 '슈피겔(Der Spiegel)' 2004년 2월호 표지 제목은 '웃음이 없는 땅(Land ohne Lachen)'이었다. 표지 그림은 기저귀를 찬 아기가 역도 바벨을 들고 있고 그 바벨 위에 노인들이 나란히 앉아 있는 모습을 묘사하고 있다.[1] 저출산으로 젊은 사람 수가 줄어들고 고령화로 인하여 노인인구가 증가하면서 독일 사회의 노인부양 부담이 증가하는 현상을 상징하는 그림이다.

그림이 보여주듯이 저출산·고령화를 이야기할 때 우리는 늘 부정적 이미지를 갖게 된다. 인구절벽으로 언젠가 사람이 사라질 한반도, 활력을 잃은 경제, 아이 울음소리가 사라지고 노인만 보이는 사회, 부양부담으로 인한 세대 간 갈등 등이 바로 그것이다. 저출산·고령화가 정책적 관심이 되기 시작한 것도 2002년 국민연금발전위원회가 "현재 이 상태로 저출산과 고령화가 진행된다면 국민연금 재정 고갈이 빨라질 것이다."라는 예측을 내놓으면서 부터이다.[2]

그런데 저출산과 고령화를 반드시 부정적으로만 보아야 하는가? 높은 소득수준, 보건·의료기술의 발전, 위생적 주거환경 등 사회발전이 뒷받침되지 않으면 고령화 사회는 불가능하다. 이런 면에서 고령화는 20세기 들어서 인류가 겪는 최초의 경험이자 축복이다. 물론 이 경우 인류는 경제발전이 어느 정도 이루어진 국가에 해당된다. 노래 '백세인생'의 가사처럼 건강하고 어느 정도 돈과 살 집이 있다면 빨리 죽고 싶어 하는 사람은 없을 것이다.

저출산 역시 많은 긍정적 경험을 우리에게 전해주고 있다. 강력한 산아제한정책을 추진했던 1960·70년대 산업화 시대에 남아선호 사상을 없애기 위하여 성차별적 가족법 개정을 국가가 앞장서기도 하였다. 한 해 출생아수가 100만 명 내외를 오가던 시절에는 도시

---

1) Land ohne Lachen. Spiegel Nr. 2/2004, S. 38-48.
2) 국가기록원(http://theme.archives.go.kr/next/populationPolicy/issue08.do).

지역을 중심으로 이른바 '과밀학급'이 있었다. 학교 수는 적고 취학 아동 수는 많기 때문에 오전·오후반으로 나누어 한 교실에서 두 반을 운영해도 한 학급 인원이 7,80명을 넘었고 심지어 100명에 가깝기도 하였다. 그런데 저출산 현상이 지속되면서 교사와 학생 비율이 낮아지고 교육의 질이 높아졌다. 자녀돌봄에 많은 시간을 보내야 했던 부모, 특히 여성에게는 자기계발과 사회참여를 할 수 있는 기회가 더 많아졌다. 저출산 때문에 '사람 값'이 올라가는 계기가 생기고 무조건적 경제성장보다 삶의 질과 행복을 이야기하기 시작하였다.

결국 저출산과 고령화는 우리가 어떻게 받아들이고 대응하느냐에 따라 장수의 기쁨을 누리면서 삶의 질을 높일 수 있는 긍정적 사회 현상이기도 하다. 물론 적절하지 못한 대응을 할 경우에는 사회적으로 미래에 대한 불안과 공포 분위기가 조성되고 정치·사회적 갈등, 경제 불안 및 침체, 사회적 관계망과 공동체 붕괴 등 최악의 시나리오가 현실화될 수 있다.

경제가 성장하고 생활환경이 개선되면서 최첨단 의료기술의 혜택을 받을 수 있는 현재 한국사회 현실에서 저출산과 고령화는 돌이킬 수 없는 현실이 되었다. 특히 고령화는 더욱 그렇다. 건강 장수하게 되었는데 일부러 죽거나 죽일 수는 없는 것 아닌가? 그렇다고 늘어나는 노인 수만큼 아이를 낳는다면 높은 인구밀도를 감당하지 못하여 또 다른 사회문제가 발생하게 될 것이다. 그래서 최대한 많이 낳으면 대체출산율 2.0 정도가 될 것이고 아니면 ㄱ 이하가 되면서 나머지 부족한 인구는 인구이동으로 채워나가는 모습을 예견할 수 있다. 혹은 산업혁명 4.0 시대에 상상할 수 없을 정도로 높아지는 생산력이 인구부양 부담을 줄이는 역할을 할 것이다.

그래서 저출산·고령화를 전제조건 내지 상수로 설정하고 지속가능 한국사회를 만들 수 있는 대응 방안을 만들어나갈 시대적 과제가 나온다. 이러한 시대적 과제 도출과 실천의 장애 요소가 있을 수 있다. 이를 저출산·고령사회와 그 '적들'로 명명한다. 그리고 이 적들의 실체를 드러내야 한다. 그래야만 저출산·고령화에 대한 공포와 불안에서 나오는 '공황(Panik; panic)' 상태에서 벗어나 장기적이고 지속가능한 정책으로써 대응할 수 있을 것이다.

본서는 다음과 같은 내용으로 구성한다.

첫째, 저출산·고령사회가 한국에서 어떻게 전개되었는지 알아본다.

둘째, 저출산 실태를 보면서 출산율 등 관련 개념도 함께 이해한다.

셋째, 고령화 추이를 알아보면서 노인 개념의 가변성을 알아본다.

넷째, 저출산·고령화의 결과가 어떻게 전개될 수 있는지, 과연 미래사회의 '위험'으로만 볼 수 있는지 알아본다.

다섯째, 저출산·고령화 요인으로서 저출산 요인을 분류하고 이해한다. 이러한 이해를 통해 저출산 현상에 어떻게 접근하면 좋을지 생각하는 기회를 가져본다.

여섯째, 한국사회에서 저출산·고령화가 어떠한 정책 이슈화 과정을 거쳤는지 알아본다.

일곱째, 저출산·고령사회에 대비하는 과정에서 나타나는 '적들'의 실체를 찾아보도록 한다.

이러한 과정을 통해 저출산·고령화 현상에 대한 이해를 추구하며 삶의 질과 장수의 축복을 동시에 누릴 수 있는 미래의 모습을 각자 그려나갈 수 있도록 해보자.

1부 저출산 · 고령사회의 모습

대체출산율 2.1 이하의 저출산 현상은 이미 1980년대 중반 시작되었다. 전체인구 중 노인인구 비중이 7%를 넘어가는 고령화는 2000년대 이후 현상이다. 빨리 시작한 저출산이 최근 고령화 현상과 만나면서 인구보너스 기간이 종료되고 총인구가 감소하는 현상이 나타나기 시작한다. 인구절벽이 그 결과이다. 또한 한국은 세계 최저 수준의 저출산과 세계 최고의 수명 연장 속도가 함께 진행되면서 세계에서 가장 나이 많은 인구를 가진 국가가 될 전망이다. 그러나 물리적 숫자로서 인구 감소와 연령 상승이 무조건 최악의 상황을 가져올 것이라는 비관론에 빠질 필요는 없다.

제1장

|

저출산 · 고령화 사회의 시작

저출산, 고령화는 반드시 동시에 나타나는 현상은 아니다. 한국 사회에서 저출산은 고령화보다 먼저 시작되었다. 그러나 장기적으로 저출산과 낮은 사망률이 지속된다면 고령화로 이어진다. 그래서 저출산·고령화는 결국 함께 고려해야 할 개념이 된다.

1. 빨랐던 저출산, 늦게 온 고령화

1980년대부터 저출산 현상은 시작되었지만3) 인구 증가율은 여전히 플러스(+)인 상황이었기 때문에 인구과잉 관련 우려가 더 많았다. 저출산 현상은 산아제한 가족계획사업의 성과로 긍정적으로 받아들여졌다. 오히려 태어나는 아이 수가 적어짐으로써 인구 부양 부담이 감소하고 경제성장의 성과로서 1인당 국민소득이 더 늘어날 가능성이 본격적으로 생겨났기 때문이다. 잘 알려져 있다시피 저출산은 20여 년 이상 지속된 후 2000년대에 들어서야 위기로서 정책적 관심사가 되었다.

고령화는 1970년대 말부터 사회적 관심사로 떠올랐다. 정확히

---

3) 합계출산율이 1983년 대체출산율 2.1 이하인 2.06으로 떨어졌고, 1984년 1.74가 되었다. 이후 그 수준을 한번도 회복하지 못하고 있다.

말하면 고령화라기보다 노인인구 증가 현상 자체가 사회 이슈가 된 것이다. 65세 이상 노인인구가 전체인구의 7%를 차지하는 고령화 사회는 2000년이 되어서야 도래하였다. 그러나 1970·80년대 한창 진행 중이던 산업화, 도시화, 핵가족화 등으로 인한 가족 내 노인부양이 사회규범으로서 의미를 잃어가기 시작하면서 발생하는 노인문제 자체가 사회적·정책적 이슈가 되었다. 게다가 노인문제 제기는 이해당사자로서 노인운동단체, 정관계, 재계, 학회 등에 광범위하게 존재하였다. 정책결정에 영향력을 행사할 수 있는 집단 자체가 노인이 되어간다는 '운명적 이해관계' 때문이다.

출산율이 1.47을 기록한 2000년, 65세 이상 노인인구 비율도 고령화 사회 기준이라고 하는 7%를 넘어섰다. 그 이후 고령화율은 지속적으로 상승하여 2017년에는 노인인구 비율 14% 이상인 고령사회에 도달한다. 2014년부터 2016년 현재까지 1.2정도 수준인 출산율이 저출산·고령사회 기본계획에서 목표대로 2020년부터 1.5를 유지한다 하더라도 2030년경부터 한국은 본격적인 저출산·고령사회로 진입하게 된다(그림 1-1).

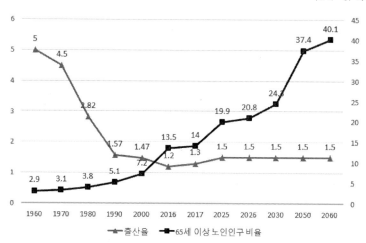

〈그림 1-1〉 저출산·고령화 현상의 전개

(단위: 명, %)

출처: 「통계청(2015.9), 2015 고령자통계」, 「통계청(2011), 장래인구추계 ; 통계청 홈페이지 (http://kostat.go.kr)」를 토대로 재구성.

위 그림에서 볼 수 있듯이 저출산과 고령화 현상이 만나는 지점, 즉 2000년 이후에 들어와서 인구보너스 종료와 총인구 감소 현상이 나타나기 시작한다.

2. 인구보너스의 종료와 총인구 감소

1) 인구보너스의 종료

저출산·고령화 효과가 동시에 나타나는 시기에 인구보너스의 종료와 총인구 감소 현상이 진행되기 시작한다. 인구보너스(demographic bonus)는 낮은 출산율로 인하여 생산가능인구의 부양부담이 낮은 수준으로 지속되는 상황을 설명하는 개념이다. 경제성장에도 유리한 상황인 셈이다. 인구보너스기에는 총부양비가 낮은 수준을 유지한다.

총부양비는 노인인구와 유소년인구를 더한 값에 대한 생산가능인구(15~64세)의 비율을 의미한다. 취업활동을 할 수 있는 연령대 사람들이 어린이와 노인을 어느 정도 부양해야 하는지 그 부담 정도를 말하는 것이다. 따라서 총부양비는 다음 식으로 나타낸다.

$$총부양비 = \frac{(0 \sim 14세\ 유소년\ 인구 + 65세\ 이상\ 노인인구)}{15 \sim 64세\ 생산가능인구}$$

총부양비는 1950년대 말 60년대 초에 태어난 베이비붐 세대가 취업활동을 하는, 즉 총부양비식의 분모를 형성하는 동안에는 낮은 수준으로 나타난다. 그러나 베이비붐 세대가 은퇴하기 시작하면서 총부양비는 상승한다. 그 시점이 2016년에서 2017년에 나타난다. 총부양비가 2016년 36.2를 기점으로 하여 2017년 36.8로 상승하기 시작한다(그림 1-2). 2016년과 2017년 사이에 인구보너스 시간이 종료되었다고 말할 수 있다. 총부양비는 2020년 38.9, 2030년에는 55.4로 상승할 것이다(대한민국정부,2011:13).

<그림 1-2> 총부양비

출처: KOSIS 100대 지표 「총부양비」4)

총부양비가 올라가기 시작하면 인구 노령화 지수도 100을 넘어 간다. 결국 총부양비가 상승하기 시작하고 인구 노령화 지수가 100을 넘어가면 인구보너스 기간은 종료되었다 볼 수 있다. 인구 노령화 지수는 65세 이상 노인인구와 0~14세 유소년 인구 간 비율이다. 유소년 인구에 비해 노인인구가 많아지면 노령화 지수는 100을 넘어가게 된다. 노령화 지수는 다음과 같이 구한다.

노령화 지수 = (65세 이상 노인인구 ÷ 0~14세 유소년 인구) × 100

인구보너스 기간이 종료되기 시작한 2016년과 2017년 사이 노령화 지수가 100을 넘어가기 시작하였다. 2017년 노령화 지수가 104.1을 기록했는데, 이는 유소년 인구 100명에 노인인구가 104

4) http://kosis.kr/nsportalStats/nsportalStats_0102Body.jsp;jsessionid =QtcVE5MVXabo9VH1yDdikhbehvfaQebA cQFZnRVQJM2vYa1Dg5 RszZXHH as8m709.STAT_WAS2_servlet_engine1?menuId=1&NUM=6

명 있음을 의미한다. 앞으로 약 10여년 뒤 2030년 유소년 인구 100명 당 노인인구는 193명이 될 것이고 2060년에는 394명이 될 전망이다. 만약 이 추세가 지속된다면 앞으로 3~40년 뒤에는 지하철 경로석이 아니라 아동보호석이 생길지도 모르겠다.

〈그림 1-3〉 노년부양비와 노령화 지수

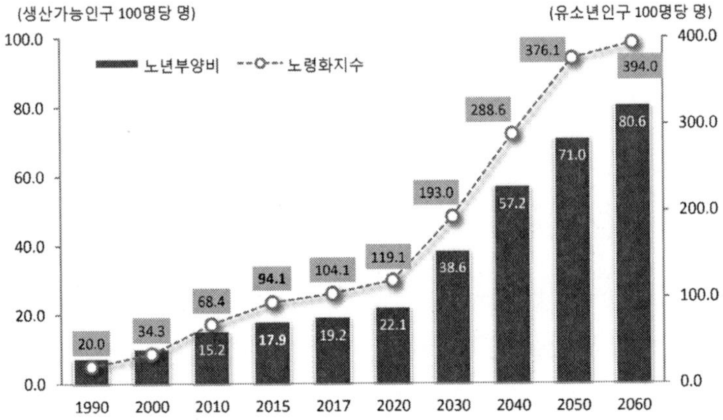

(생산가능인구 100명당 명)
(유소년인구 100명당 명)
노년부양비
노령화지수
100.0
80.0
60.0
40.0
20.0
0.0
400.0
300.0
200.0
100.0
0.0
1990
2000
2010
2015
2017
2020
2030
2040
2050
2060
20.0
34.3
68.4
94.1
104.1
119.1
193.0
288.6
376.1
394.0
15.2
17.9
19.2
22.1
38.6
57.2
71.0
80.6

출처: 통계청(2015.9), 2015 고령자통계, 19쪽.

2) 총인구 감소

1950년대 말부터 1970년대 초까지 지속된 베이비붐은 취업활동인구의 상대적 규모 확대를 가져왔고 인구보너스 기간이 2018년까지 지속하는데 기여하였다. 그러나 1980년대부터 진행된 지속적 저출산 현상으로 인한 인구보너스 종료에 이어 2030년부터는 총인구 규모가 감소할 것이라는 추계가 나온다. 인구성장 마이너스 시대가 2030년 이후 찾아오는 것이다.

〈그림 1-4〉 저출산·고령화의 인구학적 결과

인구보너스
종료

(2018년)

총인구 감소
시작

(2030년)

저출산이 지속되면 평균수명이 증가하는 것과 관계없이 인구는
감소한다. 현대의학이 고도로 발전하여 인간이 100세를 넘어가는
현상이 보편적이 된다면 인구감소 속도가 줄어들 수 있을지 모르겠
다. 하지만 인간의 수명이 무한하지 않은 이상 저출산·고령화는 인
구 감소로 이어진다. 인구 감소는 한국의 기성세대, 특히 중장년·노
인세대에게는 낯선 주제이다. 어릴 적부터 '인구폭발'의 위험성을
교육받았기 때문이다.

1960년대 인구 관련 주요 이슈는 높은 인구 증가율이었다.
1975년 대한가족계획협회 발간 자료를 보면 "가족계획을 하지 않
을 경우 2000년대에 가서는 우리나라 인구가 지금의 배에 가까운
6천4백만 명이 될 것으로 추산된다. 가족계획을 아무리 잘해도 그
때 인구는 4천9백만 명이 될 것으로 보이는데, 아무튼 현재의
1.6%라는 증가율을 1981년도에는 가능한 한 1.3%로 낮추어야 하
고 그래야 예상대로 국민소득 1천 달러가 무난히 달성될 것이다(대
한가족계획협회,1975:35)."라고 기술되어 있다.

인구증가율은 출생과 사망에 따른 자연증가율과 이민·이주 등 인

구의 국제적 이동에 따른 사회적 증가율을 합한 개념이다. 전년도에 비해 올해 인구 규모 변화를 의미한다. 혹은 특정시점에서 시점까지 인구 규모 변화 정도를 의미하기도 한다. 전년도 대비 인구 증가율을 말할 수도 있고, 1990년 대비 2015년 현재 인구 증가율을 이야기할 수도 있다.

여기에서 총인구 개념을 두 가지로 이해할 수 있다. 보통 인구는 총인구를 의미하며 총인구는 다시 확정인구와 추계인구로 분류한다. 우리가 흔히 인구가 증가 혹은 감소한다 할 때에 과거부터 현재 시점까지는 확정인구 규모를, 현재 이후 미래 시점(예를 들어 2060년) 인구 규모를 이야기할 때에는 추계인구를 말하는 것이다. "2016년 우리나라 총인구는 50,801천 명으로 1970년 32,241천 명에 비해 약 1.6배 증가했다."[5]라고 했을 때 2016년 총인구는 추계인구, 1970년 총인구는 확정인구이다.

총인구는 한 해의 중간인 7월 1일 현재 인구 규모이다. 그래서 연앙(年央)인구, 즉 1년의 중간인구라는 표현을 사용한다. 지금이 2016년인데 2010년 인구가 4천941만 명이라고 한다면 이는 2010년 7월 1일 현재 확정인구이다. 2060년 인구가 4천395만9천 명이라고 한다면 출생, 사망, 이주와 이민 등 국제이동을 토대로 추정한 인구(추계인구) 규모가 2060년 7월 1일 기준 그 정도 될 것이라는 예측이다. 결국 우리가 일상에서 인구라고 말하는 표현은 매년 7월 1일 기준 총인구이다. 총인구는 이미 파악한 확정인구와 추정하는 추계인구로 분류한다.

---

5) 통계청 국가지표 체계
(http://www.index.go.kr/potal/main/EachDtlPage Detail.do?idx_cd=1009).

〈그림 1-5〉 총인구 개념

연앙인구 — 7월1일 현재 인구

총인구

추계인구 — 인구변동 요인(출생, 사망, 국제이동)을 고려하여 직성한 인구

1960·70년대는 높은 인구증가율을 보일 때이다. 1960년대 연평균 3% 수준 인구증가율은 1970년대에 들어와 2% 수준 이하로 감소하였다. 2016년 0.36%까지 떨어진 인구증가율은 2030년을 지나면서 플러스에서 마이너스로 돌아서서(인구 제로성장시대의 시작) 2040년 -0.39%를 거쳐 2060년에는 -1% 수준을 보일 전망이다. 인구증가율이 지속적으로 감소했지만 이미 태어난 세대의 인구규모로 인하여 1970년대 이후에도 인구규모 자체는 지속적으로 증가하고 있다. 인구증가 추세는 2030년까지 이어질 전망이다.

합계출산율 1.2 내외의 저출산율이 지속되면서 연간 출생아 수도 2007년 49만여 명을 기록한[6] 이후 2012년까지 44만 명에서 48만 명 사이를 오갔다.[7] 2013년부터는 출생아 수가 아예 43만 명대로 내려가서 상승하지 않다가 2016년에는 40만6천 명으로서 출생아 수가 간신히 40만 명7대를 유지하였다(통계청,2017.2:4). 사망자 수는 합계출산율과는 달리 매우 완만하게 증가하는 추세를 보인다. 2006년 24만여 명이었던 사망자 수는 해마다 꾸준히 증가하여 2016년 28만1천 명 수준에 이르렀다. 해마다 출생아 수와 사망

---

6) 2007년은 600년 만에 돌아오는 '황금돼지의 해'라고 하여 출생이 집중적으로 몰리는 현상이 일어났다.
7) 2012년은 60년에 한번씩 돌아오는 '흑룡띠의 해'라고 하여 출생이 몰리는 현상이 나타났다.

자수 격차가 줄어들고 있는 것이다(그림 1-6). 그럼에도 불구하고 아직은 10만여 명 이상 출생인구가 사망인구 규모보다 큰 상황이기 때문에 인구 감소 추세가 나타나지 않고 있다.

〈그림 1-6〉 출생아 수와 사망자 수 추이 비교

(단위: 천명)

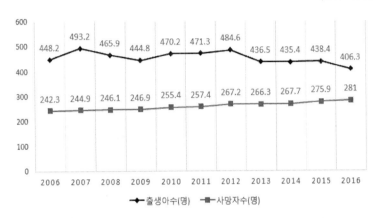

출처: 「통계청(2017.2), 2016년 출생·사망 통계 잠정 결과, 4, 12쪽.」을 토대로 재구성.

여전히 출생아 수가 사망자 수보다 많은 현상은, 저출산 문제로 사회가 떠들썩하지만 아직 대도시를 중심으로 주변에서 인구감소를 체감할 수 없는 이유이기도 하다. 그러나 출생아 수와 사망자 수 격차가 점점 줄어들면서 2030년 5천216만 명을 정점으로 인구감소가 시작되어 2060년 추계인구 규모가 약 4천4백만 명이 될 것이다.

〈그림 1-7〉 총인구, 인구증가율

(단위: 천명, %)

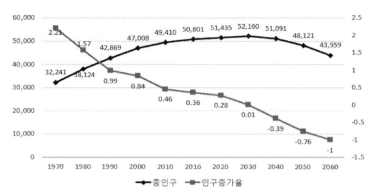

주: 1) 이 경우 총인구는 통계 작성 시점 이전 확정인구와 그 이후 추계인구를 포함하는
　　 개념이다.

출처: 「국가지표체계, 인구성장률
　　 (http://www.index.go.kr/potal/main/EachDtlPageDetail.do? dx_cd=1009)」
　　 을 토대로 재구성.

　　만약 제3차 저출산·고령사회 기본계획에서 설정한 목표대로
2020년 출산율 1.35에 이르고 그로부터 10년 뒤인 2030년 출산
율은 1.41로 올라가고 이후 출산율 1.4 수준을 유지하게 된다면
2016년 현재 5천만 명 수준 인구는 2045년부터 4천만 명대로 떨
어지고 2069년부터는 인구 3천만 명 시대가 열릴 것이라는 전망도
할 수 있다(그림 1-8).

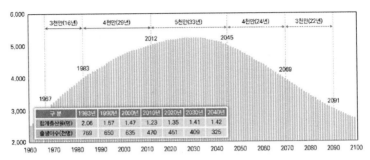

〈그림 1-8〉 총인구 규모 추계

구 분	1983년	1990년	2000년	2010년	2020년	2030년	2040년
합계출산율(명)	2.06	1.57	1.47	1.23	1.35	1.41	1.42
출생아수(천명)	769	650	635	470	451	409	325

출처: 대한민국정부(2016), 제3차 저출산·고령사회 기본계획(2016-2020),
    브릿지플랜 2020, 12쪽.

그런데 인구 감소와 인구보너스 종료 상황을 무조건 부정적으로
볼 필요가 있을까? 서울을 중심으로 한 수도권 대도시에 전체 인구
의 절반 이상이 모여 사는 상황에서 인구 감소는 주택 가격 하락과
생활환경 개선을 통한 삶의 질 향상으로 이어질 수 있다. 물론 적
정인구 규모는 전체 인구 숫자가 아니라 연령별 인구 구성비를 바
탕으로 결정되어야 한다. 노인인구만 지나치게 많아지면서 진행되
는 인구 감소가 바람직한 현상은 분명 아닐 것이다. 그럼에도 불구
하고 좁은 한반도에 지나치게 많은 사람이 모여 살던 상황에 변화
가 일어나는 것은 적정인구 규모 형성을 통한 삶의 질 향상을 도모
할 수 있는 좋은 기회가 될 수 있다.

제2장

|

저 출 산

저출산 관련하여 많은 이야기가 나온다. 출산율이 다른 나라에 비해 현저히 낮은 초저출산 현상이 지속되고 있기 때문이다. 많이 알려진 저출산 현상을 실태와 개념 중심으로 다시 한 번 점검해 보도록 하자.

1. 저출산 추이

1960년대에는 인구성장률로만 인구변동을 파악했다면 1970년부터 합계출산율 개념을 적용하여 인구변동 파악의 한 수단으로 사용하기 시작하였다. 1970년 합계출산율은 4.53이었다. 여성 한 명이 다섯 자녀 정도는 출산했다는 의미이다. 그래서 당시 가족계획 주 목표는 한 가정당 아이 셋만 낳는 것이었다. 1970년대 출산율은 3명 수준이었는데 이에 따라 가족계획 구호도 두 자녀 출산에 맞추어졌다.

"... 현재 우리나라 부인의 평균 자녀수는 4명을 유지하고 있으므로 이를 3명 이내로 줄인다는 일은 과거 6명에서 4명으로 저하시키는 것과는 비교도 안 될 만큼 매우 막중한 과업이 아닐 수 없다(대한가족계획협회, 1975:109)."

그리고 1983년 합계출산율이 대체출산율 2.1 이하인 2.06으로 하락한 이후 1984년 1.74, 1990년 1.57로 떨어지던 합계출산율이 1995년 1.63으로 작은 반등세를 보인 이후 한 번도 증가를 볼 수 없는 저출산 현상이 지속되고 있다. 2001년은 합계출산율이 1.3 이하로 내려가는 초저출산 사회의 분기점이었으며,[8] 2005년 합계출산율은 1.08로서 사상 최저를 기록하였다. 2016년 현재 합계출산율은 1.17 수준이다. 2012년 1.3으로 올라가긴 했지만, 2001년 이후 1.2 내외를 오가는 상황이다(그림 2-1).

〈그림 2-1〉 저출산 추이

(단위: 명)

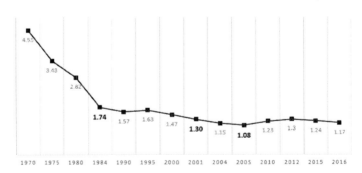

출처: 「통계청 홈페이지(http://kostat.go.kr), 국가기록원 인구정책 홈페이지 (http://theme.archives.go.kr); 대한민국정부(2016), 제3차 저출산·고령사회 기본계획, 19쪽.」을 토대로 재구성.

---

8) 초저출산 현상의 기준을 대체로 합계출산율 1.3으로 본다. 그러나 1.5를 초저출산율 기준으로 보는 견해도 있다(홍찬숙, 2013:7).

그런데 한국의 이러한 저출산 현상은 세계에서 유래를 찾아보기 어려울 만큼 빠른 속도로 진행되었다. 1970년 한국사회 출산율이 5명에 가까울 때 스웨덴, 독일, 노르웨이, 프랑스, 미국, 캐나다 등 서유럽·북미국가 출산율은 2~3명 수준이었다. 그리고 지금도 서유럽·북미국가 출산율은 40년 사이 하락하였어도 2명 내외를 오간다. 그러나 한국은 1970년 출산율 4.53에서 2014년 기준 1.2 수준으로 매우 빠른 하락속도를 보였다(그림 2-2). 1970년대 들어서 본격화된 압축적 근대화 과정과 국가 주도 강력한 산아제한정책의 영향으로 볼 수 있다. 2000년대에 들어와서는 더욱 다양한 출산기피 요인이 등장하였다. 이에 대해서는 5장에서 알아보자.

〈그림 2-2〉 출산율 국제 비교(1970~2014)

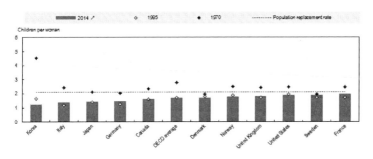

출처: 「OECD Social Policy Division(2016), Directorate of Employment, Labour and Social Affairs, 2쪽」을 토대로 재구성.

실태 파악을 하였으니 이제 개념 설명으로 가보자. 대체출산율은 현재 인구 규모를 유지할 수 있는 출산율을 의미한다. 둘이 만나서 3두 명을 나아야 인구 유지가 가능하기 때문이다. 다만 영유아기 사망 등을 고려하여 대체출산율을 2.1로 정한 것이다. 그런데 이때 저출산은 출산율이 아니라 합계출산율이 낮음을 의미한다. 그렇다면 출산율, 합계출산율은 어떤 개념인가? 이러한 개념 이해를 위해 우선 출생력과 출산력이 무엇인지 살펴보자.

2. 출생력과 출산력

출산력(Fertilität; fertility)은 출생력(Natalität; natality)을 포함하는 개념이다. 출생은 말 그대로 '살아서 태어남'을 의미한다. '살아서 태어남'은 태아가 자궁을 떠나서 엄마 배 밖으로 나오는 순간 심장이 뛰거나 탯줄이 움직이거나 혹은 자연스럽게 스스로 숨을 쉬는 상태를 의미한다.[9] 결국 출생력은 살아서 태어나는 아이 수로 나타낸다. 반면 출산력은 임신을 해서 아이를 낳을 수 있는 능력 자체를 의미한다. 따라서 출산력 측정에는 사산과 유산의 경우를 모두 포함한다. 출산력은 한 사회에서 여성이 신체적 조건 뿐 아니라 보건·의료, 경제적, 사회적 상황에 따라 아이를 낳을 수 있는 수준을 의미한다(권태환·김두섭,2002:99).

한 사회의 출생아 수에 영향을 주는 요인에는 출산소모와 출산억제가 있다. 출산소모는 태아의 자연적 사망, 즉 사산이나 자연적 유산을 의미한다. 출산억제는 인공유산을 비롯하여 피임·불임이 있다. 사전·사후피임과 불임을 출산억제 요인으로 볼 수 있다. 그 외에도 임신 자체를 불가능하게 하는 요소를 '기타억제'라고 한다. 여기에는 성행위 시작 시기, 혼인과 출산을 연계하는 사회적 규범, 성관계 능력, 성관계를 갖고자 하는 가치와 태도 그리고 의지 등이 포함된다(권태환·김누섭,2002:101). "돈이 없어서 연애도 못하고 애도 못 낳는다."는 자조적 표현이 있는데, 출산력에 영향을 주어 출생력을 결정하는 '기타억제' 요인을 설명하는 표현이 될 수 있다.

---

9) 독일 통계청(https://www-genesis.destatis.de/genesis/online) Information, Lebendgeborene.

이상 논의를 요약하면 실제 한 사회에서 살아서 태어나는 아이를 나타내는 개념으로서 출생력을 다음과 같이 설명할 수 있다. 출생력은 아이를 낳을 수 있는 능력(출산력)에서 출산소모, 출산억제, 기타억제 요인으로 인하여 실제 태어나는 아이 수를 의미한다. 이를 식으로 표현하면 다음과 같다.

> 출생력 = 출산력 - (출산소모 + 출산억제 + 기타억제)

그런데 출산소모, 출산억제, 그리고 기타억제 실태를 통계적으로 파악하는 것은 사실상 불가능하다. 사산이나 자연적 유산(출산소모)의 경우에는 건강보험 수가 적용이 가능해서 통계로 잡을 수도 있다. 그러나 이 경우 반드시 사산·유산으로 기록된다는 보장이 없다. 또한 인공유산(낙태)과 피임의 양적규모 파악은 불가능하다. 기타억제 요인으로서 성관계 관련 가치와 태도, 의지는 계량화할 수조차 없다. 그래서 사실 앞의 식 자체가 성립 불가능하다. 수량화할 수 있는 단위가 다르고 또한 수량화되는 개념이 있더라도 수량화가 불가능하기 때문이다. 다만 출생력과 출산력 개념 이해를 돕기 위하여 굳이 식으로 표현했을 뿐이다.

이러한 '식'에서 숫자로서 확실히 얻을 수 있는 결과는 출생력이다. 실제 태어나서 출생신고를 하는 아이 수이기 때문이다. 출생력에서 결국 출산율과 합계출산율 파악을 할 수 있게 된다. 출생력을 좀 더 알기 쉽게 그림으로 표현하면 다음과 같다.

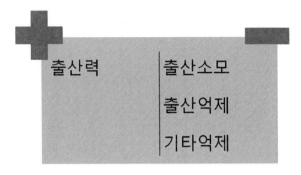

〈그림 2-3〉 출생력 구성 요소

출산력   출산소모
         출산억제
         기타억제

3. 출산율과 합계출산율

출산율은 출생력에서 나온 개념이다. 가임여성 인구 1천 명당 살아서 태어난 아이 수이다.10) 이 때 가임여성인구는 일반적으로 임신이 가능하다고 추정하는 15세 이상 49세 이하 연령대 여성을 의미한다. 한 사회에서 여성이 아이를 낳을 수 있는 출산력에서 출산소모, 출산억제, 기타억제 요인에서 벗어나 1년 동안 실제로 태어난 아이 수가 가임여성 1천명 당 얼마나 되는지가 출산율인 것이다.

합계출산율(Fertilitätsrate; Total Fertility Rate)은 15~49세 여성이 평생 낳은 평균 자녀수를 의미한다. 합계출산율은 연령별 출산율의 합이다. 15세에서 49세 여성을 다시 5세를 단위로 일곱 구간 15~19세, 20~24세, 25~29세, 30~34세, 35~39세, 40~44세, 45~49세로 나눈다. 그리고 각 연령 구간 여성 1천명이 낳은 자녀수를 구한다. 그러면 연령별 출산율이 나온다.

아래 〈표 2-1〉에서 볼 때, 예를 들어, 1990년 당시 연령별 출산

---

10) 대개 통계에서는 백분율이 아닌 천분율을 사용함.

율이 가장 높은 연령대는 25~29세였으며 연령별 출산율은 167.1
이었다. 이 연령대 여성 1천명이 167명의 아이를 낳았다는 이야기
다. 같은 해 40~44세 여성의 연령별 출산율은 1.5이었다. 이 40대
초중반 여성 1천명에서 1.5명의 아이가 태어났다는 의미이다. 반면
2015년이 되면 연령별 출산율은 30~34세에서 가장 높은 116.8을
보인다. 30대 초중반 여성 1천명에서 거의 117명의 아이가 태어났
다는 의미이다. 같은 해 40~44세 연령별 출생율도 5.6으로 1990
년에 비하여 네 배 가까운 증가율을 보였다. 40세 이상 여성의 자
녀 출산이 증가하는 현상이다.

〈표 2-1〉 연령별 출산율과 합계출산율

(단위: 명)

| | 연령별 출산율 | | | | | | | 합계 출산율 |
	15~19세	20~24세	25~29세	30~34세	35~39세	40~44세	45~49세	
1990	4.1	82.1	167.1	49.6	9.4	1.5	0.2	1.570
2000	2.5	38.8	149.6	83.5	17.2	2.5	0.2	1.467
2005	2.1	17.8	91.7	81.5	18.7	2.4	0.2	1.076
2010	1.8	16.5	79.7	112.4	32.6	4.1	0.2	1.226
2011	1.8	16.4	78.4	114.4	35.4	4.6	0.2	1.244
2012	1.8	16.0	77.4	121.9	39.0	4.9	0.2	1.297
2013	1.7	14.0	65.9	111.4	39.5	4.8	0.1	1.187
2014	1.6	13.1	63.4	113.8	43.2	5.2	0.1	1.205
2015	1.4	12.5	63.1	116.8	48.3	5.6	0.2	1.240

출처: 통계청(2016b:9)

　연령별 출산율의 합으로서 합계출산율은 다음과 같은 순서로 구
한다. 먼저, 각 연령구간 별 여성이 낳은 자녀 수(연령별 출산율)를
모두 더한다. 그 다음, 출산율은 여성 인구 1천 명 당 출생아 수를
의미하므로, 연령별 출산율의 합을 1000으로 나눈다. 그리고 각 연

령 구간이 5세로 나누어져 있으므로 여기에 곱하기 5를 한다. 그러면 합계출산율이 나오게 된다. 따라서 평소에 출산율이라고 하면서 1.2 라는 식으로 이야기하면 이것은 합계출산율이다. 대개의 경우 이해를 돕기 위하여 여성인구 1천 명당 출생 자녀수를 의미하는 '출산율'은 잘 사용하지 않는다.

> 합계출산율 = 연령별(5세 계급) 출산율의 합 ÷ 1,000 × 5

〈그림 2-4〉 출산율 개념도

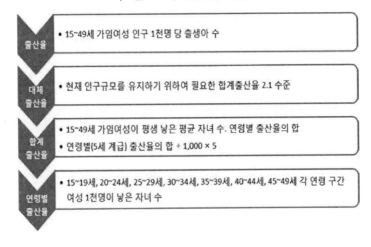

출산율
• 15~49세 가임여성 인구 1천명 당 출생아 수

대체 출산율
• 현재 인구규모를 유지하기 위하여 필요한 합계출산율 2.1 수준

합계 출산율
• 15~49세 가임여성이 평생 낳은 평균 자녀 수. 연령별 출산율의 합
• 연령별(5세 계급) 출산율의 합 ÷ 1,000 × 5

연령별 출산율
• 15~19세, 20~24세, 25~29세, 30~34세, 35~39세, 40~44세, 45~49세 각 연령 구간 여성 1천명이 낳은 자녀 수

합계출산율이 저출산 추이를 이해하는데 가장 직접적으로 도움이 되지만 연령별 출산율에 대한 이해도 중요하다. 출산 행태를 파악하여 정책적 대응을 하는 과정에서 중요한 자료가 되기 때문이다.

1995, 2005년, 2015년 각 10년 간격으로 연령별 출산율을 비교하면 다음과 같은 내용 설명이 가능하다. 첫째, 1995년에는 20대 중후반(25~29세)일 때 가장 출산을 많이 하였다. 이 연령대 출산율은 175.3이다. 25~29세 여성 1천명 당 175명 이상의 아이를

낳았다는 의미이다. 10년 뒤 이 연령대 출산율은 91.7로서 거의 반 토막이 났다. 또다시 10년 뒤인 2015년 같은 20대 중후반 여성 1천명 당 낳은 아이 수는 68.6으로서 10년 전과 비교할 때 31.2% 감소율을 보였다. 1995년과 비교하면 무려 64% 감소율이다. 이제 여성이 가장 많이 아이를 낳는 연령대는 30~34세가 되었다. 2015년 현재 30대 초중반 여성 1천명 당 116.8명의 아이를 낳는다. 20년 전 같은 연령대 여성 1천명은 70명이 채 안 되는 아이를 낳았다. 35세가 넘어서 아이를 낳은 고령산모도 2015년에는 2005년과 비교할 때 2.5배 이상, 1995년에 비해서는 세 배 이상 늘었다. 35~39세 여성의 출산율이 1995년 15에서 20105년 18.7을 거쳐 2015년에는 48.3에 이른 것이다. 40세가 넘어서 자녀출산을 하는 여성 숫자도 같은 기간 두 배 이상 늘어났음을 볼 수 있다 (그림 2-5).

〈그림 2-5〉 연령대별 합계출산율

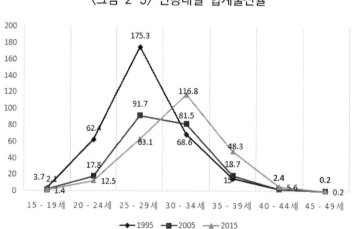

출처: 통계청(2016:9).

이러한 변화는 여성의 평균초혼연령 상승과 관계가 깊다. 여성의 평균 초혼연령이 2015년 현재 31.2세가 되었다.[11] 과거 20대 중후반만 되어도 '노처녀' 소리가 나오던 때와 비교하면 엄청난 변화이다. 이렇게 변화가 일어났지만, 비혼출산을 용납하지 않는 사회적 규범은 그대로이다. "결혼을 해야만 아이를 낳을 수 있다."는 규범이 존재하고 그렇지 않은 경우에 사회적 낙인을 강하게 찍는 분위기에서 출산을 가장 많이 하는 연령이 결혼 후인 30대로 옮겨가게된 것이다. 30대 출산이 많다는 이야기는 첫아이 출산 후 곧 고령산모가 될 가능성이 크다는 의미도 된다. 결국 비혼출산을 받아들이지 않는 사회적 분위기에 더하여 출산억제 요인으로서 불임, 기타억제 요인으로서 고령산모로서 위험을 감수하지 않기 위한 출산포기 등이 어우러져 한국사회 출산력을 감소시키고 있음을 그림을 통해 추론해낼 수 있다.

---

11) 통계청(2016), 2015 출생통계, 2쪽.

제3장

|

고령화

고령화를 이해하기 전에 먼저 노인 개념을 알아볼 필요가 있다. 사회가 고령화된다는 개념도 상대적이기 때문이다. 절대적 숫자만으로 고령화를 이해할 수 없다. 또한 매우 객관적이고 과학적이라서 정확하게 맞을 것 같은 고령화의 모습도 다르게 다가올 수 있다. 여러 가지 통계적 변수를 사용하여 고령화 현상을 예측해 본다. 그러나 변수에 영향을 줄 수 있는 요인들이 곳곳에 도사리고 있다. 대규모 사건, 사고, 재해는 물론 가치관의 변화, 의학기술의 발달, 인구의 국제이동의 급격한 변화, 출산율 변동 등 다양한 요인이 있다. 따라서 사회의 고령화 관련 추계는 매우 논쟁적인 주제가 될 수 있다.

1. 노인?

고령화(高齡化)는 말 그대로 '나이가 많아짐'을 의미한다. 따라서 고령화 사회(Aging Society)는 노인이 많아지는 사회이고 고령사회(Aged Society)는 이미 많은 노인이 있는 사회이다. 그런데 일일이 밝힐 수 없을 정도로 많은 문헌에서 노인의 개념을 '65세 이상인 자'로 정하고 이에 따라 국제연합(UN)에서 고령화 사회, 고령사회,

초고령 사회 분류를 하였다는 주장을 볼 수 있다. 그런데 이러한 노인 정의가 적절한 것인가? 국제연합(UN)에서도 노인을 반드시 65세 이상인 자로 정의하지는 않는다. 실제 국제연합에서 정기적으로 발간하는 세계 고령화 보고서(World Population Aging)에서 노령화 지수(Aging Index)를 산출할 때 노인은 60세 이상인 자이다(UN,2002:41).[12]

서구국가를 중심으로 선진국과 일본, 한국 등에서는 노인을 65세 이상으로 정의하고 있지만 나머지 아시아, 아프리카, 중남미 국가에서 '65세 이상 노인' 개념은 현실에 맞지도 않는다. 그래서 국제연합(UN)에서도 노인 개념을 60세로도 혹은 65세로도 확정적으로 내놓지 않고 있다. 세계보건기구(WHO)도 노인을 일단 '60세 이상인 자' 정도의 열린 개념으로 제시하고 있다.[13]

개념에 동의하고 안하고를 떠나 법률에서 정한 개념은 정치적·사회적·경제적·정책적으로 높은 구속력을 갖는다. 따라서 노인 관련 법률에서는 노인 개념을 비교적 명확히 규정할 필요가 있다. 연령 개념을 어떻게 확정하느냐에 따라 정책적 개입을 한국사회가 어느 정도 수준에서 해야 하는지 과제 범위를 결정할 수 있기 때문이다. 그런데 한국사회의 정책적 책임 범위를 결정할 수 있는 토대로서 노인 개념이 각 법률에서 그리 명확하지 않다. 지금까지 제정된 노인 관련 법률은 다음과 같다. 노인복지법, 장애인·노인·임산부 등의 편의증진보장에 관한 법률, 교통약자의 이동편의 증진법, 노인장기요양보험법, 대한노인회 지원에 관한 법률, 장애인·노인 등을 위한 보조기기 지원 및 활용촉진에 관한 법률.

---

12) "The ageing index is calculated as the number of persons 60 years old or over per hundred persons under age 15(UN,2002:41)."
13) WHO Definition of an older or elderly person (http://www.who.int/healthinfo/survey/ageingdefnolder/en/)

<표 3-1> 노인 관련 법률

제정 연도	법 명
1981	노인복지법
1997	장애인·노인·임산부 등의 편의증진보장에 관한 법률
2005	교통약자의 이동편의 증진법
2007	노인장기요양보험법
2011	대한노인회 지원에 관한 법률
2015	장애인·노인 등을 위한 보조기기 지원 및 활용촉진에 관한 법률

이 중 노인 개념을 아예 언급하지 않은 '교통약자의 이동편의 증진법', '대한노인회 지원에 관한 법률'과 '어린이·노인 및 장애인 보호구역의 지정 및 관리에 관한 규칙'을 제외한 나머지 법률에서 노인 관련 개념을 살펴보자.

먼저, 노인과 관련된 대표적 법률이라고 할 수 있는 노인복지법에서 노인의 개념을 직접적으로 제시하지 않고 있다. 사회서비스 관련 법률에서는 서비스 제공 대상 집단을 비교적 명확하게 규정한다. 아무에게나 서비스를 무한정 제공할 수는 없기 때문이다. 예를 들어, 청소년보호법은 청소년을 '만 19세 미만인 자'로 규정하고 있다(청소년보호법 2조 1). 이 개념이 맞느냐 혹은 바람직한 것이냐는 논쟁은 할 수 있지만 어쨌든 청소년 개념 규정은 하고 있는 것이다. 그러나 노인복지법에서는 청소년보호법에서와 같은 개념 규정을 찾을 수 없다.

노인복지법에 근거하여 제공하는 주요 서비스를 다음과 같이 정리할 수 있다.14) 노인사회참여 지원, 노인 일자리 창출 및 취업 연

계, 지역봉사지도원 활동 위촉, 생업 지원, 경로우대, 건강진단, 독
거노인 지원, 상담 및 시설 입소, 재활요양 서비스 제공, 노인복지
시설(노인주거복지시설, 노인의료복지시설, 노인여가복지시설, 재가
노인복지시설, 노인보호전문기관, 노인일자리지원기관) 이용 및 입
소 기회 제공. 이 중 65세 이상인 자가 서비스 대상임을 명백히 밝
히고 있는 서비스는 생업 지원, 경로우대, 건강진단, 상담 및 시설
입소이다. 반면 노인주거복지시설로서 노인복지주택 입소 자격은
60세 이상인 자가 갖는다. 노인복지주택 제공을 기준으로 보면 노
인은 60세 이상인 자가 되는 것이다.15)

노인장기요양보험법에서는 더 융통성(?) 있는 노인 개념을 발견
할 수 있다. '노인등'이다. 대부분 법률은 1조에서 법 시행 목적을
밝힌다. 누구를 대상으로 어떤 법 목적을 구현하겠다는 의지를 천
명하는 것이다. 노인장기요양보험법 1조에서는 다음과 같은 법 목
적을 밝히고 있다. "제1조(목적) 이 법은 고령이나 노인성 질병 등
의 사유로 일상생활을 혼자서 수행하기 어려운 노인등에게 제공하
는 신체활동 또는 가사활동 지원 등의 장기요양급여에 관한 사항을
규정하여 노후의 건강증진 및 생활안정을 도모하고 그 가족의 부담을
덜어줌으로써 국민의 삶의 질을 향상하도록 함을 목적으로 한다."

여기에서 '노인등'은 우선 65세 이상 노인을 의미한다. 또한 65
세가 되지 않았더라도, 예를 들어 20대라도 치매·뇌혈관성질환 등
노인장기요양보험법 시행령에서 지정한 노인성 질병을 가진 사람이
'노인등'에 포함된다.16) 이러한 '노인등' 개념에 근거하여 '강애인·

---

14) 노인복지법 23~38조.
15) 제33조의2(노인복지주택의 입소자격 등) ①노인복지주택에 입소할 수 있는 자는 60세
이상의 노인(이하 "입소자격자"라 한다)으로 한다.
16) 노인장기요양보험법 제2조 1. "노인등"이란 65세 이상의 노인 또는 65세 미만의
자로서 치매·뇌혈관성질환 등 대통령령으로 정하는 노인성 질병을 가진 자를 말한다.

노인 등을 위한 보조기기 지원 및 활용촉진에 관한 법률'에서 65세가 아니더라도 노인성 질환자에게는 서비스를 제공한다.

'장애인·노인·임산부 등의 편의증진 보장에 관한 법률'에서는 '장애인·노인·임산부 등'이 시설 이용 편리를 보장하고 있다. 이 법률의 대상자로서 '장애인·노인·임산부 등'은 '일상생활에서 이동, 시설 이용 및 정보 접근 등에 불편을 느끼는 사람'이다(법 2조 1). 여기에서 유추할 수 있는 노인의 개념은 나이가 들었기 때문에 일상에서의 이동, 시설 이용, 그리고 정보 접근을 제대로 할 수 없는 사람이 된다. 이렇게 이해할 경우 노인의 개념은 20대부터 적용할 수도 있다. 엘리베이터가 없으면 몇 계단 올라가는 것도 힘들어 하는 청년들도 많이 있기 때문이다. 물론 이러한 주장은 견강부회(牽强附會)이다. 억지라는 의미이다. 계단 이용을 하지 않는다고 멀쩡한 청년을 노인으로 둔갑시킬 수는 없다. 그러나 그만큼 노인의 개념 정의가 어렵다는 것을 이러한 법률 조항을 통해 알 수 있는 것이다. 다시 말해, 반드시 만 65세 이상이 아니더라도 어느 정도 나이가 들어서 거동이 불편한 사람을 법 적용 대상으로 하려는 의도가 법률에 포함되어 있다고 볼 수 있다.

노년부양비와 부양인구비 개념을 적용할 때 노인 개념은 65세 이상인 자이다. 그리고 이 노인을 부양한다고 전제하는 생산가능인구는 15세에서 64세 이하인 자이다. 64세까지는 취업활동을 할 수 있는 것으로 보기 때문이다. 그렇다면 취업활동을 할 수 없다고 보는, 즉 취업활동에서 은퇴하고 연금을 받기 시작하는 나이 이상인 자를 노인으로 볼 수 있다. 그런데 이 개념으로 보면 한국사회 노인은 60세 이상인 자가 된다. 국민연금 수급 가능 연령이 60세이기 때문이다.[17] 반면 공무원연금법의 퇴직연금 수급 자격 나이를

---

17) 국민연금법 제6조(가입 대상) 국내에 거주하는 국민으로서 18세 이상 60세 미만인

감안하면 생산가능인구에 속하지 않는 노인 개념은 65세가 된다. 65세부터 공무원 퇴직연금 수급 자격이 생기기 때문이다.18)

이렇게 퇴직을 중심으로 노인 개념을 정의한다면 2010년 이후 한국사회 실질은퇴연령이 71세가 넘는 실정을 감안할 때(정재훈,2016b:171), 취업활동을 하지 않는 자로서 노인 개념은 71세 정도까지 올라갈 수도 있다. 반대로 40대 후반, 늦어도 50대 중반이 되면 다니던 직장을 그만 두고 나와야 하는 분위기가 정상처럼 되어버린 한국사회 현실을 고려한다면 노인 개념은 50대까지 내려가게 된다. 실제로 노인복지법에서 제공하는 노인 일자리 창출 및 취업 연계 서비스에서 노인 개념을 연령으로 명시하지 않은 것이 이러한 현실을 반영한 측면도 있다고 본다. 이렇게 되면 노인 개념이 생산가능인구에서 밀려나는 현실, 즉 취업활동을 중단해야 하는 현실을 감안하면 50대까지 내려갈 수도 있다. 이러한 한국사회 현실을 감안할 때 누구나 동의할 수 있는 노인 개념을 도출하기는 어렵다. '나이와 상관없이 젊게 사는' 나이 든 사람들의 자의식을 고려하면 더욱 그렇다. 다만 한 가지 분명한 것은 노인 개념을 65세로 고정되게 보는 논리적·법적 근거가 존재하지 않는다는 점이다.

자는 국민연금 가입 대상이 된다.
18) 공무원연금법 제46조(퇴직연금 또는 퇴직연금일시금) ① 공무원이 10년 이상 재직하고 퇴직한 경우에는 다음 각 호의 어느 하나에 해당하는 때부터 사망할 때까지 퇴직연금을 지급한다. 1. 65세가 되었을 때...

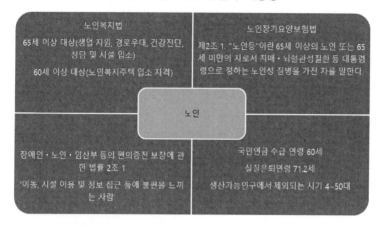

노인복지법
65세 이상 대상(생업 지원, 경로우대, 건강진단, 상담 및 시설 입소)
60세 이상 대상(노인복지주택 입소 자격)

노인장기요양보험법
제2조 1. "노인등"이란 65세 이상의 노인 또는 65세 미만이 자로서 치매·뇌혈관성질환 등 대통령령으로 정하는 노인성 질병을 가진 자를 말한다.

노인

장애인·노인·임산부 등의 편의증진 보장에 관한 법률 2조 1
'이동, 시설 이용 및 정보 접근 등에 불편을 느끼는 사람'

국민연금 수급 연령 60세
실질은퇴연령 71.2세
생산가능인구에서 제외되는 시기 4~50대

2. 고령화 추이

한국을 비롯한 영국, 독일, 미국 등 국가통계사업 체계가 확립된 국가에서는 통계적으로 노인을 규정할 때 65세 이상인 자로 한다(Liddiard,2007:137). 노인 개념을 65세로 규정한 것은 1880년대 독일에서 비스마르크가 주도한 사회보험제도 도입과 발전 과정에서 유래를 찾을 수 있다. 1889년 연금보험을 도입할 때 연금수급 개시 연령이 70세였다. 보험료율도 1.7%에 불과해서 실제 노후소득보장 기능은 매우 약했다. 게다가 65세 이상을 기준으로 하더라도 해당 연령대 노인은 전체 인구의 5%가 채 안되었다. 그러나 제일차세계대전 중 1916년 국민 사기 진작 차원에서 연금수급 가능 연령을 65세로 낮추었다(BMAS,1997:104; Braun,2003:245). 이후 이 기준이 다른 서구국가에서도 받아들여지면서 '65세 이상인 자는 노인' 개념이 자리를 잡았다.

65세 이상 노인이 전체인구에서 차지하는 비율이 7%일 때 고령화 사회, 14%일 때 고령사회, 20% 이상일 때 초고령사회로 간주한다

(통계청,2016a:3). 이렇게 볼 때 한국은 2000년 고령화사회로 진입하였다. 이 해에 전체인구 대비 65세 이상 노인인구 비율이 7.2%에 도달한 것이다. 그리고 2017년 동 비율이 14%에 이르면서 고령사회가 된다. 추계를 볼 때 2025년 혹은 2026년에 한국은 초고령사회가 된다. 2060년 65세 이상 노인인구 비율이 40.1%에 이르게 되면 10명 중 4명이 노인인 사회가 된다. 그런데 한국사회 고령화 과정은 다른 국가에 비해 상당히 빠르다고 볼 수 있다.

〈그림 3-2〉 전체인구 중 65세 이상 노인인구 비율

(단위: %)

출처: 「통계청(2015.9), 2015 고령자통계」를 토대로 재구성.

2006년 당시 제1차 저출산·고령사회 기본계획은 한국사회 고령화 속도는 세계에서 가장 빠른 속도로 진행되고 있다는 절박한 인식을 토대로 나왔다. 독일, 프랑스, 미국 등 서구국가에서 고령화사회에서 고령사회를 거쳐 초고령사회로 진행하는데 100년 정도의 시간이 필요했던 반면, 한국에서는 30년이 채 걸리지 않을 전망이다. 1차 기본계획 수립 당시 고령사회 진입 연도를 2018년으로 예

측하였으나(표 3-2) 그 예측이 이미 1년 앞당겨질 정도로 빠른 고
령화 속도가 더 빠르게 진행되고 있다.

<표 3-2> 각국 인구 고령화 진행 속도

구 분	도달년도			소요년수	
	고령화사회 (7%)	고령사회 (14%)	초고령사회 (20%)	고령사회 도달	초고령사회 도달
한 국	2000	2018	2026	18	8
일 본	1970	1994	2006	24	12
독 일	1932	1972	2010	40	38
미 국	1942	2014	2030	72	16
프랑스	1864	1979	2019	115	40

출처: 관계부처합동(2006:3).

이와 같은 추세가 지속된다면 2016년 현재 일본 및 서구 국가에
비하여 낮은 비율을 보이고 있는 한국 노인인구 비율이 2050년에
이르면 세계 최고 수준이 될 것이라는 전망을 할 수 있다. 구체적
으로 노인비율은 한국 37.3%, 일본 36.5%, 스페인 35%, 독일
27.9%, 스웨덴 27.1%, 프랑스 26.4%, 미국 20%의 순서이다(관계
부처합동,2006a:3).

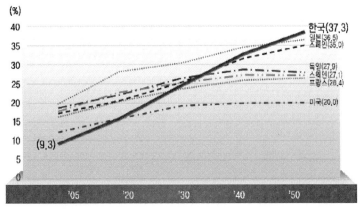

〈그림 3-3〉 경제협력개발기구 주요 회원국
노인인구 비율 추이(2005~2050)

출처: 관계부처합동(2006:3).

이렇게 65세 이상 노인인구 비중이 높아지게 되면 65세 정도는
더 이상 노인으로 간주하지 않게 될 가능성이 높을 것이다. 그래서
노인연령 기준을 현재 65세에서 70세로 높이자는 정책 제안도 나
오고 있다. 그런데 2006년 당시 정부 보고서에서 내놓은 추계에
따르면 65세 이상 노인과 75세 이상 노인 분류가 나온다. 2030년
전체인구 중 65세 이상 노인 비율은 24% 수준으로, 75세 이상 노
인 비율은 9.8%로 추계하고 있다. 2050년 동 비율은 37% 수준과
21% 수준으로 추계한다(그림 3-4).

이러한 추계를 보건대 단기적으로는 노인연령 기준을 70세로 높
이는 방안을 논의할 수 있을 것이고 2040년경에는 노인연령 기준
을 75세로 올리는 논의를 시작할 것이라는 전망을 해본다. 왜냐하
면 65세 이상 노인이 14% 수준인 2017년 즈음에 노인연령 기준
70세 상향 조정 제안이 나왔기 때문이다. 현재 전체인구 중 14%를
노인으로 설정한 노인정책 틀을 유지하려 한다면, 즉 고령사회를

전제로 한 노인정책 틀을 유지하기 위한 제안으로서 노인연령 기준 70세 상향조정을 이해할 수 있다. 노인을 70세로 정하면 전체인구 중 14%를 정책대상으로 하면서 현재의 재정 부담이 더 가중되지 않을 수 있기 때문이다. 이런 관점에서 볼 때 75세 이상 노인이 전체인구에서 차지하는 비중이 14% 수준에 도달하는 2035년에서 2040년 즈음에 다시 한 번 노인연령 기준을 75세로 높이는 정책적 논쟁이 시작될 수 있다. 물론 65세 이상 노인 비율이 20% 수준에 도달하는 2025년 전에 노인연령 기준이 70세로 상향 조정됨을 전제로 하는 예측이다.

〈그림 3-4〉 전체인구 중 65세 및 75세 이상 노인 비중 변화 추이

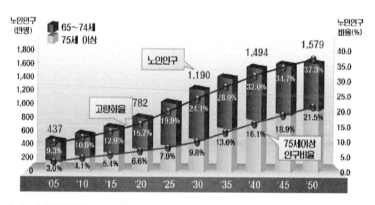

출처: 관계부처합동(2006.6:7).

노인연령 기준을 단계적으로 상향 조정할 수 있는 근거는 다른 국가보다 빠르게 증가하는 기대수명 수준에서도 찾아볼 수 있다. 세계보건기구와 영국 런던 소재 임페리얼 칼리지(Imperial College)가 경제협력개발기구(OECD) 회원국 기대수명을 분석한 연구 결과에 따르면 2030년 출생 한국 여성의 기대수명이 90.82

세가 될 것이라는 전망이다. 그 뒤를 프랑스가 88.5세로 이었다. 같은 해 출생 한국 남성 기대수명도 84.07세로서 회원국 중 가장 높다.[19] 세계 최저 수준의 출산율과 세계 최고의 수명 연장 속도가 맞물리면서 고령화 속도가 매우 빠르게 진행되는 상황이다.

여기에 더하여 선진국에서는 완만한 반면, 한국에서는 유난히 빠른 고령화 속도를 어떻게 설명할 수 있을까? 베이비붐(Baby Boom) 세대의 출현과 압축적 근대화에서 원인을 찾을 수 있다. 베이비붐 세대가 노인이 되면서 노인인구가 급증하게 된다. 그런데 압축적 근대화로 인하여 다른 선진국에 비해 매우 짧은 시간 안에 생활 여건, 소득수준, 의료기술, 환경 등 장수를 가능케 하는 요인이 생겨났기 때문이다.

출생아 수가 갑자기 그리고 잠시 급등한 현상을 베이비붐이라고 한다. 한국사회에서 베이비붐은 두 차례 있었다. 첫 번째 베이비붐은 1953년 한국전쟁이 끝난 직후에 있었다. 전쟁이 끝난 후 가족생활을 재건하는 과정에서, 그리고 안전한 피임수단이 보급되지 못한 상황에서 출생아수가 급증하였다. 1955년에서 1963년 사이에 태어난 연령대 인구를 첫 번째 베이비붐 세대라 한다(통계청,2010.4). 두 번째 베이비붐은 출산율이 감소하기 시작한 1968년에서 1974년 사이에 있었다. 3~4명 정도 높은 출산율이긴 했지만 출산율 자체는 감소하기 시작하였다. 그런데 출생아수는 1970년 100만 명이 넘는 등 일차 베이비붐 세대보다 높은 수준을 보였다. 지속적 출산율 감소에도 불구하고 당시 가임여성 집단으로서 1938년~1950년 생 여성 수가 많았고 이들이 1인당 3~4명의 자녀 출산을 함으로써 역대 최고의 출생아수를 기록하게 된 것이다(통계청,2012.8:2).

---

19) 한겨레신문 2017년 2월 23일 12면, "한국여성 기대수명 세계 첫 90살 넘어".

그런데 베이비붐을 1차와 2차로 나누는 이유는 1953년 한국전쟁 종전 이후 1955년 출생아수가 처음으로 70만 명 선을 넘어선 이후 1971년 102만 여명을 기록할 때까지 지속적으로 증가한 것을 고려하면 타당성을 그리 높이 갖진 않는다. 1974년 출생아수가 92만2천 여명에 도달한 후 1975년에는 90만 명선 이하인 87만 여명을 기록한 후 출생아수는 소폭 반등을 보여주면서도 2015년 43만8천 여명 수준으로까지 떨어졌다. 즉, 1960년대 말 1970년대 초반의 절반도 안 되는 규모의 아동이 탄생하고 있는 상황인 것이다.

〈그림 3-5〉 베이비붐 세대 출생아수 변동 추이(1953~1980)

(단위: 명)

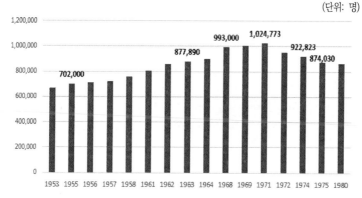

주 1) 1953~1969년 까지의 통계 출처 미확인
출처: 통계청(2016), 2015 출생 통계(확정). 31쪽.

베이비붐 세대[20]가 본격적으로 65세 이상 노인이 되기 시작하면 노인수가 그만큼 급격히 증가한다. 이에 반하여 2020년부터 15~64세 생산가능인구가 총인구에서 차지하는 비중이 줄어들기 시

---

20) 베이비붐 세대가 낳은 자녀 세대를 에코붐 세대(Echo-Boom Generation)라고 한다. 주로 1979년에서 1992년생을 의미한다. 많이 태어났던 베이비붐 세대가 한 두 자녀만 낳아도 연간 출생아수가 많아서 다시 한번 출생 붐이 일어났다는 의미에서 에코붐 세대로 부른다. 현재 저출산 현상은 에코붐 세대가 출산을 하지 않는 현상에서 나타난다.

작한다. 2016년 72.9%에서 2020년 71.1%로 줄어들기 시작하여 2030년 63.1%, 2040년 56.5%, 2060년에는 49.7%로 감소하게 된다(그림 3-6).

〈그림 3-6〉 총인구 대비 15~64세 생산가능인구

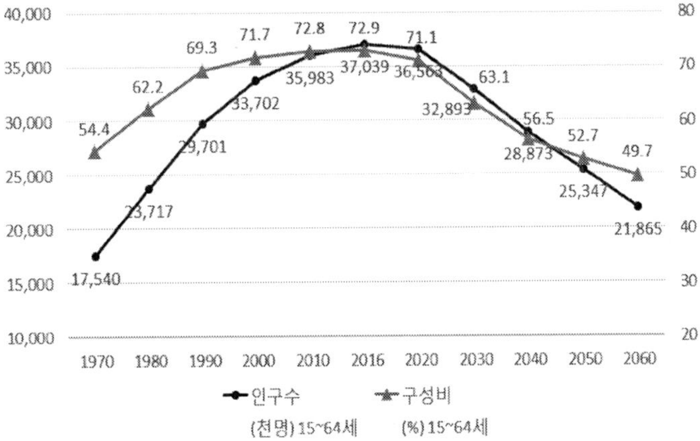

출처: 「통계청 국가지표체계를 토대로 재구성.
(http://www.index.go.kr/potal/main/EachDtlPageDetail.do?idx_cd=1010)」

3. 고령화 추계

2006년 당시 예측에 따르면, 65세 이상 노인인구는 2005년 437만 명에서 2020년에는 약 두 배 증가한 782만 명, 2030년에는 거의 네 배 가까이 증가한 1,579만 명으로 추정하였다. 고령화율이 2005년 9.3%, 2020년 15.7%, 2050년 37.3%로 50년이 안 되는 사이에 네 배 이상 증가하는 것으로 예측한 것이다(대통령직속 저출산·고령사회위원회, 2006:6).

그런데 5년 뒤 나온 '제2차 저출산·고령사회 기본계획 (2011~2015)'에 따르면 2050년도 한국의 고령화율은 38.2%로 나온다. 2006년 기본계획 보고서에서 예측한 37.3%보다 약 1% 포인트 차이가 난다. 물론 고령화율의 급격한 상승 추세 예측 자체는 차이가 없다(그림 3-7).

〈그림 3-7〉 고령화율 추계

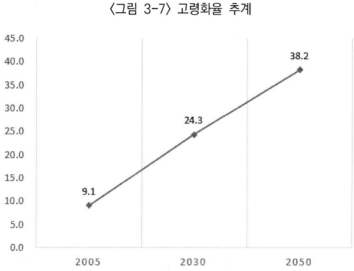

출처: '대한민국정부(2011), 제2차 저출산·고령사회 기본계획(2011~2015), 12쪽.'을 토대로 재구성.

다만 2016년 정부가 발간한 '제3차 저출산·고령사회 기본계획 (2016-2020)'에서는 2050년 고령화율을 2006년 당시 예측보다 0.8% 포인트 감소한 37.4%로 제시하고 있다(대한민국정부, 2016:12).

〈표 3-3〉 고령화율: 3차 저출산·고령사회 기본계획 추계

(단위: %)

	2000	2015	2020	2030	2040	2050
총인구 대비 전체 노인인구 비율	7.2	13.1	15.7	24.3	32.3	37.4
노인인구 중 후기노인인구(85세 이상) 비율	5.1	8.3	10.0	10.4	12.6	20.6

출처: 대한민국정부(2016:12).

전체 인구 규모를 5천만 명 정도로 잡을 때 1%에 가까운 오차라면 약 50만 명 규모에 이른다. 한 해 출생아수가 40만 명이 안되는 수준을 감안하면 매우 큰 수준의 오차이다. 이러한 오차가 왜 발생하며, 오차가 갖는 의미는 무엇일까?

먼저 오차 발생 이유부터 보자. 고령화율, 즉 고령화 추이를 결정하는 결정적 요소는 출생률과 사망률이다. 태어나고 죽는 사람 수에 따라 노인인구 비율이 달라짐은 상식이다. 사망률을 추정하는 과정은 기대수명에 따라 달라진다. 기대수명은 연령·사고·질병 등 여러 요인에 따른 사망 수준이 현재 시점처럼 유지된다는 전제 하에 특정 연령 집단이 앞으로 살 수 있을 것이라고 추정해 내는 연수(年數)이다. 이는 기준 시점 0세의 출생자가 앞으로 생존할 수 있을 것으로 기대하는 평균 생존기간을 의미하기 때문에 '평균수명'으로 부르기도 한다. 기대수명은 소득수준, 의료기술 발달 정도, 전쟁이나 재해 등 역사적·사회적 사건에 따라 달라질 수 있다. 전쟁이나 재해는 예측 불가능하지만 소득과 의료기술 수준에 따른 사망률 변화는 어느 정도 예측 가능하다.

그런데 최근 한국개발연구원 보고서(최용옥,2016)에 따르면 통계청에서 기대수명을 짧게 예측하여 결과적으로 고령화율 증가 추이도 과소 예측했다는 주장이 나왔다. 통계청 추계 과정에서 소득수

준과 의료기술 발달 양상을 제대로 반영하지 못했다는 의미이다. 참고로 1차 보고서와 3차 보고서는 통계청 추계를, 2차 보고서 추계는 유엔에서 발간한 자료를 토대로 작성되었다.[21]

한국 사람의 기대수명은 1960년생의 경우 52.4세였는데, 2014년에는 82.4세로 54년 동안 연평균 0.56세 증가 추세를 보였다. 그런데 연평균으로만 기대수명 증가율을 예측하기에는 출생 연도별 환경이 매우 다르다. 1950년대보다는 1990년대, 그리고 2000년대에 출생한 사람이 높아진 소득수준과 발달한 의료기술 덕에 더 오래 살 수 있는 가능성을 갖게 된다. 경제협력개발기구(OECD)가 한국의 1960년 출생 집단의 기대수명을 당시 사망 수준을 토대로 52.4세로 예측하였지만, 지금 1960년생의 기대수명은 73.7세로 나타나고 있다. 1960년 당시와 현재 소득수준·의료기술을 토대로 한 기대수명 예측에서 21.3년의 차이가 나는 것이다. 이러한 차이는 일본의 12년에 비해 두 배, 미국의 6.3년에 비해 세 배 이상 수준을 보인다(최용옥,2016:2~3).

이러한 오차가 갖는 의미는 사회보장제도 재정 문제로 이어진다. 결과적으로 한국개발연구원 인구 추계에 따르면 2060년 65세 이상 인구 규모는 2134만4000명으로서 통계청 추계 1762만 2천 명에 비해 372만 2천 명이나 많다. 만약 이렇게 된다면 국민연금, 기초연금, 건강보험, 국민기초생활보장 등 분야에서 재정 지출이 예상 지출 수준을 훨씬 뛰어넘는 심각한 문제가 발생할 수 있다. 2060년 추가 재정지출이 247조원 더 많이 발생할 수 있다고 본다. 이러한 '장수 리스크(longevity risk)'를 제대로 예측하기 위한 전제조건이 정확한 인구 추계라는 주장이다(최용옥,2016:5).

이러한 문제제기의 전제는 소득수준이나 의료기술이 시간이 지남

---

21) UN(2006), World Population.

에 따라 더 높아지고 발달한다는 것이다. 일종의 근대화론적 관점이며 지금까지 한국사회 발전 양상을 반영한 예측이다. 그러나 소득수준 향상·의학기술 발전이라는 환경 변화가 모든 연령층에 그대로 적용된다는 전제에 이의를 제기할 수 있다. 특히 의학기술 발전만으로 늘릴 수 없는 것이 인간의 수명이다. 통계청에서도 "기대수명이 무조건 모든 연령층에서 지속적으로 증가하는 것은 아니며, 85세를 전후하여 증가속도가 급격히 둔화되기 때문에 초과될 수 있는 고령인구 수가 100만 명 수준이 아닌 약 18만 명 수준이다." 라고 반박하고 있다.[22]

22) KDI "2026년 65세 이상 인구, 통계청 예측보다 107만명 많아" - 경향신문 2016.8.12. 15면.

제4장

저출산 · 고령화의 결과

태어나는 아이 수가 적어지고 노인인구만 늘어나면 여러 가지 문제가 생기게 된다. '노동력 부족국가, 노동력 고령화, 숙련노동력 감소로 인한 노동생산성 저하, 잠재성장률 하락, 사회보장 부담 증가, 재정수지 악화, 노후소득 불안정, 학령인구 감소로 교육 인프라 공급 과잉, 병역자원 감소, 농촌 공동화'(대한민국정부,2016:13~17) 등 문제 목록이 길다.

반면 저출산·고령화를 기회로 보는 접근은 어떠할까? '고령사회를 새로운 성장의 기회로 만들기 위한 실버경제 육성'(대한민국정부,2016:36)이 전부이다. 저출산으로 인한 삶의 질을 높일 수 있는 기회, 장수의 축복을 누릴 수 있는 고령화가 주는 기회 관련 언급을 정부의 저출산·고령사회 기본계획에서는 찾아볼 수 없다. 문제가 워낙 심각하다고 인식한 결과로 볼 수도 있다.

시차를 달리하며 진행된 저출산과 고령화 현상이 실제로 맞물리면서 상호작용하는 시기가 본격적으로 찾아오면 저출산·고령화 현상이 갖는 정치·경제·사회·문화 등 모든 영역에서의 영향력은 매우 클 것이다. 두 현상의 상호작용이 본격적으로 일어나기 시작하는 시점은, 앞서 살펴본 변화를 근거로 볼 때, 인구보너스가 종료되는 2018년과 총인구수가 감소하기 시작하는 2030년으로 추정할 수 있다.

인구보너스 종료는 노인인구 부양부담 증가와 연결된다. 높은 노인인구 비중을 포함하면서도 전체인구가 감소하는 총인구 감소는 3차 저출산·고령사회 기본계획에서 제시하듯이 긴 목록의 문제를 가져올 수 있다. 그런데 인구가 줄어들고 또 노화된다는 의미는 이렇게 부정적 결과만 가져오는가? 다른 관점에서 저출산·고령화 현상을 이해할 수는 없을까? 줄어든다는, 늙어간다는 '인구'의 의미는 무엇일까? 출생아 숫자라는 양적 차원에서 보면 인구는 감소할 것이다. 역시 숫자로서 나이를 기준으로 보면 인구는 늙어갈 것이다. 그런데 "나이는 숫자에 불과하다."는 유명한 말이 있다. 인구의 질적 차원보다 양적차원에서 지나치게 불안과 공포의 시나리오를 작성하고 있지는 않는가?

질적 차원에서 다시 한 번 살펴보자. 사람 수가 줄어들고 나이든 사람이 많아지는 반면, 1인당 생산성이 높아지고 인구 과밀로 복잡했던 일상의 문제가 사라지면서 삶의 질이 높아질 수 있다. 예전 70세는 신체적·정신적·심리적으로 분명 노인이었지만 앞으로 70세는 노인 범주에 들어가지 않을 것이다. 생활수준과 영양 상태가 좋아지고 운동 등으로 신체적·정신적·심리적 능력을 젊을 때 수준으로 더 오래 유지할 수 있는 여건이 조성되고 있기 때문이다. 따라서 인구는 연령이라는 숫자 기준으로만 접근할 주제는 아니다.

저출산·고령화로 예상할 수 있는 문제에 대한 관심과 정책적 대응은 중요하다. 다만 '양치기 소년'같은 과장이나 적절치 못한 대응의 가능성을 따져볼 필요가 분명히 있다 따라서 먼저 저출산 고령화의 결과를 기존 시각에서 정리·제시한다. 인구의 양적 변화와 경제적·사회적 차원의 결과를 알아보도록 한다. 그 다음 인구의 개념을 알아봄으로써 저출산·고령사회의 모습을 어떻게 다르게 만들어 나갈 수 있을지 가능성을 모색해 보도록 한다.

1. 인구의 양적 변화

저출산·고령화로 인한 인구의 양적 변화는 인구구조의 변화, 평균연령 상승 그리고 인구감소로 인한 인구절벽 현상으로 나타난다.

1) 인구구조의 변화

2026년이면 이미 총인구의 20% 이상이 65세 이상인 초고령사회가 된다. 이렇게 태어나는 아이 수가 줄어들고 기존 인구는 늙어가는 추세가 지속될 때 인구구조, 즉 전체인구에서 연령별 집단이 차지하는 비중은 노인인구 중심으로 달라진다. 2015년 현재 전체인구에서 14세 이하 유소년인구 비중은 13.9%인데 2060년이 되면 10.2%로 축소된다. 생산가능인구 비중도 같은 기간에 73%에서 49.7%로 줄어든다. 반면 65세 이상 노인인구 비중은 13.1%에서 40.1%로 증가한다(그림 4-1).

현재 지하철을 타면 전동차 칸 구석에 마주보면서 경로석이 3자리씩 6자리가 있다. 만약 이 추세대로라면 2060년에는 지금의 경로석 자리와 나머지 일반석 자리가 뒤바뀌는 상황이 생길지도 모른다. 혹은 경로석을 구분하는 것 자체가 아예 사라질 것이다. 아동·청소년 1명에 노인이 4명인 비율이 되기 때문이다. 청·장년층은 5명 비율이 된다. 이렇게 되면 전체 지하철 승객 10명에 1명꼴인 아동·청소년을 위한 좌석을 따로 만들어도 그리 모자라지 않을 것이다.

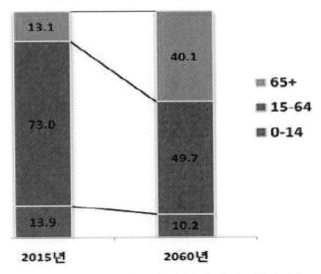

〈그림 4-1〉 인구구조 변화(2015~2060)

출처: 통계청(2015.7), 세계와 한국의 인구현황 및 전망, 13쪽.

이러한 인구구조 변화를 실감나게 보여주는 그림이 인구피라미드이다. 워낙 유소년인구 비중이 높고 노인인구 비중이 적기 때문에 피라미드 모양이 나와서 인구피라미드라는 명칭을 붙였다. 1960년의 상황이 그러하다. 그러나 노인인구 비중이 절반에 가까운 사회가 되면 사실 인구피라미드라기보다는 '인구 역삼각형'이라는 표현이 더 적합할 것이다. 역삼각형이 되는 중간 과정에 종(鐘)모양이 나온다. 아직 65세 이상 고령인구 비중보다 4·50대 중간층 인구 비중이 높고 유소년층 인구 비중이 작기 때문이다. 2010년 상황이 그 예이다. 그러니 고령인구 비중이 압도적으로 높아지고 유소년층 인구 비중이 최소화하게 되는 2060년에는 인구 역삼각형 모양을 보게 될 수도 있다.

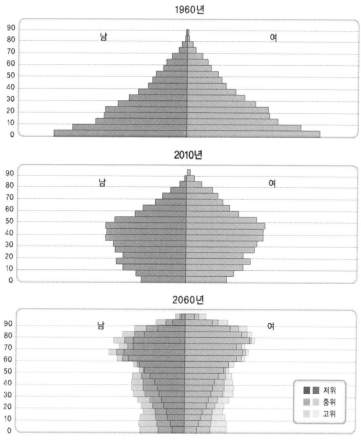

〈그림 4-2〉 인구피라미드 변화(2015~2060)

출처: 통계청 인구구조 설명
(http://sti.kostat.go.kr/site2/pop_learning/learning_003005.html).

2) 평균 연령 상승

젊은 사람 수가 줄고 노인 수가 늘어나면 사회의 평균연령은 당연히 증가할 것이다. 또한 중위연령도 증가할 것이다. 전체 인구를 나이순으로 늘어놓는 가상적 상황에서 가장 중간에 위치한 사람의 나이를 중위연령이라 한다.23) 저출산·고령화가 지속될수록 연령 순서로 중간에 있는 사람은 점점 더 나이든 사람이 되기 때문이다.

2007년 평균연령과 중위연령은 36.1세와 36.5세였다. 2010년은 평균연령과 중위연령이 37.9세로 동일하였다. 그러나 노인인구가 증가하고 유소년 인구가 감소할수록 평균연령에 비해 중위연령은 높아지는 경향을 보인다. 2010년 전에는 평균연령이 중위연령보다 높았으며 그 이후에는 중위연령이 평균연령보다 더 높아지게 된다. 노인인구 비중이 높아지면서 연령순서의 중간에 위치한 사람의 나이가 높아지기 때문이다. 2016년 현재 한국사회 구성원의 평균연령은 40.7세, 중위연령은 41.4세이다(그림 4-3). 물론 지역에 따라 차이가 나겠지만, 길거리에 나갔을 때 마주치는 사람 중 40대 초반이 가장 많다는 해석도 가능하다. 한국은 중년의 사회라고 볼 수 있다.

<그림 4-3> 평균연령과 중위연령

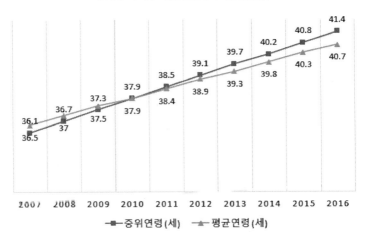

출처: Kosis 100대 지표 '평균연령·중위연령'(http://kosis.kr/nsportalStats/)을 토대로 재구성.

---

23) KOSIS 100대 지표 중 '중위연령'.

3) 인구절벽

인구가 고령화되어 노인 위주로 인구구조가 변하고 평균연령이 상승하면 이른바 인구절벽 시대가 찾아온다. 인구가 급격히 감소하는 상황을 설명하는 인구절벽 개념은 다음과 같은 세 가지 차원으로 분류할 수 있다. 생산가능인구 감소, 총인구 감소, 소비·투자인구 감소이다.

생산가능인구가 감소하고 인구 고령화 지수가 100을 넘어가면서 노동력과 숙련 노동자 부족, 노동생산성 저하, 인구 부양부담 증가가 시작하는 상황이다. 이렇게 보면 생산가능인구 규모가 감소하기 시작하는 2018년부터 인구절벽이 시작된다고 볼 수 있다.

총인구 규모 자체가 감소하는 경우도 인구절벽으로 이해할 수 있다. 2030년부터 총인구수가 줄어들고 산술적으로 이런 추세가 지속된다면 2300년경에는 한반도에서 사람이 사라질 것이라는 맥락에서 이해할 수 있는 인구절벽 개념이다.

인구절벽을 단순히 인구의 양적규모가 아니라 소비·투자인구라는 질적·경제적 개념에서 설명하는 시도가 있다. 취업활동하고 투자하면서 소비하는 사람들의 수가 줄어들면서 경제가 침체가 빠질 것이라는 관점에서 나온 개념이다. 이른바 '소비절벽(Dent, 2014)'으로 더 잘 알려져 있다.

"인구절벽이란 **소비·노동·투자하는 사람들이 사라진 세상**이다... 한국은 에코붐 세대가 거의 없어 일본보다도 상황이 더 암담하다. 에코붐 세대란 베이비붐 세대의 자녀세대로, 그들의 부모가 그랬던 것처럼 출산붐이 메아리처럼 이어져 그래프 상으로 보면 작은 봉우리를 형성하는 세대를 말한다... 결과적으로 **한국은 2014년에서 2019년 사이에 대대적인 디플레이션에 대비해야 한다**... 한국에서 가장 먼저 타격을 입는 것은 부동산이다(Dent, 2015:60)."

특히 소비·투자가 인생에서 절정에 오르는 40대[24] 인구수가 감소하는 현상에 이 개념은 주목한다. 한국의 경우 소비·투자를 활발히 하는 40대 인구수가 2010년에서 2018년에 절정에 이른 후 감소하면서 소비절벽이 시작될 것이라는 전망을 하고 있다(Dent, 2015:9). 소비·투자 등 경제활동 중심 소비가 급감하는 소비절벽으로서 인구절벽 개념이다. 이러한 개념은 생산가능인구 감소에서 인구절벽을 설명하는 흐름과 맥을 함께 한다.

〈그림 4-4〉 인구절벽의 차원

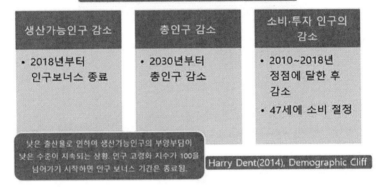

2. 경제적 차원

저출산·고령화로 인한 인구구조 변화는 생산가능인구 감소, 생산가능인구 연령 상승, 인구부양부담 증가, 그리고 경제성장 둔화로 이어진다는 전망이다.

---

24) 47세에 특히 소비가 절정에 이른다고 주장한다.

1) 생산가능인구 감소

노인인구가 얼마나 오래 사는지와 관계없이 아이가 적게 태어나
면 생산가능인구는 감소한다. 당연한 이치다. 취업활동을 할 수 있
다고 전제하는 15세 이상 64세 연령대 인구를 의미하는 생산가능
인구는 사회적 차원에서는 전체 사회구성원을 먹여 살리는 부양집
단이고 개인 차원에서는 가족을 먹여 살리는 가장 역할을 한다. 생
산가능인구 감소는 한국사회 먹거리를 만들어내는 사람 수가 줄어
든다는 의미에서 심각할 수 있다.

2006년 당시 저출산·고령사회위원회는 2016년 3,650만 명을 기점
으로 생산가능인구가 감소할 것으로 예측하였다(대통령직속 저출산·
고령사회위원회,2006:7). 최근 통계청 추계에서 생산가능인구 숫자
가 약 3천7백만 명으로 바뀐 것을 제외하면 2016년은 생산가능인
구가 최정점에 올랐다가 줄어드는 해가 된다(표 4-1).

〈표 4-1〉 연령별 인구수 및 구성비

(단위: 천명, %)

		1970	1980	1990	2000	2010	2016	2020	2030	2040	2050	2060
인구수	0~14세	13,709	12,951	10,974	9,911	7,975	6,899	6,788	6,575	5,718	4,783	4,473
	15~64세	17,540	23,717	29,701	33,702	35,983	37,039	36,563	32,893	28,873	25,347	21,865
	65세 이상	991	1,456	2,195	3,395	5,452	6,864	8,084	12,691	16,501	17,991	17,622
구성비	0~14세	42.5	34	25.6	21.1	16.1	13.6	13.2	12.6	11.2	9.9	10.2
	15~64세	54.4	62.2	69.3	71.7	72.8	72.9	71.1	63.1	56.5	52.7	49.7
	65세 이상	3.1	3.8	5.1	7.2	11	13.5	15.7	24.3	32.3	37.4	40.1
	계	100	100	100	100	100	100	100	100	100	100	100

출처: 통계청 국가지표체계
　　(http://www.index.go.kr/potal/main/EachDtlPageDetail.do?idx_cd=1010)

1970년 합계출산율이 5명에 가까웠을 때 생산가능인구는 1천7백여만 명이었으며 전체 인구에서 차지하는 비중은 54.4%에 불과하였다. 65세 이상 노인인구 규모는 작았지만 14세 이하 아동인구 규모가 높았기 때문이다. 당시에는 14세 이하 아동인구가 약 1천4백만 명으로서 전체 인구에서의 비중이 42.5%이었다. 동네 골목길에서 아이들이 몰려다니면서 노는 모습을 쉽게 볼 수 있었던 시기이다. 그러나 2016년 현재 14세 이하 아동 비율은 13.6%에 불과하다. 40년이 흐르는 사이 마을에서 아이들을 보기 어려워진 이유이다. 반면 생산가능인구 비중은 72.9%로 늘어났다. 인구부양 문제는 상대적으로 덜 심각해진 것이다. 1960·70년대에 산아제한 중심 가족계획사업을 국가 주도로 강력하게 밀어붙인 동기를 이런 상황에서 찾을 수도 있다.

1960년·70년대 높은 출산율이 현재 높은 생산가능인구 비중을 만들었다면, 1980년대 이후 저출산율은 향후 수십 년간 낮은 생산가능인구 비중으로 이어진다. 2016년 현재 72.9%를 정점으로 생산가능인구 비중은 지속적으로 하락하게 된다. 2040년 생산가능인구 수는 3천만 명 이하로, 전체인구 대비 비중은 1970년대 수준과 비슷한 56.5%로 떨어진다. 다만 그 결과 1970년대에는 아동부양 부담이 높았다면 앞으로는 노인부양 부담이 더 높아지게 된다. 2060년에 이르면 생산가능인구 비중이 50% 이하로 떨어지게 되어서 (49.7%) 노인부양 부담이 매우 높은 수준에 이를 것이다(그림 4-5).

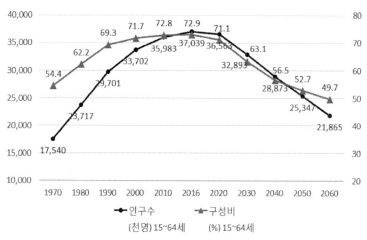

〈그림 4-5〉 생산가능인구 규모 및 비중 변화 추이

출처: 「통계청 국가지표체계
(http://www.index.go.kr/potal/main/EachDtlPageDetail.do?idx_cd=1010)」를
토대로 재구성.

　그런데 양적 차원에서 생산가능인구 감소를 기준으로 부양부담 증가를 이야기하는 것이 반드시 옳은가? 현재 생산가능인구를 논할 때 우리가 자칫 간과할 수 있는 점은 여성 경제활동참가율이다. 경제활동인구는 생산가능인구 중 취업활동자와 실업자를 포함하는 개념이다. 그런데 생산가능인구에는 경제활동 참가 집단과 경제활동 비참가 집단이 있다. 비경제활동인구의 대표적 집단이 전업주부와 학생, 군인이다. 생산가능인구 중 비경제활동인구 비중이 어느 정도냐에 따라 취업활동인구의 부양부담 수준이 정해진다.

　현재 생산가능인구 감소에 따른 부양부담 증가, 경제 활력 저하 등 부정적 미래 시나리오를 이야기할 때에 상당수 비경제활동인구로 남아 있는 여성의 경제활동 참가율이 지금보다 어느 정도 상승할 지에 대한 논의는 빠져 있다. 그런데 여성경제활동 참가율은 지난 수십 년간 50% 내외 수준을 벗어나지 못하고 있다. 1995년 48.4% 수준이었던 여성경제활동 참가율은 여전히 50%대에 머무르고 있다.25) 여성경제활동 참가율이 경제협력개발기구 회원국처럼 70~80% 수준으로 상승할 수 있다면 생산가능인구의 양적 감소 문제를 높은 여성경제활동참가율을 통해 해결할 수 있다.

더 나아가 경제활동인구의 노동생산성 향상도 양적 차원의 생산가능인구 감소에 대한 대안이 되어야 한다. 한국의 제조업 분야 노동자 1인당 생산성 지표는 100 정도 수준을 보이고 있다.26) 이는 경제협력개발기구(OECD) 회원국 평균의 73% 수준에 해당하는 수준이다. 또한 한국 노동자의 시간당 노동생산성은 미국, 영국, 독일, 일본 등 G7 국가와 비교할 때 61% 수준에 불과하다. 세계 최장 수준의 노동시간이 주요 원인이다(차상미,2015:20~21). 따라서 생산가능인구 감소라는 양적 변화에 노동생산성 향상이라는 질적 대응으로 맞선다면 "먹거리를 만들어낼 사람이 없다."는 불안 시나리오를 상당 부분 수정할 수 있을 것이다.

2) 생산가능인구 연령 상승

한국사회 대표인구는 중년 40대 초반 연령이라 했다. 이렇게 전체 인구가 나이가 들어감에 따라 취업활동을 할 수 있는 연령대라고 전제하는 15~64세 생산가능인구 연령도 높아질 것이다. 물론 이 연령대 모든 사람들이 취업활동을 하지는 않는다. 학업, 가사노동, 장애, 의무직인 사회공헌 활동(군복무, 공익근무 등), 기타 개인

---

25) 통계청 국가지표체계 여성경제활동참가율
(http://www.index.go.kr/potal/main/EachDtlPageDetail.do?idx_cd=1572),
검색일: 2016.9.20.
26) 통계청 국가지표체계, 노동생산성
(http://www.index.go.kr/potal/main/EachDtlPageDetail.do?idx_cd=2716)

적 사유 등이 있기 때문이다.

어쨌거나 생산가능인구 연령은 지속적으로 높아지고 있다. 제1차 저출산·고령사회 기본계획 수립 당시, 생산가능인구 평균연령이 2005년 38세에서 2030년에는 43.1세로 증가할 것이라는 전망을 하였다(대통령직속 저출산·고령사회위원회,2006:7). 그런데 제3차 기본계획에서는 생산가능인구 평균연령이 2030년에 42.9세가 될 것이라는 전망을 하고 있다(대한민국정부, 2016:13). 10년 전 추계에 비해 2개월 정도 차이는 나지만 생산가능인구가 점차 늙어가고 있다는 추세에는 변함이 없다. '노동력의 고령화(대한민국정부,2016:13)' 현상이 나타나는 것이다.

생산가능인구의 연령 상승, 즉 생산가능인구 집단 자체가 늙어감은 생산가능인구 감소로 이어진다. 15세에서 64세까지 생산가능인구는 2015년 3천695만 여명으로 정점을 찍은 뒤 지속적으로 줄어든다. 2035년 이후에 생산가능인구는 3천만 명 이하로 줄어들고 2060년 생산가능인구는 약 2천2백만 명 수준이 된다. 그런데 생산가능인구 중에서도 상대적으로 취업활동을 더 활발히 하는 25세에서 29세 사이 '핵심근로인구'는 2060년에 1천만 명이 조금 넘는 수준 정도로 크게 줄어든다(그림 4-6). 생산가능인구(15~64세)를 기준으로 하는 부양인구비와 노년부양비가 증가하는 가운데 취업활동인구가 실질적으로 갖는 노인인구 부양부담은 더 크게 증가할 것임을 보여주는 개념이 핵심근로인구임을 알 수 있다.

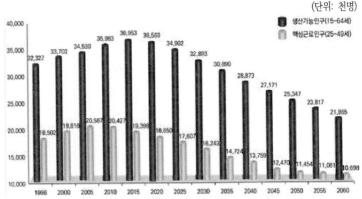

〈그림 4-6〉 생산가능인구와 핵심근로인구 추계

(단위: 천명)

■ 생산가능인구(15~64세)
□ 핵심근로인구(25~49세)

출처: 대한민국정부(2016), 제3차 저출산·고령사회 기본계획(2016-2020), 브릿지
플랜 2020, 3쪽.

3) 인구부양부담 증가

인구부양부담을 설명하는 개념으로서 노년부양비와 부양인구비가
있다. 먼저 노년부양비부터 설명하도록 하자.

태어나는 인구가 줄어들고 오래 사는 인구가 늘어나면 당연히 젊은
사람의 숫자에 비해 노인의 숫자가 많아진다(평균연령 상승, 인구구조
의 노령화). 나이가 들어 취업활동을 그만 둔 노인은 자신의 노후를
누군가에게 의지해서 살아야 한다. 이럴 때 연금·자산·저축 없이
온전히 자녀나 국가의 도움으로 살아가야 하는 경우만을 이야기하
는 것은 아니다. 젊었을 때 취업활동을 했기 때문에 연금을 받거나
스스로 모아 놓은 자산·저축으로 살아갈 때에도 현재 취업활동 세
대에게 노인 세대가 의존한다는 전제는 당연히 성립한다. 젊은 세
대의 취업활동으로 인하여 경제가 돌아가야 연금 수급도 가능하고
자산·저축에 근거한 이자 소득 발생도 있는 것이다. 노인 세대가
아무리 많은 돈을 자신만의 계좌에 쌓아놓고 "나는 스스로 내 노후

를 살아가고 있다."고 생각해도 젊은 세대가 노인 세대를 부양한다는 말은 그래서 의미를 갖는다.

이러한 의미에서, 65세 이상 노인세대를 15~64세 생산가능인구가 부양하는 부담이 발생한다고 본다. 그 부양 부담 수준을 표현하는 개념이 노년부양비이다. 몇 명의 젊은 세대가 몇 명의 노인을 부양하는 관계가 발생하느냐를 보는 것이다. 즉 노년부양비는 '15세 이상 64세 이하 생산가능인구 100명이 부양해야 할 65세 이상 노인의 수를 의미한다. 따라서 노년부양비를 구하는 계산식은 다음과 같다.

노년부양비 = (65세 이상인구 / 15세~64세 인구) × 100

노년부양비는 1970년 5.7에 불과하였다. 생산가능인구, 즉 젊은 사람 100명이 노인 약 6명만 부양하면 되는 관계였던 것이다. 2015년 현재에도 노년부양비는 17.9이다. 100 대 17.9의 관계이니까 젊은 사람 5명이 취업활동을 통해 세금, 사회보험료 등을 내면서 약 1명의 노인을 부양하는 꼴이다. 그런데 2060년에 가면 노년부양비가 80.6이 될 전망이다. 2016년 현재 20세 청년이 노인이될 무렵 거의 한 명의 청년이 한 명의 노인을 부양하는 상황이 되는 것이다.

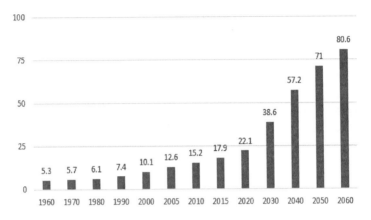

〈그림 4-7〉 노년부양비 추이와 전망

출처: 통계청, 국가지표체계
(http://www.index.go.kr/potal/main/EachDtlPageDetail.do?idx_cd=1430)

부양인구비는 노년부양비와 같은 맥락에서 이해할 수 있는 개념이다. 다만 15~64세 생산가능인구가 부양한다고 전제하는 대상에 65세 이상 노인 뿐 아니라 신체적·심리적·정서적 발달 단계를 고려할 때 아직 취업활동이 가능하지 않다고 보는 14세 이하 소년인구집단을 추가하였다. 즉 부양인구비는 생산가능인구에 대한 65세 이상 노인인구와 14세 이하 소년인구의 합이 갖는 관계가 된다.

부양인구비 = {(15세 미만 인구 + 65세 이상 인구) ÷ (15-64세 인구)} × 100

1960년대에는 부양인구비가 88.8까지 올라갔다. 노인인구 비중은 낮았지만, 출산율이 매우 높았기 때문이다. 출산율을 공식 집계하기 시작한 1970년 당시 합계출산율이 4.53임을 감안한다면 1960년대에는 여성 1인당 평균 5명 이상 자녀 출산을 했을 것으로 추정할 수 있다. 이러한 높은 출산율과 이에 따른 높은 부양부담이 당시 출산을 되도록 하지 말자는 가족계획운동의 주요 배경이 되었다.

1980년대 들어서 본격화된 출산율 감소와 더불어 부양인구비는 지속적으로 감소하여 2016년 현재 37.2를 보이고 있다. 부양인구비가 1990년대 이후 계속 40이하 수준을 보이고 있는 것이다(그림 4-8).

〈그림 4-8〉 부양인구비 추이

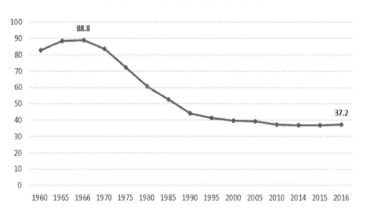

출처: 통계청, 국가지표체계
(http://www.index.go.kr/potal/main/EachDtlPageDetail.do?idx_cd=2918)

이렇게 출산율이 저하하고 노인인구 비중이 상대적으로 작기 때문에 생산가능인구의 부양부담이 낮은 수준이 지속되는 기간을 인구보너스(demographic bonus) 기간이라고 한다. 그러나 앞서 보았듯이 2018년부터 유소년 인구에 대한 노인인구 비중인 인구 노령화 지수가 100을 넘어 가기 시작한다. 이는 한국에서 2018년부터 인구보너스 기간이 종료됨을 의미한다.

인구보너스 기간 종료와 더불어 부양인구비가 급격히 늘어나게 될 것이다. 앞서 2060년 노년부양비만 80 수준이 됨을 고려한다면, 15세미만 인구 부양을 더하게 될 경우 부양인구비는 거의 100, 즉 생산가능인구 1명이 1명을 부양해야 하는 부담으로 이어질 수도 있게 된다.

지금까지 설명에서 알 수 있듯이 노년부양비와 부양인구비는 생산가능인구와 65세 노인인구·14세 이하 소년인구 간 관계를 인구수로써만 제시하는 개념이다. 그런데 생산가능인구와 취업활동인구는 다른 개념이다. 생산가능인구 중 학생, 장애인, 군복무자, 전업주부 등을 제외한 취업활동인구가 나온다. 그런데 한국사회 여성경제활동 실태를 보여주는 여성 고용률 수준은 50%에 불과하다. 결국 생산가능인구만 갖고서 부양부담을 이야기하는 것은 생산가능인구를 어느 정도 취업활동인구로 최대한 전환할 것이냐는 가능성은 제외하고 있음을 알 수 있다. 여성 고용률 50%를 전제로 한 부양부담과 80%를 전제로 한 부양부담은 전혀 다른 이야기이다.

더 나아가 시간의 흐름에 따라 취업활동인구의 노동생산성이 어떻게 변할지, 어느 정도 상승할 지에 대한 고려는 반영되지 않은 개념이다. 노동생산성이 높아져서 1명의 취업활동자가 지금보다 더 많은 비취업활동자를 먹여 살릴 수 있는 환경이 조성될 수 있다. 물론, 반대로, 인공지능 활용이나 생산 자동화 등으로 현재보다 더 많은 일자리가 사라져서 취업활동인구 수로써만 노인을 부양한다는 개념 자체가 변할 수도 있다. 따라서 생산가능인구의 부양부담 관련 논의는 산업 동향 변화, 생산성 향상 여부, 일자리 창출이 질적·양적 차원 등 여러 가지 요소를 고려하여 진행해야 할 것이다.

4) 경제성장 둔화

성장률, 즉 경제성장률은, 흔히 알다시피, 일정 기간 동안 커진 국내총생산(GDP) 규모를 의미한다. 금년 성장률이 3%라면 전년도에 비해 금년 국내총생산이 3% 늘었다는 의미이다. 결국 성장률은 과거를 기준으로 현재까지 확대된 국내총생산 규모를 측정하는 지표가 된다. 반면 잠재성장률은 현재를 기준으로 중장기적 관점에서 국내총생산 규모의 성장 가능성, 즉 성취 가능한 경제성장률을 말한다.

잠재성장률을 측정하는 지표로는 공급 가능한 노동인구, 노동인력의 질적 수준, 적정한 노동시간, 생산성 수준, 설비투자 규모, 성장을 이끌 산업동력의 출현 등이 있을 수 있다. 그런데 저출산이 지속되어 공급 가능한 노동인구 규모가 축소되고 고령화로 인하여 부양받아야 할 노인인구 규모만 증가한다면 지속가능 성장은 어려워지게 된다. 즉 잠재성장률이 하락하게 된다. 기업이 필요한 인력을 구하지 못하게 되면 적정한 노동시간 보장이나 높은 생산성 유지는 불가능한 일이 된다. 그렇게 되면 성장동력을 이끌 분야에 대한 과감한 투자도 어려워진다. 게다가 인구 고령화로 인하여 유효수요를 창출할 만큼 소비활동이 일어나지 않는다면 '생산 ↔ 소비'라는 선순환 구조가 삐걱거리게 될 것이다. 국제통화기금 분석에 따르면 생산가능인구가 1% 증가할 때 1인당 실질 국내총생산은 0.08% 포인트 증가한다. 반면 노인인구가 1% 증가할 때 1인당 실질 국내총생산은 0.041% 포인트 감소한다고 한다(관계부처합동, 2006:9)

생산가능인구 규모 감소가 취업활동인구 감소로 반드시 같은 수준으로 연결되는 것은 아님을 이미 언급하였다. 그러나 생산가능인구 규모 감소는 취업활동인구 규모 감소의 필요조건이 된다. 한창 돈을 벌기 때문에 또한 소비도 많이 하는 취업활동인구 규모가 감소한다면 불경기가 찾아오고 경제성장이 둔화될 수 있다. 여기에 더하여 연금이나 자산·이자 소득에만 의존해서 살아야 하는 노인은 대체로 구매력이 낮은 집단이다. 소비를 왕성하게 할 수 있는 사람의 수(생산가능인구)는 줄어들고 소비를 제대로 하지 않는 사람 수(노인인구)는 늘어나면 당연히 시장은 위축될 것이다. 그러면 기업도 생산을 위한 투자를 하지 않게 된다. 결국 소비도 안하고 생산도 안하는 악순환이 되풀이되면서 내수시장이 위축될 가능성이 커진다.

2001년에서 2010년까지 소비 증가율은 연평균 3.77%이었다. 투자 증가율은 연평균 3.14%이었다. 2016년부터 생산가능인구가 감소하기 시작함에 따라 2030년까지 소비 증가율은 연평균 3%로, 투자 증가율은 2.43%로 떨어질 것이다. 총인구 규모가 감소하기 시작하는 2031년 이후 소비 증가율은 2060년까지 연평균 1.35%, 투자 증가율은 1.06%를 유지할 것으로 예측하고 있다(대한민국정부,2016:14). 2017년을 기준으로 20년도 채 안되어 소비 증가율은 절반도 안 되는 수준으로, 투자 증가율은 1/3도 안 되는 수준으로 떨어질 것이라는 예측이다.

소비도 안하고 투자도 꺼리는 상황의 지속은 2001년부터 2010년까지 4.42%이었던 연평균 경제성장률이 2060년 무렵에는 1.03%로 하락할 것이라는 전망으로 이어진다.

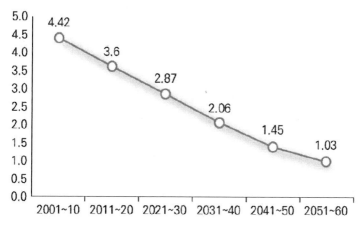

〈그림 4-9〉 연평균 경제성장률 예측

출처: 대한민국정부(2016), 제3차 저출산·고령사회 기본계획(2016-2020), 브릿지플랜 2020, 14쪽.

3. 사회적 차원

저출산·고령화는 사회적 차원에서 가족형태의 다양화, 보육·교육 체계의 변화, 병역자원 부족, 사회보험 재정 부담 증가 등 양상을 가져온다.

1) 가족형태의 다양화

저출산 현상은 이미 출산주체로서 여성이 임신·출산·양육을 운명 이 아닌 선택으로 받아들이기 시작했음을 의미한다. 이와 함께 '부 부 ‒ 자녀'라는 전형적 가족형태를 정상 사회규범으로 받아들이는 가치관도 변하게 된다. 노인인구 급증은 특히 가족구조에 있어서 1 인 단독가구의 급증, 더 정확히 말하면 노인 단독가구 급증으로 이 어진다. 이러한 모든 현상은 결국 가족형태의 다양화로 요약할 수 있다.

전형적 가족의 특징은 이성 법률혼 부부, 자녀, 취업활동을 하는 남성가장, 전업주부 혹은 보완적 취업활동을 하는 여성아내, 아내의 경력단절, 여성의 무보수 가사·돌봄노동, 인종적 동질성 등으로 볼 수 있다. 이러한 전형적 특징이 변하고 있다. 특히 이러한 변화가, 5장에서 논의할 저출산 요인과도 밀접하게 맞물려 있는 것이다.

최근 동성혼이나 동성애 이슈에도 불구하고 이성 법률혼 부부를 이상시하는 관념 자체가 변했다는 증거는 찾아보기 어렵다. 그러나 비혼·만혼이 확대되는 경향을 볼 때 법률혼 자체가 전형적 가족구성의 전제조건이 된다는 인식은 감소한다고 볼 수 있다. 이러한 인식에 반하여 동성혼을 선호하거나 비혼 출산을 선택하는 양상은 물론 아직까지 사회적 현상으로 찾아보기 어렵다. 그러나 비혼 증가는 법률혼 자체를 거부하는 최소한의 저항 형태로 이해할 수 있을 것이다. 2006년 쌍춘년 결혼특수와 2007년 황금돼지해가 겹치면서 2005년에서 2007년 사이 혼인 건수와 혼인율은 인구 1천명당 343.6건으로 증가하기도 하였지만 앞으로 1990년대의 400건 이상 수준을 보이기는 어려운 전망이다.27) 전형적 가족 구성에서 중요한 요소가 '결혼 적령기' 개념이다. 그런데 지난 30년 간 혼인 연령 상승 추세를 보면 '결혼 적령기'가 20대 중반에서 30대 초반으로 밀려가고 있거나 혹은 사라지는 상황이라고 할 수 있다. 초혼연령 상승추세가 비혼 인구 규모 증가와 일치하고 있기 때문이다.28)

돈 버는 아버지와 가사·돌봄노동하는 어머니, 그리고 1~2명의 자녀로 구성된 핵가족도 더 이상 이상적 형태가 아닌 상황이나.

---

27) 통계청 혼인통계 자료
　　(http://kosis.kr/ups/ups_01List01.jsp?grp_no=1002&pubcode=CD&type=F).
28) 통계청 인구조사 자료
　　(http://kosis.kr/gen_etl/start.jsp?orgId=101&tblId=DT_1IN9503&conn_path=I3&path).

1970년 전체 가구 중에서 무자녀 부부가족 비중은 5.4%에 불과하였다. 이 비율이 2010년 20%를 넘어섰고 이러한 추세는 지속되고 있다(그림 4-10).

〈그림 4-10〉 가족 형태 중 '무자녀 부부가족' 비중 변화

(단위: %)

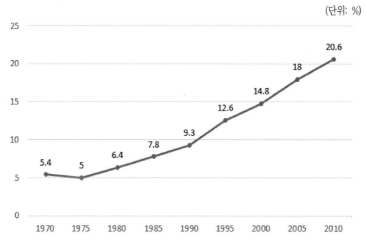

출처: '통계청「인구주택총조사」연도별'을 토대로 재구성.

2016년 기준으로 자녀수에 따른 가구 구성비를 보면 전체 가구에서 무자녀 가구가 차지하는 비중이 거의 20%에 이르고 있다. 가장 이상적 형태로 보는 두 자녀 가구 역시 20%를 넘지 않는 수준이다(그림 4-11).

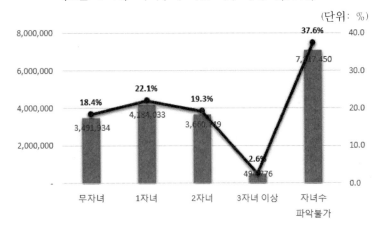

〈그림 4-11〉 자녀수에 따른 가구 구성비(2016)

(단위: %)

출처: 통계청 홈페이지, KOSIS 통계표 「장래가구추계 - 가구주의연령/가구유형/가구원수별
추계가구(전국)」을 토대로 재구성.
(http://kosis.kr/statHtml/statHtml.do?orgId=101&tblId=DT_1BZ0503&conn_
path=I2)

전업주부 혹은 보완적 취업활동을 하는 여성상도 변하고 있다. 다
만 이러한 변화가 남녀 일·가정양립이 어려운 상황에서 여성의 독박
육아, 경력단절, M자형 취업생애주기로 나타나는 문제가 남아 있다.
이러한 요소들로 인하여 여성 경제활동참가율이나 고용률은 여전히
50%대에 머물고 있다. 그런데 25세에서 29세 사이 여성 취업률은
2000년 55.9%에서 2015년에는 70%까지 증가하였다(통계
청,2016:49). 여성의 높아진 취업활동·사회참여 욕구가 독박육아와
경력단절, M자형 취업생애주기라는 장애요소를 만나거나 만날 위험
에 대한 불안으로 인하여 출산기피 현상이 나타남에 주목할 필요가
있다.

1인 가구 증가는 인구 고령화와 맞물리면서 노인단독가구 증가와
이어진다. 2015년 11월 1일 현재 가구주 연령이 65세 이상인 고
령자 가구는 372만 가구인데, 전체 가구의 19.5%를 차지한다. 이

는 1985년 전체 가구 중 고령자 가구 비율은 7.1%에 불과하였다. 고령자 가구 중에서 1인 독거노인가구 비중이 32.9%이다. 고령자 가구 중에서도 1세대 가구 비중이 34%임을 감안하면 독거노인가구와 합쳤을 때 고령자 가구 중 자녀나 기타 구성원 없이 노인만 사는 가구 비중이 66.9%에 이르는 상황이다(그림 4-12).

독거노인가구가 전체 가구에서 차지하는 비중은 6.4%이다. 결국, 2015년 현재 전체 노인 가구 세 가구 중 한 가구가 독거노인 가구라는 의미가 된다. 그리고 전체 가구 100가구 중 6가구가 독거노인 가구이다. 전체 가구에서 독거노인 가구가 차지하는 비중은 1985년 1.2%, 1990년 1.7%, 1995년 2.7%, 2000년 3.8%, 2005년 4.9%, 2010년 6.1%, 2015년에는 6.5%로 지속적으로 증가하고 있다(통계청,2016e:16).[29]

〈그림 4-12〉 고령자 가구 추이

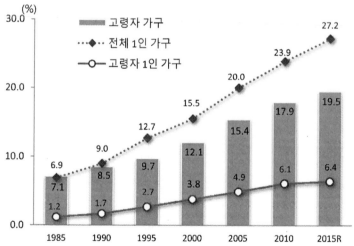

---

29) 통계청(2016), 고령자통계 2016.

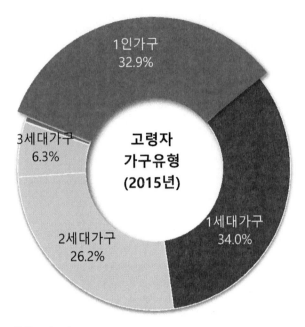

고령자
가구유형
(2015년)

1인가구
32.9%

1세대가구
34.0%

2세대가구
26.2%

3세대가구
6.3%

출처: 통계청(2016e:16)

2) 보육 · 교육체계의 변화

지속적 저출산은 1990년대 이후, 특히 2000년대 들어서 국가에서 적극적으로 보육시설 확대를 추진한 결과 급증한 어린이집 운영에 커다란 영향을 줄 수 있다. 1995년 9천여 개였던 어린이집은 1996년 1만2천 개를 넘어서면서 역대 최고인 33.16%의 증가율을 보였다. 이후 어린이집 시설 수는 한 번도 감소 현상을 보이지 않고 2013년 43,770개까지 증가하였다. 그런데 2014년 어린이집 수가 43,742개가 되면서 지난 20여년 이래 처음으로 28개소가 감소하였다. 감소율은 -0.06%이다(그림 4-13).

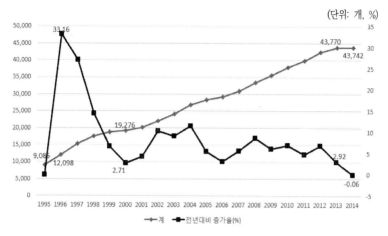

〈그림 4-13〉 어린이집 시설 수 추이

출처: 「보건복지부(2016.9), 보육통계(국가승인통계 제15407호, 어린이집 및 이용자 통
계)」를 토대로 재구성.

이러한 변화는 당장은 매우 경미한 숫자일 수 있으나 2005년 역
대 최저 1.08의 출산율 이후 1.2 수준을 넘어가지 못하는 저출산
의 결과가 누적되어서 이제 본격적으로 나타나는 현상이라는 추론이
가능하다. 앞으로 어린이집 수는 지속적으로 감소할 것이다. 전체
어린이집 수의 87% 이상을 차지하는 민간영리 어린이집 입장에서
수익 창출 대상으로서 아동의 수가 감소하는데 영업을 지속할 이유
가 없기 때문이다. 어린이집 폐쇄가 더 증가하고 어린이집 사업에
종사했던 사업자들이 노인장기요양보호서비스 등 수익을 창출할 수
있는 다른 영역으로 이동할 것을 전망할 수 있다.

2030년 총인구가 감소하기 시작하는 시기가 되면 다음과 같은
변화가 일어날 전망이다. 먼저 수험생 수 자체가 2016년 현재 60
여만 명 수준에서 40만 명 수준 이하로 줄어들기 때문에 수십여
개의 대학교가 문을 닫아야 한다. 대학 입시 판도가 바뀌면서

2013년 현재 학생 1인당 사교육비 부담이 연 273만원, 전체 약 5조2천억 원 규모였던 사교육시장이 2034년에는 35% 정도 축소되어 3조4천억 원 매출에 그칠 것이다. 또한, 경제협력개발기구 회원국 평균 초등교육 교원 1인당 학생 수 15명에 맞추게 되면 거의 4만 명에 가까운 초등교원을 2030년경까지 감축해야 한다는 여론이 있다.[30]

〈표 4-2〉 경제협력개발기구(OECD) 회원국 교원 1인당 학생 수

(단위: 명)

	유아교육	초등교육	전기중등교육 (중학교과정)	후기중등교육 (고등학교과정)	고등교육 전체
한국	16	18	18	15	-
미국	12	15	15	15	16
일본	15	18	14	12	-
프랑스	22	19	15	10	16
영국	19	21	14	17	20
OECD 평균	14	15	14	14	14

출처: OECD(2014), Education at a Glance (국가지표체계, http://www.index.go.kr /potal/main/EachDtlPageDetail.do?idx_cd=1521#quick_02;).

실제 학령기 아동·청소년 수는 지속적 감소 추세를 보이고 있다. 유치원생부터 고등학생까지 2010년에는 모두 867만여 명이 있는데, 2030년에는 663만여 명으로 20년 사이 약 2백만 명의 학생이 교육현상에서 사라지게 된다. 같은 기간 초등학생은 약 330만 명에서 270만 명으로, 중학생은 약 200만 명에서 130여만 명으로, 고등학

---

30) MBC 뉴스(2014년 11월 15일), '저출산' 문제에 암울한 한국···20년 후 대학 폐교 속출 (http://imnews.imbc.com/replay/2014/nwtoday/article/3557834_18458.html).

생은 200여만 명에서 130여만 명으로 줄어든다. 교육 과정 별로 60~70만 명 정도 학생 수가 줄어들게 되는 것이다(그림 4-14).

〈그림 4-14〉 학력아동 변동 추계

(단위: 천명)

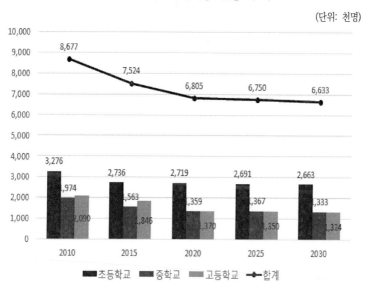

출처: 「국가지표체계(2016), 학력아동 변동 추계(http://www.index.go.kr/potal/main
/EachDtlPageDetail.do?idx_cd=1519)」를 토대로 재구성.

학령기 아동 수 감소는 교원 1인당 학생 수 감소로 이어질 것이다. 그런데 2030년 즈음에 경제협력개발기구 평균에 맞추기 위하여 실제로 초등학교 교사를 4만 명 정도 감축할지, 중·고등학교 교사 수는 어느 정도 감축할지 현재 예측하는 것은 어렵다. 지역에 따라 거주 아동·청소년 수와 학교 분포가 맞지 않아서 실제 폐교를 해야 하는 상황이 생길 수 있다. 이런 상황은 그렇다 치더라도, 전국적으로 볼 때 굳이 경제협력개발기구 평균에 맞춰 교사 수 감축 준비를 한다는 것 자체가 난센스이다. 평균 이상의 교육의 질을 확보하려는 노력이 우선될 수는 없을까?

　1970년대의 콩나물 교실 신화에서 벗어나 2015년 현재 초등학교 교사 1인당 학생 수는 14.9명까지 내려갔다. 불과 6년 전인 2009년에 비해 약 5명 정도가 감소한 것이다. 교사의 눈길과 관심이 학생 수 5명 감소한 만큼 더 커질 수 있는 가능성이 생긴 것이다. 중학교 경우도 같은 기간 18.4명에서 14.3명으로 4명 정도 줄어들었다. 고등학교는 15.7명에서 13.2명까지 줄었다. 대학교의 경우에도 27.3명에서 24.6명으로 약 3명 정도 감소하였다(그림 4-15).

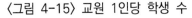

〈그림 4-15〉 교원 1인당 학생 수

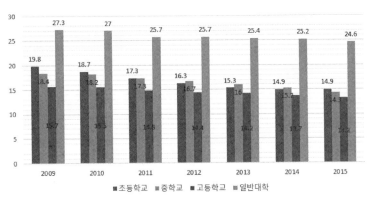

출처: '교원 1인당 학생 수', 국가지표체계 홈페이지
　　　(http://www.index.go.kr/potal/main/EachDtlPageDetail.do?idx_cd=1521),
　　　검색일 2016년 12월 30일.

　시·도별로 기존 사립 중·고등·대학교를 통폐합하고 남게 되는 부지나 건물에 대한 사립학교 법인 소유분 보상은 최소화하면서 국공립 교육을 강화하는 방안을 생각해 볼 수 있다. 기존 사학재단은 초기 설립에 투입된 민간자산이 있긴 하지만 학생 등록금과 국가 지원

금·보조금에 거의 전적으로 의존하는 운영 행태를 보이고 있다. 따라서 초기 투자자산에 대한 100% 소유권을 주장할 근거가 희박하다. 지역 상황에 따라 광역지자체 혹은 국가가 남아도는 교육시설을 인수하여 재배치·리모델링하고 낮아진 교원 대 학생 비율 상황을 활용한다면 공공재로서 교육 기능을 회복하고 양질의 교육과정을 제공함으로써 높은 생산성을 가진 양질의 2세대 노동력을 사회에 배출할 수 있을 것이다.

3) 병역자원 부족

군 병력 규모 60만 명을 유지하기 위하여 필요한 연간 병역 자원은 약 26만 명이다(김민욱,2014). 징병검사 대상연령이 19세 인구가 2011년 39만여 명을 정점으로 감소 추세에 들어가기 시작하였다. 2011년 만 19세가 되는 징병검사 대상자를 1992년생으로 본다면 출생아수가 60만 명 수준인 1999년 출생 인구가 징병검사 대상자가 되는 2018년 즈음까지 병역자원 조달에 큰 문제는 없다. 그런데 2001년 출생아수가 55만 명으로 갑자기 줄어든 후 그 다음 해부터는 40만 명대 수준을 유지하였다(그림 4-16). 당시 출생아가 징병검사 대상이 되는 2020년부터 병역자원 문제가 등장한다.

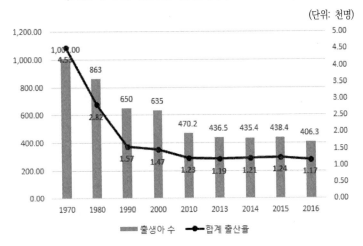

〈그림 4-16〉 연도별 출생아수(1991~2016)

(단위: 천명)

출처: 「국가지표체계(2016), 출생아수(http://www.index.go.kr/potal/main/EachDtlPage
Detail.do?idx_cd=1428)」를 토대로 재구성.

이러한 추세로 간다면 병역 자원 부족 규모가 2020년 8천 명,
2030년 8만4천 명, 2050년 12만3천 명이 될 것으로 보고 있다(김
민욱,2014). 2006년 징병검사 대상 연령인 19세 남성 수는 32만3천
명이었다. 2011년 39만1천 명을 정점으로 2015년 현재 이 숫자는
35만3천 명으로 줄었다. 이 중 현역 입영 대상자는 같은 기간 27
만3천 명에서 33만3천 명까지 올라갔다가 2015년 30만4천 명으로
감소하였다(그림 4-17).

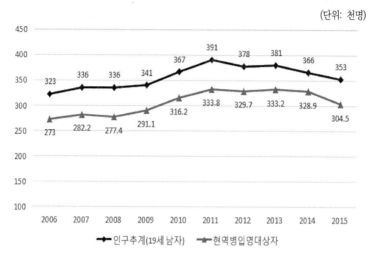

<그림 4-17> 징병검사 대상 인구 및 현역입영대상자 추이

(단위: 천명)

인구추계(19세 남자): 323, 336, 336, 341, 367, 391, 378, 381, 366, 353

현역병입영대상자: 273, 282.2, 277.4, 291.1, 316.2, 333.8, 329.7, 333.2, 328.9, 304.5

2006 2007 2008 2009 2010 2011 2012 2013 2014 2015

◆ 인구추계(19세 남자)   ▲ 현역병입영대상자

출처: 「국가지표체계(2016), 징병검사 현황(http://www.index.go.kr/potal/main/Eac
hDtlPageDetail.do?idx_cd=1718)」을 토대로 재구성.

2020년 즈음 현재 유지하고 있는 '60만 대군' 체제가 흔들리는 상황에 대비하여 '국방계획 2020'에서는 2020년까지 전체 병력 규모를 50만 명 선으로 감축하고 대신 국방 전력을 전차, 전투함, 전투기 등 기계화하는 방향을 제시하고 있다. 사람 수만을 앞세운 국방 개념에서 벗어나 질적 차원의 변화를 주고자 하는 것이다. 저출산 추세에 직면하여 어쩔 수 없는 선택이겠지만 바람직한 방향 전환이라고 볼 수 있다.

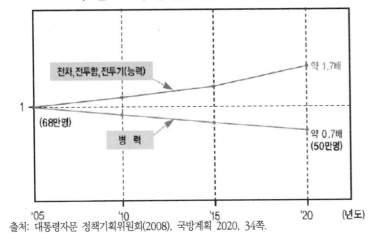

〈그림 4-18〉 병력규모 및 전력 변화 추이

전차, 전투함, 전투기(능력)

약 1.7배

1

(68만명)

병력

약 0.7배
(50만명)

'05   '10   '15   '20   (년도)

출처: 대통령자문 정책기획위원회(2008), 국방계획 2020, 34쪽.

이러한 맥락에서 병역 자원을 징병제가 아닌 모병제로 충당하자는 논의가 본격적으로 고개를 들고 있다. 어차피 기존 수준으로 동원할 수 있는 병역 자원이 모자라게 됨을 계기로 하면서도 현대전 개념에 맞게 전투력·전투의지를 갖춘 핵심 전투 병력을 양성하는 것이 오히려 효율적이라는 주장이 있다. 반면 미국의 예에서 볼 수 있듯이 모병제를 할 경우 저소득계층이나 이주민 집단에서 주로 군 입대를 함으로써 계층 간 격차를 군 입대에서도 본격적으로 볼 수 있을 것이라는 주장도 있다.31)

군 입대는 한국사회 대중 사이에서 매우 민감하고 감정적 충돌이 일어나기 쉬운 주제이다. 따라서 어떤 주장이 더 설득력을 얻을 수 있을지는 청년고용 상황, 국가 안보 상황, 여성 의무병제 도입 기능성 능에 따라 결정될 것이다.

---

31) 김종대의 군사, "모병제 도입하면 '흙수저' 자녀들만 입대한다?"(한겨레신문 2016.9.10. 17면).

4) 사회보험 재정

저출산은 생산가능인구수 감소, 즉 잠재적 취업활동자수 감소로 이어진다. 이는 국민연금 가입자 수 감소로 이어질 수 있다. 반면 고령화는 국민연금 수급자 수 증가와 더불어 수급 기간 연장으로 이어지게 된다. 2015년을 정점으로 연금 가입자 수는 감소하기 시작하고 연금 수급자 수는 지속적으로 증가하여 연금 가입자 수에 대한 연금 수급자 수를 의미하는 '제도 부양비'가 2050년에는 88.5에 이를 것이라는 전망이 나왔다(관계부처합동,2006:10).

〈그림 4-19〉 국민연금 가입자 및 수급자 수 전망

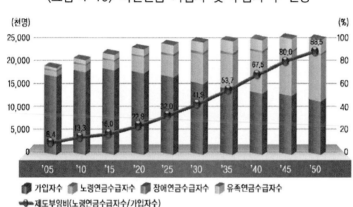

출처: 관계부처합동(2006). 제1차 저출산 고령사회 기본계획, 새로마지플랜 2010 시안, 10쪽.

이러한 변화는 2044년부터 국민연금 재정이 적자로 돌아서고 2060년 경 기금이 완전히 소진될 것이라는 전망으로 이어진다(대한민국정부,2016:15).

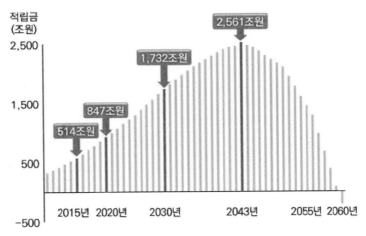

〈그림 4-20〉 국민연금 기금적립금 추이

출처: 대한민국정부(2016:15).

국민연금에 더하여 공무원 연금, 사립학교교직원 연금, 군인연금을 합쳐 4대 연금이라 한다. 2016년에 4대 연금 지출액이 35조1천억 원이었는데, 고령화로 인하여 2025년에는 74조7천억 원을 지출할 전망이다. 이는 국내총생산 대비 4대 연금 총지출 규모가 2016년에 2.2%에서 2025년에는 3.1%로 상승한다는 의미이다(기획재정부,2017b:4).

건강보험 재정의 경우도 2017년 현재 21조원 규모의 누적흑자를 기록하고 있지만 2018년부터 당기수지가 적자로 돌아서고 2023년 쯤 되면 적립금이 완전 소진될 전망을 내놓고 있다(기획재정부,2017b:6). 인구 고령화에 따라 65세 이상 노인 1인당 요양급여비가 젊은 세대에 비해 높은 수준으로 높아지기 시작할 것이기 때문이다. 고령화로 발생하는 노인진료비 증가가 주요인이 되어 건강보험 지출은 2016년에서 2025년까지 연평균 8.7%씩 증가할 것이라는 전망이다(기획재정부,2017b:4). 이러한 추세가 2060년까지

가면 30~39세 연령집단에 비해 1인당 요양급여비가 60~69세는 3.3배, 70~74세는 4.3배, 75세 이상은 8.4배가 높아질 전망이다 (박승준,2014:10). 그 결과 2015년 국내총생산 대비 건강보험재정 지출 비중이 3.21%였는데, 2030년에 4.23%에 이르고 2050년에는 5.35%로 증가할 것으로 예측하고 있다(그림 4-21).

〈그림 4-21〉 국내총생산(GDP) 대비 건강보험재정 비중

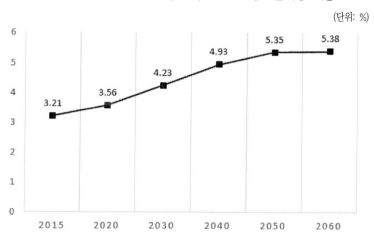

(단위: %)

출처: 「박승준(2014), 건강보험 중·장기재정추계 모형 연구, 국회예산정책처 연구용역 보고서, 61쪽」을 토대로 재구성.

고령화로 인하여 연금과 의료비 지출이 국내총생산에서 차지하는 비중만 10여년 뒤에는 7~8% 수준에 이를 것이라는 예측이다. 전체적으로는 저출산·고령화로 인하여 노인인구 비중이 급증하면 국내총생산 대비 공공사회복지지출 비중이 2013년 기준 9.8%에서 2040년에는 국제개발협력기구(OECD) 평균인 25% 수준에 이르고 2060년에는 29%로 높아질 것이라는 전망이다(대한민국정부,2016:15). 저출산·고령화로 인하여 사회보장비용 부담이 급증하

고 이에 따른 자연증가분을 바탕으로 하여 저절로 복지국가에 이르게 된다는 의미로 해석할 수 있다. 과연 그럴까?

우선, 사회보장비용 부담 급증과 관련하여 생각해 보자. 노인 개념이 고령화 양상에 따라 달라질 수 있다. 현재 65세를 대개 기준으로 하여 적용하는 노인 개념이 70세, 75세, 80세로 상향 조정될 수 있다. 지금 당장 노인 기준을 상향 조정할 경우 높은 수준의 노인 빈곤율에 더하여 노인생활 수준 악화로 이어질 수 있다. 그러나 수명 연장이나 건강여명 상황을 고려하고 정년 유연화 등을 통한 일자리 확대 등을 통하여 노인 기준을 올림으로써 인구부양비 공식의 분자를 차지하는 '65세 이상' 기준이 '71세, 76세'로 달라지면 노인부양부담 정도도 달라질 수 있다.

노인 개념을 조정하면 인구 부양부담 공식에서 분자의 크기를 작게 하면서 분모를 크게 할 수 있다. 여기에 더하여 분모를 구성하는 요인의 질적 차원 변화가 가능하다. 여성 경제활동참가율과 고용률 제고이다. 현재 인구부양부담은 생산가능인구(15~64세 인구) 중 여성 경제활동참가율이 50% 대에 머무는 상황에서 발생하는 것이다. 여성경제활동 참가와 실제 취업상황이 서유럽 국가 수준인 70~80% 수준이 된다면 인구부양부담의 상당 부분을 덜어낼 수 있을 것이다.

고령화에 따른 자연증가분 때문에 저절로 복지국가가 될 것이라는 전망은 어떠한가? 현재 복지국가라고 하면 대체로 국내총생산(GDP) 공공사회지출 비중이 20%를 넘어가면 일단 필요소건을 갖추었다고 본다. 국제개발협력기구(OECD) 평균 25% 정도를 기준으로 한 이야기다. 고령화로 인하여 2040년에 OECD 회원국 평균 수준에 도달할 것이라고 전망하는데, 앞으로 20년 동안 해당 국가들에서는 어떤 변화도 일어나지 않는다는 의미인가? 1970·80년대

전후 복지국가 체제가 확대 과정이었을 때 사회지출 수준이 국내총생산 대비 15~20% 수준이었다.32) 앞으로 20~30년에 걸쳐 그 국가들에서 저출산·고령화가 진행되면서 사회보장제도에 있어서 많은 변화가 일어날 것이다. 국가 지출 사회복지비용 비중이 더 늘어날 수도 있다. 복지국가 비교 기준이 달라질 것으로 예상할 수 있다. 그러한 변화는 일어나지 않는 것으로 전제하면서 한국만 따로 저출산·고령화에 대비하여 사회복지 지출을 확장해서 복지국가가 된다는 전망은 지나치게 현재에 시점을 고정한 결과라고 보겠다.

4. 인구의 의미

저출산·고령화를 이야기할 때 두 가지 양상이 겹쳐 나온다. 인구의 양적 변화와 질적 변화이다. 그런데 두 차원의 변화를 아주 명확하게 구분하기 어려울 수 있다. 인구변화가 양적·질적 변화를 다 보여줄 수 있기 때문이다. 앞서 소개한 인구의 양적 변화를 예로 생각해 보자. 인구절벽을 생산가능인구 감소, 총인구 감소, 소비·투자인구 감소 현상으로 설명하였다. 모두 인구 수 감소를 설명하고 있기 때문에 양적 변화로 보인다. 하지만 소비·투자인구 개념으로 볼 때 생산가능인구와 총인구보다는 질적 성격을 더 많이 갖는다. 소비하고 투자할 수 있는 능력을 강조하는 개념이기 때문이다. 사회적 차원의 변화는 특히 인구변화의 양적 차원보다는 변화의 결과로서 인구 감소가 가져오는 질적 차원의 변화를 의미한다.

결국 저출산·고령화에 우리가 관심을 갖는 이유도 단순히 출생과 사망이라는 생물학적 차원에 따른 양적 변화보다는 사회적 차원에

---

32) 출처 : The world bank 홈페이지(http://data.worldbank.org/indicator/NY.GDP.PCAP.CD?page=6) 와 OECD 홈페이지(http://stats.oecd.org/Index.aspx?datasetcode=SOCX_AGG).

서 관찰할 수 있는 인구의 질적 변화 때문이다. 인구를 단순히 태어나고 죽고 이동하는 사람들의 집합이 아닌, 사회적 상호작용을 하는 사람들의 결과로서 보는 관점을 더하면 인구의 의미는 양적 차원의 통계적 인구와 질적 차원의 정치적 인구, 경제적 인구, 사회적 인구로 분류할 수 있다. 이러한 분류를 함으로써 저출산·고령화라는 양적 차원의 변화에 대한 정치적·경제적·사회적 차원에서 인구의 질적 변화 혹은 질적 수준의 향상을 통한 대응 가능성을 높일 수 있기 때문이다.

1) 통계적 인구

인구를 이미 총인구, 생산가능인구, 핵심근로인구, 노인인구, 유소년인구 등으로 알아보았다. '통계적 인구(statistisch erfaßbare Einwohner)' 개념에 따른 인구변화 설명이다(Kaufmann, 2005:23). 통계적 인구는 한국이라는 경계가 분명한 공간에서 관청에 등록되어 있고 따라서 국가 통계적으로 파악 가능한 인구를 의미한다. 앞서 설명한 총인구로서 연앙인구와 추계인구이다.

인구 추계를 할 때 고려하는 요소가 출생률, 사망률 그리고 국제이동이다. 국제이동이라는 개념에서 추론할 수 있듯이 사람이 태어나고 이동하며 죽는 과정이 일어나는 장소는 국경을 뚜렷하게 갖는 국가의 영토를 의미한다. 그리고 출생, 사망과 이동은 한 국가의 영토 안에서 시작하고 끝나는 과정이다. 이 과정이 국가 기관에 출생·사망·이주 신고로서 징식으로 등록될 때 통계적 인구 파악이 가능해진다.

이런 의미에서 통계적 인구는 출생과 사망, 그리고 인구 이동이 생산하는 인구를 의미한다. 저출산·고령화 현상 자체를 이야기하고 그 현상에서 나오는 여러 가지 문제를 걱정할 때에 주로 양적 차원의 통계적 인구 개념에 머물고 있는 것이다. 그런데 고유의 영토와 뚜렷한 국경을 전제로 하는 통계적 인구는 '정치적 인구(politisch definierte Einheiten der Bevölkerung)' 개념으로 이어질 수 있다.

2) 정치적 인구

플라톤은 도시국가 유지·발전을 위해 필요한 적정 인구 규모를 5,040명으로 규정하였다. 그런데 이 숫자는 성인 남성 시민권자만을 의미하는 것이다. 자유민이지만 여성과 아동은 제외하였고 노예는 당연히 고려하지 않은 숫자이다. 실제 여성, 아동, 노예를 함께 고려하면 도시국가 하나의 이상적 인구 규모는 6만~8만 명 수준이었다(박상태,2004:178). 여기에서 '정치적 인구' 개념의 초기 모습을 추론해 볼 수 있다. 권력 생산의 토대로서 인구를 정치적 인구라고 할 수 있다. 참정권을 갖고 투표를 하여 국회의원이나 대통령을 선출하는 인구집단을 권력 생산의 기초로서 정치적 인구로 표현할 수 있다. 이런 의미에서 인구는 단순히 양적 규모를 나타내는 개념에서 정치적 의미를 가진 개념으로 발전한다.

국민이어야만 인구에 포함된다는 의미에서 인구는 통계적 개념이 아니라 정치적 개념이 된다. 그런데 한 국가 내에서 태어나고 일하고 사망한다 하더라도 국민으로서 살지 않을 수 있다. 이중국적을 허용하지 않는 국가에서 해당 국가 국적을 갖지 않고 살아가는 상황이다. 시민이지만 국민은 아닌 삶을 살아가는 집단이 있다. 이렇게 국민이 아닌 경우에는 참정권을 갖지 못하는 것을 비롯하여 여러 가지 제약을 갖고 살아가야 한다. 특히 한국처럼 비국적자에게 배타적인 국가에서는 참정권은 그만두고라도 웬만한 사회보장제도 혜택은 받을 수 없다. 모든 정책 자체가 시민이 아닌 국민만을 대상으로 하기 때문이다.

저출산·고령화 시대에 시민에 초점을 맞춘 인구정책을 발전시키느냐 혹은 국민에 머물고 있는 정책 기조를 유지하느냐는 중요한 문제이다. 인구추계에서 고려하는 주요인으로서 국제이동을 감안할 때 이주민 유입도 저출산 현상 완화에 기여할 수 있는 방법이기 때문이다. 그런데 이주민 유입을 통한 저출산 현상 완화 효과를 거두려면 이주민이 국민이 되지 않더라도 사회 구성원으로서 동등한 대우를 받으면서 살아갈 수 있는 조건을 만들어야 한다. 국민이 아니더라도, 즉 국적을 갖지 않아도 시민으로서 평등한 대우를 받는 사회적 조건을 만든다면 국제이동도 더 활발해지고 이주민 유입으로 인한 저출산·고령화 문제 해결에서도 일정 수준 정책적 효과를 볼 수 있을 것이다.

정치적 개념으로서 인구, 즉 국민을 유지하기 위하여 국가는 다음과 같은 노력을 한다(Kaufmann, 2005:26~27). 첫째, 국민으로서 집단적 정체성(kollektive Identität)을 유지하기 위한 정책 및 상징조작, 법질서, 행정조직을 만들어낸다. 국민이기 때문에 받을 수 있는 수많은 권리를 만들어내는 반면, 외국인이기 때문에 받는 차별에 대해서는 소극적 개입을 한다. 사회보장제도에서 외국인은 원칙적으로 급여제공 대상자로 포함하지 않는 것이 여러 가지 사례 중 하나이다. 외국인의 입대를 허용하지 않는 국민개병제를 통해 국민으로서 정체성을 강화하는 것도 하나의 사례이다.

둘째, 상징적 의례(행사: Rituale)와 공동의 축제(Jubelfeiern)를 통해 하나 된 국민임을 강조한다. 국가·공공기관 행사에서 애국가 제창과 국기에 대한 경례를 의무화한 것을 볼 수 있다. 올림픽이나 축구 월드컵 등 국가 대항전에서의 승리를 대대적으로 부각시키는

것 역시 정치적 개념으로서 하나 된 인구를 강조하는 결과를 가져
온다. 한국사회에서는 특히 '국민'을 매우 자주 사용한다. '국민배
우, 국민여동생, 국민타자…' 등 국민국가 중심 사고방식을 노골적
으로 드러낸다.

셋째, 교육과정과 대중매체를 통한 국민의식 강화가 있다. 학교
교육을 통해 단일민족으로서 자긍심, 중앙집권적 통일국가의 오랜
전통, 다른 나라보다 뛰어나고 수려한 국토 조건에서의 삶(삼천리
반도 화려강산!)을 배운다. 대중매체는 개인적 성취를 국민의 우수
한 자질에 기초한 결과로 과장함으로써 국민적 자긍심을 고취한다.
유럽 프로축구 리그나 미국 야구 메이저리그에서 선수 개인의 성공
의 마치 한국인 전체의 성공인 것처럼 과장하는 경우를 자주 본다.

3) 경제적 인구

푸코(Michelle Foucault)에 따르면 17세기 중상주의 시대에 인
구 개념이 나왔다. 중상주의적 관점에서 생산력 증대는 인구 증대
에 기초한 것이었다. 인구 자체를 생산력으로 본 것이다(강미
라,2013). 이런 의미에서 인구는 곧 경제적 인구이다.

저출산·고령화 현상이 가져오는 결과로서 소비절벽, 투자 부진
등 경제적 문제, 노인인구 부양부담 증가 등 문제는 결국 생산가능
인구 규모 축소에 기인한다. 이런 관점에서 보면 저출산으로 인한
총인구 규모 축소도 문제이지만, 더 큰 문제는 노동력으로 활용 가
능한 경제활동인구 규모 축소가 문제가 된다. 이런 의미에서 인구
문제는 경제적 인구문제이다. 경제적 인구를 인구학에서 이야기하
는 '적정인구' 개념과 연결할 수 있다.

적정인구는 고전경제학 이론에서 나온 개념이다. 경제적 차원에

서 생산성을 높이기 위해 필요한 과잉과 과소인구 규모 사이에 적정인구가 존재한다고 본다. 적정인구는 가장 높은 생산성을 올리기 위하여 필요한 인구이기 때문에 경제구조와 생산기술 수준에 따라 그 규모가 결정된다(권태환·김두섭,2002:44). 이렇게 볼 때 적정인구 개념 자체는 반드시 생산가능인구(15~64세) 자체만을 이야기하지 않는다. 생산기술 수준, 시장 유통 구조, 경제 체제 등의 조건 하에서 생산성을 최대한 높일 수 있는 생산가능인구와 부양인구 간 관계에서 적정인구 규모를 산출해낼 수 있는 것이다.

적정인구를 중요시하는 경제적 인구 개념에서는 취업활동인구 규모 최대화 가능성을 추론해 볼 수 있다. 저출산·고령화로 인하여 생산가능인구가 축소되고 피부양인구 규모가 커진다. 그러나 기술 발전을 바탕으로 생산과정을 최적화하여 기존 취업활동인구에서 배제되어 있는 장애인, 노인, 여성 등을 중심으로 생산가능인구 규모를 최대화할 수 있다. 게다가 인공지능(AI) 발달은 사람만을 중심으로 하는 생산가능·경제적 인구 개념에 큰 변화를 가져올 것이다.

4) 사회적 인구

통계적·양적 차원, 국민으로서 인구라는 정치적 차원, 생산가능능력에 초점을 맞춘 경제적 인구 등 기존 인구 관련 이해에서 간과하고 있는 것이 사회적 인구이다. 사회구성원으로서 적절한 역할을 수행할 수 있는, 즉 양질의 사회적 자본으로서 기능할 수 있는 인구가 사회적 인구이다.

사회적 자본은 세 가지 차원을 갖고 있다(Braun,2015:443). 첫째, 브루디외(Bourdieu, Pierre)류의 '개인이 사회와 관계를 맺고 소통할 수 있는 능력'이다. 브루디외가 개인 차원 사회적 자본에 초점을 맞추고 있다면, 둘째, 퍼트남(Putnam, Robert)은 사회 차원의 사회적 자본이 갖는 실체를 설명하고 있다. '한 사회의 사회적 자본 수준을 구성하는 요소로서 사회조직의 양적·질적 발전 수준'이 중요하다고 보는 것이다. 사회적 네트워크, 사회적 신뢰, 상호이익을 촉진하는 조정·협력 기제 등이 형성 방식과 규모가 사회적 자본의 양적·질적 수준을 결정한다는 관점이다. 셋째, 후쿠야마(Fukuyama, Francis)가 강조하는 사회의 '행위능력(Handlungspotential; potential resources)'이다. 한 사회가 무엇인가를 할 수 있는 능력을 의미하는데, 사회 전체 혹은 부분적 영역에 걸쳐 형성된 신뢰(Vertrauen; trust)의 규모가 해당 사회의 행위능력을 결정한다고 본다. 예를 들어, 정치인의 부정부패가 아무리 심해도 사회구성원의 저항이 일어나지 않는 이유는 해당 사회의 사회적 자본 부족으로 해석할 수 있다는 접근이다.

사회적 자본은, 결국, 개인과 사회의 상호작용을 바탕으로 형성되는 사회적 네트워크, 사회적 신뢰, 상호이익을 촉진하는 조정·협력 기제가 어우러져 만들어내는 사회적 차원의 과제 해결 능력이라고 볼 수 있다. 사회적 차원의 과제는 사회정의, 민주화, 통일, 복지국가 등 시대정신과 역사적 배경에 토대를 두고 형성된다. 인구 규모가 아무리 커도 사회적 과제를 만들어내고 또한 해결할 수 있는 사회적 자본을 갖고 있지 못하면 소용없다. 인구 규모가 저출산·고령화를 통해 축소된다 하더라도 해당 사회 인구가 보유하고 있는 사회적 자본 정도에 따라 문제 양상은 다르게 나타날 것이다.

<표 4-3> 인구의 차원

분류	양적 차원	질적 차원		
	통계적 인구	정치적 인구	경제적 인구	사회적 인구
구성 요소	영토 내 출생, 사망, 이동	국민	시민	노동력 활용 가능성	사회적 자본 수준

2부 저출산·고령화 요인과
정책적 대응의 시작

고령화는 결국 저출산에서 비롯된다. 저출산은 출산주체로서 여성과 가족의
자발적·비자발적 선택으로 나타난다. 저출산 요인을 가족관계, 사회규범, 경
제적 상황, 보건·의료환경, 정책적 개입 차원으로 분류할 수 있다. 고령화는
선택이라기보다 운명에 가까운 현상이다. 저출산은 이미 1980년대 중반부터
시작되었지만 정책으로서 이슈화는 2000년대 이후에 들어와서 가능했다. 고
령화는 2000년대 이후 현상이지만 정책 이슈로서는 이미 1980년대부터 관
심을 끌었다.

제5장

저출산 · 고령화 요인

저출산·고령사회가 되는 이유는 출생아수 감소와 평균 수명 증가이다. 문제 해결의 기본 조건은 문제 발생의 원인을 파악하는 것이다. 그런데 지속적 저출산의 요인 관련 논쟁은 치열해도 장수노인 수 증가 요인 관련 논쟁은 찾아보기 어렵다. "아이를 왜 낳지 않느냐?"는 원인을 둘러싼 치열한 논쟁은 보지만, "왜 사람이 안 죽고 오래 사느냐?"는 논쟁을 보기는 어렵다. 아기울음 소리가 사라져 가는 현상은 심각한 문제가 될 수 있지만, 사람이 오래 사는 현상 자체가 심각한 것은 아니기 때문이다. 그래서 영양·위생 상태 개선과 보건의료 수준 향상으로 인한 기대수명 증가가 노인인구 증가의 결과(대한민국정부, 2011:17)로 나타난다는 언급 외에 특별히 고령화 자체의 원인 관련 논쟁은 없다. 사람이 장수하는 원인을 찾아서 그 원인을 제거해야 한다는 비윤리적인 주장을 할 수는 없지 않은가?

기대수명 증가는 우리가 살고 있는 사회가 그만큼 안전해졌음을 말해준다. 4·16 세월호 참사를 경험하였고 여전히 주변에서 우리를 불안하게 하는 일이 부지기수인데 무슨 뚱딴지같은 소리냐고 생각할 수도 있다. 그러나 우리의 삶이 굶주림, 전염병, 폭력, 자연재해로 인한 죽음의 위협으로부터 더 '안전해(sicher; secure)'졌음을 부인하기는 어려울 것이다. 절대빈곤으로부터 탈출하였고 산업화 이전 시대에는 존재하지 않았던 기본적인 보건·의료와 재해예방 체계 그리고 국가 공권력 확립으로 인한 치안 유지가 되고 있기 때문이다 (Braun, 2003:245~246). 그런데 노인인구가 증가함에도 불구하고 두 사람이 만나서 두 사람만을 '만들어낸다면' 인구의 평균연령이 높아지는 현상은 어느 정도 예방할 수 있을 것이다. 그러나 총인구는 감소할 것이므로 인구 고령화의 원인은 결국 저출산에서 찾을 수 있다.

기대수명 증가 자체는 긍정적이면서 문제로 보기 어려운 현상이며 저출산 자체가 인구 감소의 직접 요인이라는 점을 감안할 때 결국 저출산·고령사회가 왜 문제가 되는지와 관련한 요인 분석을 하는 작업에서 고령화는 그리 중요한 주제가 아니다. 따라서 본서에서는 저출산 요인에 집중하도록 한다.

그런데 "왜 아이를 적게 낳느냐?"는 질문을 던지면 굳이 전문가가 아니더라도 많은 이야기를 쏟아낸다. 아이를 낳고 기르는 일상의 경험에 대해 이야기하려면 특별히 전문지식이 없어도 할 이야기가 많을 수 있기 때문이다. 축구 대표팀 성적이 안 좋으면 누구나 축구 전문가가 되어 "감독을 바꿔라, 어떤 선수를 기용해라." 식으로 이야기를 쏟아내는 것과 같은 맥락이다.

아이는 저절로 낳아서 기른다는 인식을 갖고 살아온 노년세대, 국가의 강력한 산아제한정책을 경험했던 70·80세대, 그리고 현재 청년세대가 "왜 아이를 낳지 않는가?"에 대해 쏟아내는 이야기의 흐름이 같지는 않을 것이다. 이렇게 다양한 이야기를 어떻게 분류·정리할 수 있을까? 일단 저출산을 사회문제로서 다루기 시작한 2000년대 초반에서 이야기의 출발을 하도록 하자.

1. 저출산 요인에 대한 사회적 논의의 시작

이미 1990년대 말과 2000년대 초에 지속적 저출산 현상에 대한 사회적 이슈가 학계와 언론을 통해 제기되었다. 그렇지만 저출산이 정책 이슈로서 자리 잡기 시작한 것은 2002년 국민연금발전위원회가 저출산과 고령화 현상이 지속된다면 국민연금 재정 고갈이 빠르게 진행될 것이라는 전망을 내놓은 이후라고 볼 수 있다. 그리고 2004년 대통령 자문 고령화 및 미래사회위원회를 설치하였고 2005년 저출산·고령사회 기본법을 제정·시행하면서 저출산은 사회 이슈로서 확고하게 자리매김하였다.

저출산 대책이 정책 아젠다로서 본격적으로 등장한 2005년 보건복지부에서 나온 자료를 보면 다음 그림과 같이 저출산 요인을 만혼 및 결혼 기피, 출산 기피(포기), 출산 불가에서 찾고 있다(그림 5-1). 이 자료에 따르면 결혼을 하지 않거나 늦게 하는 현상이 저출산의 첫 번째 요인이 된다. '출산의 전제 조건으로서 결혼'을 당연시하고 그렇지 않을 경우에 사회적 낙인을 가하는 사회규범이 존재하는 한국사회의 특징이 드러나는 저출산 요인이다. 그리고 만혼·혼인기피 요인으로서 '경기침체 및 직장 불안정, 결혼가치관 변화 및 초혼연령 상승, 자녀효용가치 감소, 부모의 과도한 자녀양육 책임, 일·가정양립 지원을 위한 사회적 인프라 부족, 여성의 가치관 변화, 이혼 등 가족해체 증대'를 꼽고 있다. 둘째, 결혼을 했음에도 불구하고 출산행위 자체를 아예 기피(포기)하는 요인이 있다고 본다. '경제침체 및 직장 불안정, 자녀효용가치 감소, 부모의 과도한 자녀양육 책임, 일·가정양립 지원을 위한 사회적 인프라 부족, 여성의 가치관 변화, 이혼 등 가족해체 증대'를 제시하고 있다. 셋째,

출산이 아예 불가능한 상황으로는 '불임 증대 등 기타 요인'이 있다.

〈그림 5-1〉 출산율 저하 과정

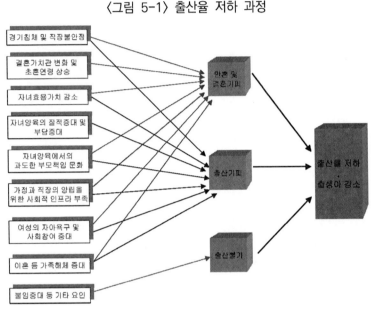

출처: 보건복지부(2005.1), 저출산의 영향과 대응 방안 토론회 개최 보도자료, 5쪽.

　　그러나 위와 같은 저출산 요인 분류는 개별요인을 지나치게 평면적으로 나열만 하고 있다. '결혼이 출산의 필요조건'인 한국사회에서 결혼기피는 저출산으로 가는 길목에 자리매김하고 있음이 분명하다. 출산기피를 하니까 저출산 현상이 당연히 생긴다. 그런데 결혼기피 요인이 출산기피 요인이 되기도 한다. '경기침체 및 식장 불안정'이 '만혼 및 결혼기피'와 '출산기피'로 모두 연결되는 것은 그래서 맞다. 하지만 결혼·출산 기피와 출산불가의 원인들 역시 각 차원을 갖는다. 이러한 차원 분류를 위 그림에서는 찾아볼 수 없다.
　　더 나아가 출산 행위에 영향을 주는 요인은 더 포괄적이다. 경제

110

적 요인으로서 소득 수준, 청년실업률, 여성경제활동 참가율, 고용 안정, 주거비용(부동산 가격), 돌봄비용 등이 있다. 사회적 요인으로서 여성교육 수준, 초혼연령, 출산과 혼인 간 관계, 자녀의 부모부양에 대한 기대, 사회적 관계망 수준, 가족생활 관련 가치관 등이 있다. 신체적 요인으로서 피임 수단의 발전과 난임 사례 증가가 있다. 정책적 요인으로서 가족정책 차원의 지원 내용 및 수준과 사회보장제도의 포괄성이 있다(김태헌 외,2006; 노병만,2013; 박휴용·여영기,2014; 서동희,2015; 안상훈,2011; 은석,2015; 조명덕,2010). 그리고 이러한 요인이 작동하는 기본토대로서 양성평등 수준이 있다. 어떤 하나의 요인을 콕 집어서 말하기에 저출산 요인은 매우 다양하게 존재한다.

〈그림 5-2〉 저출산의 다양한 요인들

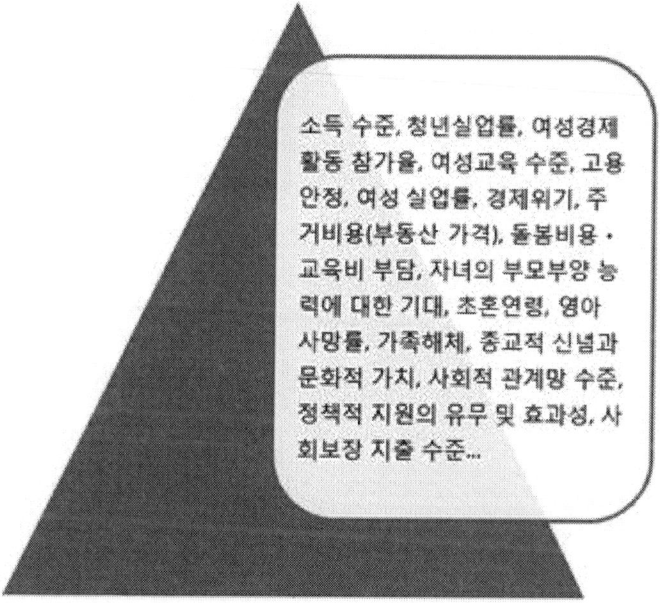

소득 수준, 청년실업률, 여성경제 활동 참가율, 여성교육 수준, 고용 안정, 여성 실업률, 경제위기, 주거비용(부동산 가격), 돌봄비용 · 교육비 부담, 자녀의 부모부양 능력에 대한 기대, 초혼연령, 영아 사망률, 가족해체, 종교적 신념과 문화적 가치, 사회적 관계망 수준, 정책적 지원의 유무 및 효과성, 사회보장 지출 수준...

물론 모든 요인은 서로 배타적이지 않고 의존적 상관관계를 갖는다. 하나의 요인으로써 저출산을 설명할 수 없다는 의미다. 여러 요인이 동시에 복합적으로 작용하면서 출산기피 혹은 자녀를 한 명만 낳는 현상이 나타나게 된다. 실타래처럼 엉켜 있는 요인을 평면적으로 나열만 하지 않고 어떻게 분류할 수 있을까? 분류 기준으로서 가족관계, 사회규범, 경제상황, 보건·의료기술의 발전 그리고 정책의 실패를 토대로 저출산 요인을 설명하도록 한다.

2. 저출산 요인의 차원

다양하게 나열할 수 있는 저출산 요인을 보고 있으면, 개별 요인 자체는 이해를 하겠지만 그러한 요인을 어떻게 분류하고, 요인 간 관계는 어떠한지 설명하기가 어렵다. 그래서 저출산 현상이 지속되는 이유를 놓고 이야기를 하다 보면 누군가는 지나친 돌봄비용을 원인으로, 누구는 일·가정양립을 할 수 있는 정책적 지원이 충분치 않아서, 또 누구는 주거와 고용 불안정 문제 때문에 결혼과 첫아이 출산이 늦어지기 때문이라면서 각자의 주장이 평행선을 달리게 된다.

이렇게 되면, 모두 자신이 경험과 논리에 따라 타당한 이야기를 함에도 불구하고, 저출산 대응정책으로써 해결을 시도할 수 있는 문제와 없는 문제의 실체를 밝히기 어렵다. 또한 정책적 개입의 우선순위를 정하기도 어렵고 따라서 정책 로드맵을 그리기도 어렵게 된다. 따라서 다양한 저출산 요인을 중심 내용에 따라 그 차원을 분류하는 작업이 필요하다. 이렇게 되면 저출산 요인을 특징에 따라 자리매김하고 개괄적으로 바라볼 수 있다. 그렇다면 너무나 다양한 저출산 요인의 묶음을 어떻게 펼쳐놓고 개별 요인 간 차원을 분류해볼 수 있을까?

1) 저출산 요인 분류 작업의 전제

저출산 요인을 분류하는 작업에 앞서 먼저 설명할 내용이 있다. 첫째, 저출산 요인 분류는 결국 출산 요인 규명과 맞물리는 작업이다. 저출산 요인을 발견했다면 그에 상응하는 정책적 대응을 할 수 있는 가능성이 생기기 때문이다. 여성의 독박육아가 출산기피 원인이라면 남녀 일·가정양립 지원제도로써 정책적 대응을 할 수 있을 것이다.

둘째, 정책적 대응으로써 해결을 시도할 수 있는 요인과 그렇지 않은 요인이 존재한다. 해결이 가능하거나 가능하지 않다는 결론 자체는 물론 매우 단순한 논리이다. 단기적으로는 정책으로써 현실을 변화시키기 어렵지만 장기적으로 볼 때 정책으로 인한 변화를 생각할 수 있기 때문이다. 그러나 어마어마한 예산을 쏟아 붓는다고 해도 당장 해결할 수 없는 혹은 변화시킬 수 없는 현실이 있다. 특히 사람이 갖는 가치와 태도, 내재화한 사회적 규범은 변화를 하더라도 오랜 시간을 필요로 하는 경우가 대부분이다. 육아휴직 대체인력 인건비를 지원한다고 해도 경영주의 사고방식이 '여자는 집에서 애나 보는 존재'라는 인식이 강하면 정책효과를 당장 보기 어렵다.

셋째, 출산은 결국 여성의 선택이라는 점이다. 선택의 차원이 자발적일수도 혹은 비자발적일 수도 있다. 자발성 여부도 단순하게 나눌 수 있지는 않다. 한편에서 볼 때 자발적 선택인 것 같지만 다른 한편에서 볼 때에는 비자발적 선택일 수 있다. '아이를 낳고 싶은 내 모성적 본능에 충실해서' 출산을 했지만, "여자는 아이를 낳아야 한다. 아내로서, 며느리로서 역할을 다해야 한다."는 전통적 사회규범 때문이라고 본다면 출산 선택이 자발적이냐 비자발적이냐 논쟁이 벌어질 수 있다. 하지만 어떤 차원의 논쟁에도 불구하고 변할 수 없는 사실은 아직까지는 "여성만이 아이를 낳을 수 있다."는 것이다. 따라서 출산은 출산주체로서 여성의 선택이다.

그렇다면 여성의 선택에 영향을 주는 요인이 무엇이 있을까? 이를 가족관계, 사회규범, 경제적 상황, 보건·의료 환경, 정책으로 분류해 보았다. 출산주체로서 여성이 자발적·비자발적 선택을 하는 과정에서 우선 가장 먼저 가족관계가 중요한 역할을 한다. 또한, 사회적 규범이 결혼이나 출산을 더 이상 '어른이 되는 과정의 필수 조건'으로 여기거나 여성 취업활동을 당연시하지 않는 상황과 그렇지 않은 경우에 여성의 출산 결정 양상이 많이 달라질 수 있다. 특히 최근 몇 년 사이 청년세대를 중심으로 결혼을 할 수 없을 정도로 취업과 주거마련이 불안하다면 결국 출산포기로 이어진다는 담론이 등장하고 있다. 경제적 상황도 저출산 요인으로서 매우 중요하다. 보건·의료 환경은 피임의 보편화라는 측면에서 저출산 요인으로 볼 수 있다. 광범위하게 퍼져있는 낙태도 저출산 관련 숨겨진 요인이다. 업무상 스트레스 증가, 악화되는 작업환경과 생활환경 등은 난임 가능성을 높인다. 마지막으로 정책의 성공과 실패 여부에 따라 저출산 양상이 달라질 수 있다. 앞서 밝혔듯이 정책의 성공과 실패를 단순히 이분법적으로 나눌 수는 없다. 장·단기적 효과의 차원도 고려해야 한다. 그럼에도 불구하고 정책이 현실 변화에 주는 영향을 고려할 필요가 있기 때문에 저출산 요인으로서 정책의 존재는 매우 중요하다.

2) 가족관계

저출산은 여성의 선택이 가져오는 결과이다. 한국의 전통적 혹은 정상적 사회규범에 따르면 "여자가 결혼하고 아이를 낳아 기르는 것은 너무나 당연하다." 따라서 '아이를 낳지 않는 선택'은 누군가가 보기에 반사회적이며 이기적인 행위이다. 그러나 출산하지 않으려는 여성의 선택을 반사회적·이기적으로 보는 시각은 대체로 여성을 아이 낳는 존재 정도로 밖에 보지 않는 한계를 드러낸다. 모성을 사회적 재생산의 도구 정도로만 보는 것이다(배은경,1999). 출산주체로서 여성의 선택이 새롭게 등장한 맥락을 젠더정치 차원에서 이해하지 않으면 저출산 문제 해결의 출발은 없다.

그런데 출산을 여성 단독의 결정만으로 보는 시각은 협소하다. 순수하게 혼자만의 결정도 있을 수 있겠지만, 출산은 부부·가족관계 맥락에서 도출되는 결과이기도 하다. 출산주체로서 여성을 중심에 두되, 배우자와 가족이 출산결정에 주는 영향, 결정과정에서 출산주체로서 여성과 배우자·가족구성원 간 관계도 고려해야 할 필요가 있다는 의미이다. 자녀출산으로 인한 기회비용은 여성 뿐 아니라 특히 아버지로서 남성에게도 중요한 관심사이기 때문이다. 가장으로서 대를 이어야 한다는 가부장적 인식이 희석되는 과정에서 점점 많은 남성이 '자신의 대를 이어줄 자녀'에 대한 기대를 접어가는 현상이 나타난다. 남성 입장에서 출산을 반대하는 경우도 이제는 드문 현상이 아니다. 반면 여전히 가족관계에서 출산은 중요한 선택이다. 그런데 이 때 선택이 강압적 양상을 보일 수 있다. 아들을 원하는 시부모 이미지가 대표적 예이다. 선택을 하든, 안 하든 가족관계가 출산에 미치는 영향을 알 수 있다.

가족관계가 저출산 요인으로 작동하는 상황은 세 가지로 정리할 수 있다. 과도한 부모 책임, 자녀의 효용가치 감소, 이혼으로 대변되는 혼인해체의 증가.

가) 부모역할 관련 인식 변화

여성과 남성의 평균 초혼연령이 1990년대까지만 하더라도 20대 중후반 정도였는데, 이제는 30대 초중반으로 높아졌다. 학교를 졸업하면 직장 생활 시작과 거의 동시에 결혼을 해서 가정을 꾸리는 것을 당연시하던 상황이 더 이상 존재하지 않는다. 이는 부모가 되기 전까지 삶의 과정이 20여 년 전에 비해 매우 다양해졌음을 의미한다. 부모로서 갖는 의무와 욕구가 인생에서 차지하는 비중이 개인으로서 갖는 욕구가 커지면서 작아졌다는 추론을 할 수 있다. 개인 욕구가 커졌다는 것은 그만큼 부모가 되었음에도 불구하고 혹은 부모가 '되어야 함에도 불구하고' 내 인생을 좀 더 다양하게 살고자 하는 욕구가 커졌음을 뜻한다.

과거 부모세대에서는 발견하기 어려운, 부모가 되었음에도 불구하고 개인적 욕구와 부모로서의 욕구의 충돌이 보편적 사회현상으로 자리 잡기 시작한다. 그런데 한국사회에는 여전히 전통적 부모관·가족가치관이 남아 있다. 이렇게 다른 두 양상의 존재는 전통적 가족관계와 새로운 가족관계 간 충돌을 낳는다. 전통적 가족관계는 '부모와 자녀'를 중심으로 형성되었는데, 새로운 가족관계의 중심은 '부부'가 되었다(이삼식 외,2015:11). 전자는 자녀의 명문대 진학과 출세를 위해 부모의 희생을 마치 않는 자녀중심적 가속으로 양상을 갖는다.[33] 반면 후자는 그러한 도구주의적 가족관을 거부하는 양상을 보인다.

---

33) 이를 '자녀몰입'(이민아,2013:171)으로 표현하기도 한다.

그러나 전통적 가족관계를 거부하고 '나'를 주체로 하여 부부 중심 가족을 형성하는 과정이 순탄치는 않다. 부모의 책임을 강조하는 전통적 구조에서 '나'는 '자유로울 수 없는 개인'(이민아,2013:163)으로서 갈등상황에 놓인다. 기성세대 부모가 당연하게 운명처럼 받아들였던 부모로서 책임을 이제는 과도하게 인식하고 거부하는 세대가 출현하기 시작하였다. 특히 여성 입장에서는 독박육아(허백윤,2016)의 결과 예상할 수 있는 '경력단절, 자신을 잃을 것 같은 두려움, 사회와의 단절에 대한 불안'(이민아,2013:164)을 남성과 다른 차원에서 갖고 있다. 전통적 가족관이 남겨놓은 부모책임이 '자녀몰입으로 인한 가족피로'를 가져오면서 자발적이라기보다는 오히려 비자발적 선택으로서 출산포기를 하게 되는 것이다(이민아,2013:172).

나) 자녀의 효용가치 감소

자녀의 부양 기능 약화는 자녀의 출세를 통해 이른바 '가문의 영광'을 누려보고 부모의 노후를 보장받고자 하는 도구주의적 가족관을 약화시키는 결과로 나온다. 물론 자녀에 대한 기대를 경제적 차원에만 한정시키는 것은 논리적 비약일 수 있다. 그러나 자신의 노후를 책임져줄 존재로서 자녀의 기능이 약화된다면 출산을 선택하기 이전에 자신의 노후를 먼저 생각하게 되고 결과적으로 출산기피나 연기를 할 가능성도 커진다.

N포세대로 상징되는 청년세대의 실업과 고용·주거불안은 20대 중반이 넘어서도 여전히 부모로부터 독립하지 못하고 살아가는 이른바 '캥거루족'의 등장으로 이어지고 있다(이삼식 외,2015:12). 2010년을 기준으로 노동패널자료 분석 결과 한국사회에는 약 57만

명의 '캥거루족'이 있는 것으로 추정하고 있다. 캥거루족은 만 30~44세 연령대에 속하면서 미혼이고 부모와 동거하면서 주거와 생계를 의존하는 집단을 의미한다. 2010년을 기준으로 10년 전인 2000년에는 캥거루족 규모를 약 20만 명으로 추산하였으나 그 사이 약 세 배 정도 숫자가 늘어난 것이다. 이들 대부분은 또한 니트(NEET)라[34] 하여 일자리도 없고 취업훈련이나 교육도 받지 않으면서 부모의 취업소득, 연금, 자산에 의존하여 살아가고 있다(최형아·이화영,2013).

다) 이혼 증가

이혼으로 상징할 수 있는 혼인해체 현상은 다음과 같은 점에서 저출산 요인으로서 의미를 갖는다. 첫째, 이혼이 증가함은 혼인생활에서 출산을 유보하는 행위로 이어질 수 있다. 둘째, 이혼 연령이 높아지는 추세가 지속되면서 재혼출산이 어려워지는 현상으로 이어진다. 셋째, 결혼생활이 순탄치 않기 때문에 출산을 유보하다가 이혼을 하고 결국 재혼을 한다 하더라도 (높은 이혼 연령 때문에) 출산을 할 만한 조건이 되지 않는 경우가 형성된다.

이혼 규모는 이혼율로 나타낸다. 이혼율에는 두 가지 개념이 있다. 조이혼율과 일반이혼율이다.[35] 조이혼율은 해당연도의 중간날짜 기준 인구, 즉 연앙인구(年央人口)로 나눈 결과를 1,000분비한 숫자이다. 결국 조이혼율은 인구 1천 명 당 이혼건수를 의미한다.

조이혼율 = 연간 이혼건수 ÷ 총인구(연앙인구) × 1000

---

34) NEET(Not currently engaged in Education, Employment or Training)
35) 통계청 e-나라지표(http://www.index.go.kr/potal/) 이혼율.

반면 일반이혼율은 해당 연도에 신고 된 이혼건수를 모두 더한 후 해당연도 15세 이상 인구로 나눈 수를 다시 1,000분비로 나타낸 결과이다. 조이혼율이 혼인과 관계없는 모든 연령대 인구를 계산에 고려하기 때문에 이혼 실태를 축소할 수 있기 때문에 나온 개념이다. 물론 15세 이상 인구 중에도 상당수는 결혼을 하지 않기 때문에 일반이혼율도 이혼 실태를 모두 보여주지는 못한다. 통계청에서는 일반이혼율보다 조이혼율을 발표한다.

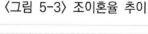

일반이혼율 = 연간 이혼 건수 ÷ 해당 연도 15세 이상 인구 × 1000

조이혼율을 보면 1970년에 0.4이었는데 1990년까지 20년 동안 꾸준히 상승하여 1.1에 이르렀다. 1997년 국제금융기구(IMF) 경제위기를 겪은 후 이혼율은 급상승하여 2000년 2.5에 이르렀다. 더 이상 증가하지 않고 한동안 그 수준을 유지한 이혼율은 2015년에 2.1로 하락하였다(그림 5-3).

〈그림 5-3〉 조이혼율 추이

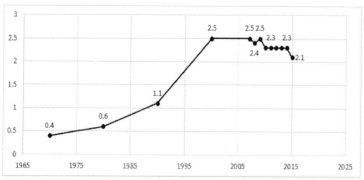

출처: 「통계청 e-나라지표(http://www.index.go.kr/potal/), 이혼율」을 토대로 재구성.

이혼율 증가가 출산과 관련하여 주는 의미가 이혼 당시 출산율이 낮은 상황이다. 1995년 한 해 전체 68,279건의 이혼이 있었다. 이 중 20세 미만 자녀 수 분포를 보면 28.6%만이 무자녀 이혼이었고 2/3 이상이 자녀가 한 명 혹은 두 명이 있었다. 20세 미만 세 자녀 이상 비율도 5.5%였다. 그런데 무자녀 비율이 1995년 28.6%에서 2014년에는 50.4%로 급증하였다. 한 자녀와 두 자녀 경우는 각각 26%와 20.3%로서 모두 합쳐 전체의 절반이 안 되는 수준 (46.3%)로 줄어들었다(그림 5-4). 이혼으로 이어지는 안정되지 않은 결혼생활이 출산 유보로 이어지고 이것이 결국 저출산 요인 중 하나로서 작동하고 있음을 볼 수 있다.

〈그림 5-4〉 이혼부부의 20세 미만 자녀수 분포 변화 추이

(단위: 건수, %)

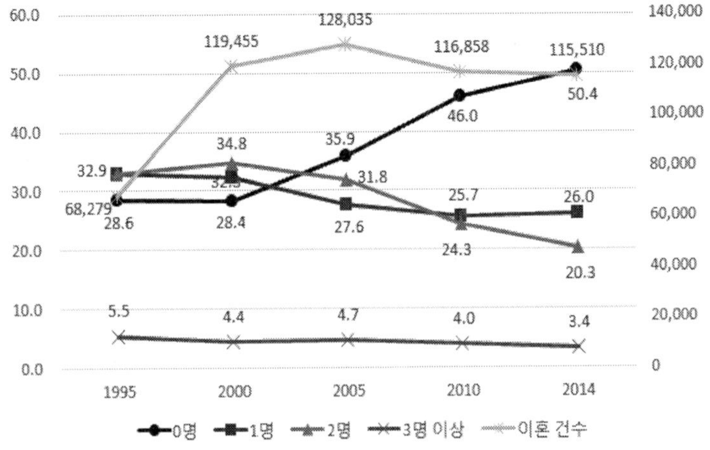

출처: 이삼식 외(2015b:82)를 토대로 재구성.

이혼으로 인하여 출산유보를 하는 경향을 볼 수 있다면, 이혼연령은 이혼 후 출산력을 결정하는 중요한 요인 중 하나가 될 수 있

다. 이혼연령이 올라가면 이혼 후 재혼 등으로 출산계획을 하려 할 때 고령산모로서 위험을 감수해야 할 가능성이 높아지기 때문이다. 위험 감수 가능성이 높아질수록 출산기피를 할 가능성도 높아진다.

여성의 이혼연령은 1995년 20대 후반과 30대 초반에 집중되어 있었다. 그런데 2014년 기준으로 이혼 당시 여성의 연령이 30대 후반과 40대 초반으로 10세 이상 증가하였다. 여성의 높은 이혼연령은, 이혼여성 중 상당수가 이미 자녀가 중고등학생 이상으로 상당히 성장한 상황일수도 있다. 40세 전후에 이혼을 하면 재혼을 한다 하더라도 추가출산 가능성은 낮을 것이다(이삼식 외, 2015:79).

반면 여성의 이혼연령 상승이 이혼 시기에 높아진 무자녀 비율과 갖는 상관관계는 분명치 않다. 무자녀 이혼을 하는 여성 중 상당수는 상대적으로 젊을 수 있는 가능성도 있다. 따라서 증가한 무자녀 이혼여성 중 상대적으로 젊은 여성의 수가 많다면 출산력이 예측보다 낮아지지 않을 수도 있다. 그러나 이혼여성 중 상당수가 이미 10대 자녀를 가졌을 것이라는 것도 가능성일 뿐이다. 무자녀 이혼여성의 연령분포가 어떻게 되는지를 파악하는 작업을 한다면 이혼증가와 저출산 요인 간 관계를 더욱 명확히 도출해낼 수 있을 것이다. 그럼에도 불구하고 이혼 후 높아진 연령은 유자녀 이혼의 경우이든 무자녀 이혼의 경우이든 재혼출산을 어렵게 하는 요인으로 남는 것은 타당하다고 보겠다.

3) 사회규범

출산을 둘러싼 선택은 물론 가족관계 뿐 아니라 다양한 요소의 영향을 받는다. 이러한 요소가 결국 저출산 요인이 될 수 있다. 출산과 가족생활을 둘러싼 사회규범으로 인하여 출산행위 자체가 영향을 받는다. 앞서 설명했던 출산력을 결정하는 기타억제 요인에 해당하는 설명이다. 아이를 낳음으로써 여자가 된다는 사회규범이 강하게 존재하면 출산은 자발적이라기보다 강압적 선택의 결과이다. 굳이 결혼할 필요도, 아이를 낳을 필요도 없다는 사회규범이 확산되어 가면서 여성과 가족의 자발적 출산기피가 나타나고 있다. 성장한 자녀가 명문대를 가서 가문의 영광이 되고 집안을 일으켜 부모의 노후보장이 되는 효용가치에 대한 기대를 접는 가족이 늘어난다. 이에 비례하여 가족생활에서 자녀를 낳고 키우는 과정이 갖는 가치의 중요성도 낮아진다. 출산포기 선택이 늘어나는 이유 중 하나이다.

가) 비혼

아예 결혼을 하지 않는 가치관 변화 결과로서 비혼(非婚) 인구 증가는 저출산으로 이어지는 또 하나의 요인 중 하나이다. 결혼을 하면 그래도 2015년 현재 기혼여성 1인당 1.82명의 자녀를 출산하기 때문이다(이삼식 외,2015a:133). 최근 몇 년간 합계출산율 1.2 수준을 고려하면 비혼여성 증가가 저출산으로 이어지고 있음을 살펴볼 수 있는 대목이다.

통계청 사회조사 결과를 보면 조사 대상자 중 남성보다 여성이 결혼을 반드시 하지 않아도 된다고 생각하고 있다. 결혼을 "해야 한다."고 생각하는 미혼여성 비율은 2008년 이후 계속 감소하고 있다. 미혼남성 10명 중 5명 비율로 결혼을 해야 한다고 여기는 반면, 미혼여성은 10명 중 4명이 채 안 되는 비율로 결혼을 해야 한다고 생각하고 있다(그림 5-5).

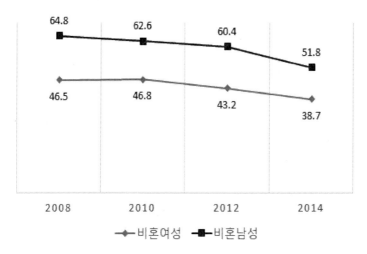

〈그림 5-5〉 남녀의 결혼 관련 가치

64.8 62.6 60.4 51.8

46.5 46.8 43.2 38.7

2008   2010   2012   2014

━◆━비혼여성 ━■━비혼남성

출처: 통계청(2016b:10)을 토대로 재구성.

그런데 여기에서 더 주목할 수 있는 현상은 여성과 남성 모두 결혼에 대해 적극적 태도가 감소하고 있을 뿐 아니라 감소 폭 자체는 남성에게서 더 크게 나타난다는 점이다. "결혼을 해야 한다."고 생각하는 남성 응답자 비율이 2008년 74.6%에서 2014년 61.5%로 13.1% 포인트 감소하였다. 같은 기간 여성 응답자 비율은 9.3% 포인트 감소하였다. 남성 응답자 감소 비율은 17.5%인 반면 여성 응답자 감소 비율은 15.1%라는 의미이다(표 5-1). 남성 사이에서도, 오히려, 여성보다 빠르게 결혼을 중시하는 인식이 감소하고 있다.

이미 남성보다 여성이 결혼을 중요시하지 않기 때문에 비혼 증가 요인이 된다는 점은 잘 알려져 있다. 그런데 여기에 더하여 남성이 결혼을 중요시하지 않는 인식이 증가하는 현상은 비혼 추세 증가를 가속화시킬 가능성이 있다는 점에서 주목할 만하다.

<표 5-1> 결혼 관련 견해

(단위: %)

		계	결 혼		
			해야 한다	해도 좋고 하지 않아도 좋다	하지 말아야한다
여성	2008	100.0	61.6	33.3	3.6
	2010	100.0	59.1	35.6	4.0
	2012	100.0	56.6	39.4	2.2
	2014	100.0	52.3	43.2	2.4
남성	2008	100.0	74.6	21.9	2.2
	2010	100.0	70.5	25.7	2.6
	2012	100.0	69.0	27.7	1.3
	2014	100.0	61.5	34.4	1.6

출처: 통계청(2016:10).[36]

나) 혼인 감소

비혼 확대 경향은 혼인 건수 감소로 이어진다. 그렇다면 혼인 건수와 출산율 사이에서도 상관관계를 볼 수 있을까?

혼인 건수가 2000년 약 33만2천1백 건에서 2003년 30만2천5백 건까지 줄어들 때 같은 기간 합계출산율은 1.47에서 1.18까지 지속적으로 내려갔다. 그 후 혼인 건수는 증가추세로 돌아서서 2007년 34만3천6백 건까지 지속적으로 증가하였다. 그러나 출산율은 2005년까지도 계속 감소하여 지금까지도 가장 낮은 수준인 1.08까지 떨어졌다. 2007년 이후 2011년까지는 혼인율과 출산율 증감 추이가 일치하였다. 혼인건수가 2007년 34만3천6백 건에서 2009년에 30만9천8백 건으로 감소하는 동안, 출산율은 1.25에서

---

36) 통계청 사회조사 각 년도 자료 재구성.

1.15로 내려갔다. 2011년 32만9천1백 건으로 혼인 건수가 올라갈 때 출산율은 1.24로 올라갔다(그림 5-6).

2011년 이후는 혼인 건수와 출산율 증감 일치가 불규칙하게 나타났다. 혼인 건수가 2011년에서 2012년 사이 감소하는 동안 출산율은 1.24에서 1.3으로 상승하였다. 2012년 이후 2016년까지 혼인 건수는 지속적으로 하락하였다. 2016년에는 혼인 건수가 처음으로 30만 건 이하인 28만1천7백 건을 기록하였다. 반면 출산율은 증감 양상을 동시에 보여줬다. 2012년에서 2013년 사이 하락, 2013년부터 2015년까지는 1.19에서 1.24까지 증가하였으며, 2016년에는 다시 1.17로 하락하였다(그림 5-6).

〈그림 5-6〉 혼인건수와 출산율 추이

(단위: 천 건, 명)

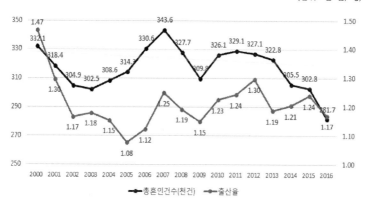

주: 1) 여기서 '출산율'은 '합계출산율'을 의미함.
출처 : 「통계청 「혼인통계」
(http://www.index.go.kr/potal/stts/idxMain/selectPoSttsIdxSearch.do?idx_c
d=1579); 통계청(2017.2), 2016년 12월 인구동향」을 토대로 재구성.

2000년에서 2016년까지 혼인 건수와 출산율 간 상관계수를 구해보면 0.39 정도가 나온다. 물론 혼인 외에도 출산 행위에 영향을 주는 요인은 다양하기 때문에 혼인 건수와 출산율 간 상관관계만을 구하는 작업의 의미는 크지 않다. 합계출산율 경우에는, 특히, 산출 공식의 분모를 이루는 가임여성 중 40대 후반 마지막 베이비붐 세대가 빠져나가면서 출생아 수는 줄어들어도 출산율 자체는 올라가는 현상도 벌어진다. 이러한 한계에도 불구하고 혼인 건수 감소가 저출산 현상과 일정 정도 맞물려 진행되는 현상을 확인하는 의미 정도는 있다고 본다.

다) 비혼출산

비혼 확대 경향과 달리 비혼출산을 금기시하는 사회적 분위기 때문에 비혼출산은 전체 출산에서 매우 적은 비중을 차지하고 있다.[37] 1981년 86만7천여 명이 태어났을 때 그 중 혼외출산은 9,741명으로서 전체 출산의 1.12%를 차지하였다. 이 숫자가 1989년까지 약 65만 명 출생 중 5,161명(0.81%)으로 떨어졌다가 1994년 1.29%까지 올라간다(72만여 명 중 9,272명). 그리고 다시 1997년 0.63%까지 떨어진 후(약 67만여 명 중 4,196명), 2013년 2.14%로서(43만6천여 명 중 9,332명) 역대 최고 비율을 기록한다. 2015년 현재 동 비율은 1.86%(43만8천여 명 중 8,152명)로서 다시 하강 곡선을 보이고 있다(그림 5-7).

---

37) 비혼출산을 통계청 공식 용어로는 혼외출산으로 사용한다. 혼외출산은 혼인 관계 외 출산을 의미한다. 대체로 결혼하지 않은 여성의 출산을 뜻한다. 그러나 기혼여성의 경우에도 남편과의 혼인관계가 아닌 관계에서 출산하면 혼외출산이 될 수 있다. 다만 이러한 상황조차 통계에서 제시하지 않고 일반적으로 혼외출산으로 분류한다.

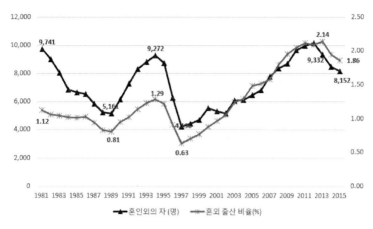

〈그림 5-7〉 혼외출산아동수 및 비율

출처: 「통계청, 국가통계지표의 '시도/법적혼인상태별 출생' (http://kosis.kr/statHtml/
statHtml.do?orgId=101&tblId=DT_1B81A16&conn_path=I3)」을 토대로 재
구성.

혼외출산 자녀수를 보면 1981년 이후 일종의 롤러코스터 형태를
보인다. 따라서 2013년을 정점으로 다시 전체 출산에서 혼외출산
자녀 수 비율이 감소하게 될지 지켜볼 필요가 있다. 이렇게 증감을
반복하는 이유에 대해서도 연구가 필요할 것이다. 다만, 비혼출산에
주목하는 중요한 이유는 '혼인이 출산의 필요조건'이 더 이상 사회
적 규범이 아닌 다른 사회에서 비교적 높은 출산율을 보이고 있기
때문이다.

일본을 제외하면 대부분 선진국에서 비혼출산은 이미 사회규범이
라 할 정도로 전체 출산에서 차지하는 비중이 높다. 한국은 연 평
균 2% 수준을 벗어나지 못하는데 반하여 독일 35%, 미국 40.2%,
영국 47.6%, 스웨덴 55.2%, 프랑스 56.7% 등이다. 독일이 조금
떨어지긴 하지만 이들 국가에서 아이 2명 중 1명은 혼인신고 하기
전에 태어난다(표 5-2). 물론 비혼출산 자녀가 평생 그 지위에 머

무는 것은 아니다. 동거가 결혼의 전제 조건이 된 상황이기 때문이다. 결혼 전 일단 동거를 하면서 혼인 여부는 나중에 결정하는 사회적 규범이 형성된 것이다. 동거 중 자녀 출산을 하게 되면 그때서야 혼인 신고를 하는 경우를 자주 볼 수 있다.

비혼출산 비중이 높은 국가일수록 합계출산율도 높게 나타나는 현상을 볼 수 있다. 비혼출산이 전체 출산에서 차지하는 비중이 50%를 넘어가는 스웨덴, 노르웨이, 프랑스 등은 대체출산율 2.1에 근접하는 출산율을 보이고 있다. 반면 혼인이 출산의 전제조건이 되는 한국에서는 비혼출산 비율도 낮고 합계출산율도 낮은 수준을 보인다 (표 5-2).

〈표 5-2〉 비혼출산 비율 국가 비교

	전체 출산 중 비혼출산 비율(%)		합계 출산율	
	1995	2014	1995	2013
한국	1.2	1.9	1.6	1.2
일본	1.2	2.3	1.4	1.4
독일	16.1	35.0	1.2	1.5
미국	32.2	40.2	2.0	1.9
OECD 27개국 평균	24.2	40.5	1.7	1.7
영국	33.5	47.6	1.7	1.8
스웨덴	53.0	54.6	1.7	1.9
노르웨이	47.6	55.2	1.9	1.8
프랑스	41.7	56.7	1.7	2.0

출처: 「OECD(2016.9), Family Database, Fertility rates and share of births outside marriage (http://www.oecd.org/els/family/database.htm)」를 토대로 재구성.

라) 만혼

비혼여성 자녀출산을 '비정상적 일탈'로 보는 경향이 짙은 한국 사회에서 출산의 전제 조건은 법률혼이다. 그러나 과거처럼 20대 성인이 되자마자 결혼할만한 여건이 아니다. 교육 수준 향상, 가치관 변화, 일자리 불안, 결혼 전제 조건으로서 주거비 폭등으로 인한 초혼연령이 지속적으로 상승하고 있다. 초혼연령 상승은 결국 첫째 자녀 출산 시기를 늦추는 요인이 된다. 첫째 자녀 출산이 늦어지면 둘째 자녀 출산을 할 수 있는 시기에 이미 35세 이상 고령산모가 되고 실제 상당수 여성이 이러한 이유로 출산을 포기하게 된다. '높아진 초혼 연령 → 늦어진 첫아이 출산 → 둘째 자녀 임신·출산에서의 건강상 위험 및 비용 증가 → 출산 포기 → 사회적 현상으로 저출산'이라는 구조가 만들어지게 되는 것이다.38)

2015년 현재 여성의 평균 초혼연령은 30세가 되었다. 1990년 24.8세에 비해 5세 이상 높아진 것이다. 출산주체로서 여성 초혼연령 상승과 더불어 한국사회 전통적 규범으로 인하여 출산의 전제 조건이 되는 초혼부부 혼인 건수도 2000년대에 들어서 급격히 줄어드는 양상을 보인다. 1990년 초혼부부 혼인건수가 약 35만6천 건이었지만 2005년에 23만2천 건까지 내려갔다가 2015년에는 23만 8천 건이 되었다(그림 5-8).

---

38) 20대 혼인여성과 30대 혼인여성 사이에는 약 0.7명 정도 출산율 차이가 난다는 연구도 있다(김태현 외, 2006:4).

〈그림 5-8〉 초혼부부 혼인 건수 및 평균 초혼연령

자료 : 통계청, 「인구동태통계연보(혼인·이혼편)」

출처: 통계청(2016a:5)

늦어지는 결혼은 늦어지는 첫 자녀 출산으로 이어진다. 첫째 아이를 낳을 때 한국여성 평균 연령은 1993년에 26.2세였다. 1990년대 초중반에는 20대 중반 결혼하여 첫 아이를 낳는 것이 일반적현상이었던 것이다. 그러나 1990년대 말부터 첫 출산 연령은 27세를 넘어갔으며 2001년에 이미 28세를 넘었다. 5년이 채 지나지 않은 2005년에 초산 연령은 29세를 지났고, 2010년 30세에 이르렀다. 2014년에 31세를 넘은 초산 연령은 2015년 현재 31.2세이다(그림 5-9). 초산 연령이 1세 증가하는데 1993년 이후 평균 5년정도 소요되고 있는 셈이다.

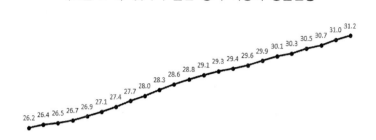

〈그림 5-9〉 첫아이 출산 당시 여성의 평균연령

26.2 26.4 26.5 26.7 26.9 27.1 27.4 27.7 28.0 28.3 28.6 28.8 29.1 29.3 29.4 29.6 29.9 30.1 30.3 30.5 30.7 31.0 31.2

1993 1994 1995 1996 1997 1998 1999 2000 2001 2002 2003 2004 2005 2006 2007 2008 2009 2010 2011 2012 2013 2014 2015

출처: 통계청(2016a:6)을 토대로 재구성

　전체적으로 여성의 출산 평균연령이 높아졌다. 1995년 첫아이 출산 때 여성의 평균연령이 26.5세이었는데, 2015년에는 31.2세가 되었다. 같은 해 기준 초혼연령 평균 30세를 반영하면 결혼 후에는 대체로 곧장 출산을 하는 경향이 있는 것이다. 그러나 첫아이 출산이 늦어지다 보니 출산을 이어서하기가 어려운 상황이 된다. 1996년에는 셋째 아이를 낳았을 때 여성 평균연령이 31.6세였다. 2015년 기준으로 보면 첫째 아이를 낳는 때이다.

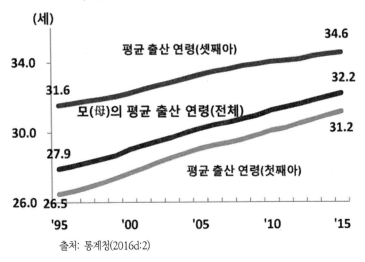

〈그림 5-10〉 모의 평균 출산연령 추이

출처: 통계청(2016d:2)

그러나 만혼이 저출산과 갖는 한계는 속단해서 이야기할 수 없다. 첫 자녀 출산연령이 2012년 현재 스웨덴에서 30.9세, 한국에서는 31세로 거의 동일하다. 그러나 2013년 기준 합계출산율이 스웨덴은 1.9이지만 한국은 1.2이다(이삼식 외,2015a:25). 자녀 출산 시기가 중요한 요인이긴 하지만, 출산 후 돌봄·교육 환경, 부모 본인의 일·가정양립조건 등 요소가 어우러져 출산 여부를 결정하게 한다. '혼인 → 출산' 구도가 확고한 보수적 가치관이 존재하는 한 결혼이 늦어지고 그에 따라 출산이 늦어지고, 그 결과 다자녀 출산이 어려워진다는 구도 자체를 설명하는 요인으로서 만혼은 의미를 갖는다. 하지만 나이가 들었음에도 불구하고 아이를 낳아 키울 수 있는 사회적 여건을 제공하는 다른 사례도 많다는 점을 잊지 말자는 의미이다.

4) 경제적 상황

경제적 상황은 두 가지 차원에서 설명할 수 있다. 경제성장을 동반한 근대화의 결과, 더 이상 과거처럼 다자녀 출산을 하지 않는 사회적 분위기가 형성되었다. 소득이 높아지면 삶을 다양하게 즐기려는 욕구가 높아지고 또한 그에 상응하는 소비문화가 형성된다. 취업활동은 소득 뿐 아니라 자아실현을 하고자 하는 욕구를 높인다. 부모로서, 특히 여성으로서 아이를 낳고 기르는 일만 중요시하지 않고 다른 경로를 통해 자아실현을 시도하게 된다. 다른 한편에서 부정적으로 작용하는 경제적 상황이 있다. 교육수준이 높아지고 가치관이 변화하여 취업활동을 지속하고자 하지만 여성에게만 남아 있는 경력단절 현상이 있다. 청년세대의 일자리·주거 불안도 심각한 문제이다. '혼인을 해서 아이를 낳아야 정상'인 한국사회에서 N포세대의 등장은 중요한 저출산 요인이 될 수 있다. 결혼을 해서 아이를 낳은 후에 가족이 떠맡아야 하는 돌봄·양육비용 부담도 부정적인 경제적 상황의 한 단면이다.

가) 경제성장

경제적 요인으로서 소득 수준, 여성경제활동 참가율 및 실업율과 고용 안정, 전반적인 경제상황이 있다. 경제성장으로 인한 소득수준·생활수준 향상 자체가 저출산으로 이어지지 않는다는 연구 결과 (조명덕,2010)가 있긴 하지만, 전반적으로 생활수준이 높아지는 추세와 저출산이 함께 나타나는 경향을 보인다. 저출산이 이른바 북반부 선진국에서 공통적으로 발견할 수 있는 현상이라는 점에서 그렇다. 물론 소득수준 향상이 저출산으로 이어지는 인과관계나 상관관계가 있다는 주장을 단정적으로 할 수는 없다. 그러나 경제적 차원 생활수준 향상이 저출산이 나타나는 국가의 공통적 현상임은 부인하기 어렵다. 경제협력개발기구(OECD) 회원국 평균 합계출산율은 2014년 현재 1.7 수준에 머물고 있다. 비교적 높은 합계출산율을 보인다는 프랑스(2.0), 스웨덴(1.9), 영국(1.9)의 경우도 대체출산율 2.1 아래 수준을 보여준다. 한국의 경우 매우 빠른 속도의 이른바 '압축적 근대화' 과정을 겪은 것은 널리 알려진 사실이다. 그리고 압축적 근대화 과정은 '압축적 출산율 하락' 과정으로도 나타났다. 1970년 당시 출산율이 4.5 수준이었는데 2014년 현재는 경제협력개발기구(OECD) 회원국 중 가장 낮은 1.2 수준을 보이고 있다(그림 5-11).

〈그림 5-11〉 국제개발협기구(OECD) 회원국 합계출산율

(단위: 명)

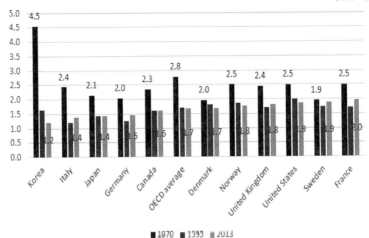

출처: 「OECD(2016.9), Fertility rates」를 토대로 재구성.

한국의 1980년 1인당 국민소득이 약 1,700달러 수준일 때 합계출산율이 2.82였다. 국민소득이 1만 달러 수준을 넘어선 1990년대

중반 출산율은 1.5 수준으로 떨어졌고 2000년대 이후 국민소득은 2만 달러를 넘어섰지만 합계출산율은 1.2에서 1.3 수준을 오가고 있다(그림 5-12). 경제성장을 이루고 소득수준이 향상되어 이른바 선진국 클럽이라는 경제협력개발기구(OECD) 회원국이 된 1990년 대 이후 지속적 저출산 현상이 이어지고 있는 것도 문제다. 그러나 이러한 문제가 던지는 또 하나의 시사점은 어떠한 정책적 대응에도 불구하고 두 자녀 이상 출산하는 사회적 분위기의 반전은 기대하기 어렵다는 사회적 현실이다.

〈그림 5-12〉 1인당 국민소득 변화와 출산율 추이

(단위: 달러, 명)

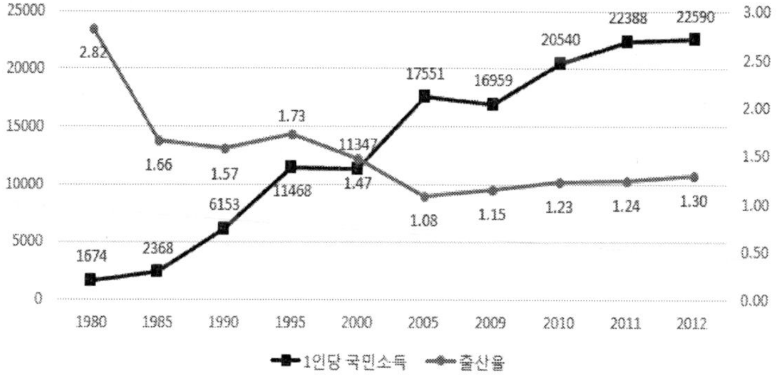

주: 1) 여기서 '출산율'은 '합계출산율'을 의미함.
출처 : The world bank 홈페이지
(http://data.worldbank.org/indicator/NY.GDP.PCAP.CD?page=6) 와 OECD 홈페이지;
(http://stats.oecd.org/Index.aspx?datasetcode=SOCX_AGG); 통계청 홈페이지
(http://kostat.go.kr)를 토대로 재구성.

나) 여성경제활동참가

여성의 경제활동 참여와 출산율 간 관계에 대해서는 여전히 많은 논쟁이 진행 중이다. 취업활동으로 인한 소득증가는 자녀돌봄 비용

부담을 덜어주기 때문에 출산율도 높아질 수 있다(류연규,2005). 반면 취업활동으로 인한 소득이 높아질수록, 취업활동을 중단했을 때 발생하는 기회비용도 높아지기 때문에 아예 출산을 기피한다는 주장도 있다(김사현·홍경준,2014; 조명덕,2010). 경제적 여유가 있어서 아이를 더 낳는 경우와 취업활동에 전념하다 보니 아이 낳을 여유를 갖지 못한다는 두 가지 현상이 충돌하는 것이다. 혹은 '경제활동 참여 확대 → 초혼연령 상승 → 가임 기간 단축 → 저출산(서동희,2015:75)' 과정을 제시하기도 한다. 여성 취업확대가 결혼을 늦게 하는 이유가 되고 따라서 첫아이 출산이 늦어지면서 둘째 자녀 이상을 가질만한 신체적 조건이 되지 않는 경우도 발생한다는 의미이다.

한국사회 여성 경제활동참가율은 경제협력개발기구(OECD) 평균 70% 수준에 비교할 때 매우 낮은 수준이다. 1980년 42.8%였던 여성경제활동참가율은 40여 년이 다 되어 가는 동안에도 60%를 넘지 못하고 있다. 경제활동참가율이 조금씩이라도 증가해왔고 출산율은 정체되어 있는 상황을 고려하면 여성경제활동 참여 확대가 출산율과 부적 관계를 갖는다고 보기는 어렵다. 그렇다고 정적 관계를 갖는 것은 더더욱 아니다(그림 5-13).

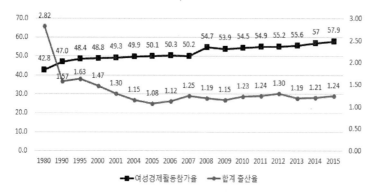

〈그림 5-13〉 여성 경제활동참가율과 출산율

출처: 「통계청 e-나라지표(http://www.index.go.kr/potal/);
통계청 홈페이지(http://kostat.go.kr);
국가기록원 인구정책 홈페이지(http://theme.archives.go.kr);
대한민국정부(2016), 제3차 저출산·고령사회 기본계획, 19쪽.」을 토대로 재구성.

그런데 정체되어 있는 여성경제활동참가율에 비해 교육 수준이 높은 여성의 고용률은 높아지는 경향을 보여 왔다. 초중졸 이하 여성 고용률은 2000년 이후 지속적으로 하락하는 반면, 대졸 이상 여성 고용률은 같은 기간 58.4%에서 2015년 62.7%로 7.4% 포인트 증가율을 보였다. 같은 기간 대졸 남성 고용률이 85%에서 85.8%로 0.9% 포인트 증가율을 보인 것에 비하면 상대적으로 증가율 폭이 크다(표 5-3). 그러나 이 현상만 놓고 '여성 고학력화 → 경제활동 참여 확대 → 초혼연령 상승 → 가임 기간 단축 → 저출산'이라는 등식(홍찬숙,2013:12)을 주장하기도 어렵다. 교육수준이나 경제활동 참가 양상 외에도 돌봄부담 관련 사회적 규범, 정책적·제도적 지원, 사회적 관계망 등 많은 요소를 고려해야하기 때문이다.

<표 5-3> 교육 수준 별 고용률 추이

(단위: %)

		고용률	초졸 이하	중 졸	고 졸	대졸 이상	전문대 졸	4년제 졸 이상
여 성	2000	47.0	43.9	41.0	47.4	58.4	61.3	56.5
	2005	48.4	38.3	40.0	51.0	60.7	64.3	58.5
	2010	47.8	34.4	36.1	50.8	60.7	61.9	60.0
	2015	49.9	31.9	35.4	53.3	62.7	64.0	62.0
남 성	2000	70.7	60.0	50.7	74.4	85.0	85.2	85.0
	2005	71.6	55.4	49.3	73.7	86.6	86.2	86.7
	2010	70.1	51.1	43.0	71.3	86.0	87.7	85.3
	2015	71.1	47.1	42.8	71.0	85.8	88.4	84.9

출처: 통계청(2016:16).

이러한 맥락에서 여성 고용안정 정도, 실업률, 경제위기 등 전반적 경제상황과 출산율 간 관계도 논쟁적인 주제다. 비정규직 확대 등을 중심으로 고용 안정성이 낮아지고 실업률이 높아지면서 경제 상황도 어려워지면 소득 감소, 재취업이 어려워지는 상황에 대한 두려움, 돌봄비용에 대한 부담 등이 겹쳐서 출산율이 저하될 것이라는 추론을 할 수 있다. 특히 경기 침체 등 거시적 요인은 가구 소득 불안정으로 이어지면서 남성도 여성 배우자의 출산에 동의하지 않음으로써 가족 차원의 출산 기피가 사회적 현상으로서 저출산으로 나타날 수 있다는 전망을 할 수도 있다. 통일 직후 남녀 실업률이 급등한 독일의 구동독 지역 합계출산율이 0.84까지 하락한 경우가 좋은 예이다(정재훈,2010:171).

반면 여성 실업률이 늘어나면 취업활동 참여로 인하여 여성이 가질 수 있는 기회비용이 낮아지고 돌봄에 전념할 수 있는 시간적 여유가 생기기 때문에 출산율이 높아질 것이라는 추론도 가능하다. 물론 여성의 출산 선택 여부에 배우자 소득 수준·안정성이 고려해야 할 변수가 될 수 있다. 그러나 이 경우에도 출산주체로서 여성의 가치관, 가족(배우자) 관계 등 여러 가지 고려해야 할 요소가 남아 있다.

결국 거시적 차원에서 볼 때, 경제가 성장하고 소득수준이 높아져서 생활수준이 향상되면 출산율은 하락하는 경향을 보인다. 그러나 교육수준, 고용률, 실업률 등 개별 요인과 저출산 현상 간 상관관계가 반드시 있다는 주장은 더 많은 연구결과를 축적하면서 할 수 있는 작업이다. 이러한 맥락에서 또 하나 고려할만한 경제적 차원의 저출산 요인으로서 여성 경력단절이 있다.

경력단절에 대한 두려움은 출산기피로 나타날 수 있다(김정미·양성은,2013:15). 실제 결혼·임신·출산·돌봄으로 인한 경력단절은 남성은 하지 않는 여성만의 경험이다. 여성 경력단절은 남녀 취업생애주기를 비교하면 드러난다. 남성 취업생애주기는 이른바 고원형을 보여주지만 여성은 M자형을 보여준다. 결혼과 임신·출산 등 생애사적 사건과 관계없이 남성은 노동시장에 머물지만, 여성은 일단 취업활동을 멈추고 경력단절을 하기 때문이다.

여성 경력단절은 여성의 생애취업주기에서 M자형 곡선으로 나타난다. 경력단절 후 평생 취업을 포기하는 경우도 있지만 재취업에 나서는 경우도 많기 때문이다. 여성이 취업활동을 그만두는 시기를 보면 2015년 경우 30대 중후반에 가장 높은 빈도로 나타난다. 20대 후반 거의 70%에 가까운 여성 고용률이 30대 중후반이 되면 54% 수준으로 떨어지기 때문이다(그림 5-14). 평균 초산연령이 31세 정도임을 고려하면 자녀출산 후 돌봄을 전담하는 과정에서 취업활동을 그만두기 시작함을 알 수 있다.

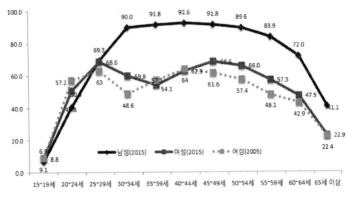

〈그림 5-14〉 남녀 연령대별 고용률 변화

출처: 통계청(2016b:49)을 토대로 재구성.

다) 청년세대의 문제[39]

경제활동인구로서 청년은 중장년층과 비교할 때 전통적으로 높은 실업률을 보여 왔다. 2015년 현재 청년실업률은 9.2%이다. 이는 2000년 10.9%보다 낮지만, 증가와 감소를 반복하면서도 지속적 증가추세를 보이고 있음을 알 수 있다. 청년을 제외한 실업률은 1990년대 말 경제위기 때를 제외하면 3% 수준의 안정세를 보인다. 2015년 현재 실업률은 3.6%로서 같은 해 청년실업률 9.2%의 약 1/3 수준이다(그림 5-15). 여기에 취업포기집단을 감안한다면 청년 일자리 문제는 매우 심각한 상황이다.

---

39) 「정재훈(2016), "청년, 세대 갈등, 그리고 사회연대", 2016년 가을 한국가족사회복지학회 추계학술대회 발표문.」에서 가져온 내용임.

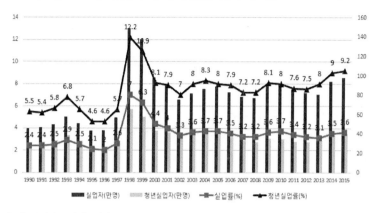

〈그림 5-15〉 실업자 수와 실업률 변화 추이(1990~2015)

출처: 통계청 국가지표체계
   (http://www.index.go.kr/potal/main/EachDtlPageDetail.do?idx_cd=1063)를
   토대로 재구성.

일자리 얻기 힘든 삶은 연애를 어렵게 하고 주거마련을 불가능하
게 하여 결혼, 출산 등 많은 것을 포기하게 한다. 여기에서 나온
담론이 N포세대론이다.

먼저 연애, 결혼, 출산을 포기하는 삼포세대론이 2011년 5월 경
언론에서 회자되기 시작하였다.40) 이때까지만 하더라도 삼포세대론
의 주요 관심은 일자리 구하기에 집중되었다. 그리고 연애, 결혼,
출산이라는 개인적·가족차원 관계 행위를 강조하는 경향에서 추론
할 수 있듯이 사회구조적 차원의 문제제기는 본격적으로 이루어지
지 않았다.

오포세대는 2014년 가을부터 등장한 담론이다.41) 연애, 결혼,

---

40) "연애·결혼·출산 포기 '삼포세대'… 버거운 삶의 비용, 가족도 사치다." 경향신문 2
   011.5.11
   (http://news.khan.co.kr/kh_news/khan_art_view.html?artid=20110511213908
   5#csidxd0aa9f8ab0ca822bd599eb2d846117e)
41) "[싱크탱크 시각] '무관심' 대신 '희망' 택한 홍콩 청년들" 한겨레신문 2014년 10
   월 15일. "한국에서는 2030세대를 빗댄 '88만원 세대'에서 이제는 삼포세대(연애·

출산에 더하여 내 집 마련과 인간관계를 포기한 오포세대론이 나오면서 '헬조선, 수저계급론'이 등장한다. 2014년 연말 이른바 '대한항공 땅콩 회항 사건'을 계기로 헬조선론이 퍼지기 시작하였다.[42] 그리고 2015년 초부터 금수저·흙수저론이 등장하였다. 20~30대 남성 자살 증가, 신용불량자론도 등장하고 있는 상황을 보면 삼포세대론에 비해 오포세대론 등장이 더욱 복합적으로 구성되는 청년문제 현상의 존재를 확인할 수 있다.

오포세대론에 이어 꿈과 희망을 포기한다는 칠포세대론은 2015년에 들어 등장한 담론이다.[43] 헬조선, 흙수저론이 더욱 확대됨과 더불어 15~35세(1980년~2000년 생) '밀레니엄 세대(Millennial Generation)' 연령층이 부각하는 양상과 연결되고 있다. 밀레니엄 세대는 2016년 여름 속초로 '포켓몬 고' 게임을 하러 몰려가는 세대로서도 묘사되었다.[44] 일곱 가지를 포기하는 절망적 상황에서 새로운 삶의 가능성을 찾으려는 움직임이 나타나는 현상으로 추론할 수 있다.

2015년 초 등장한 '칠포'에 이어 건강·외모 관리 두 가지를 더 포기하는 구포세대론이 2015년 가을부터 나왔다. 구포세대론에서 연결되는 검색어는 삼포세대론 등에 비해 다양하게 나오지 않는다. 동시에 N포세대론이 등장하였기 때문이다. 구포세대론 관련 연관

출산·결혼 포기)를 넘어 사포세대(인간관계도 포기), 오포세대(내집 마련도 포기) 등 포기의 숫자가 빠르게 늘고 있다."
42) '조센징이라 센송하무니다'…부조리 한국사회, 냉소하는 젊은이들(헤럴드경제 2014년 12월 11일).
43) [경향의 눈] 내 자녀가 태어날 희률, 경향신문 2015년 3월 23일. "요즘은 삼포세 내가 내집 마련과
인간관계까지 포기하는 '오포세대', 거기에 취업과 희망까지 접은 '칠포세대' 등으로 무한진화를 거듭하고
있다고 한다."
44) 속초로 포켓몬 잡으러 가는 밀레니얼 세대(http://www.hani.co.kr/arti/economy/it/752394.html#csidx97e1e96b55b5e52824e51c2ff18a784), 2014년 7월 14일.

검색어는 '일자리, 생활비, 물가상승' 등 기존 포기론의 원인이 되는 양상이 반복해서 등장하는 수준이다. 포기하는 세대로서 청년문제가 고착화되는 경향을 반영하는 것으로 추론할 수 있다.

포기 항목이 늘어나 아홉 가지에 이를 정도가 되면서 포기 항목 자체를 명시하는 것보다는 불특정다수화하는 N포세대론 등장은 개별 사회문제 자체에 대한 인식보다는 사회구조적 비판 인식이 강화되는 경향을 보여준다. 포기하는 항목이 특정 항목이 아니라 불특정다수를 포기하는 N포세대론에 오면 헬조선, 금수저, 흙수저 등 청년문제를 방치하고 있는 사회에 대한 비판적 용어와 더불어 캥거루족, 빨대족 등 부모와 가족에게 의존하며 살아가는 청년의 모습을 묘사하는 담론이 빈도 높게 등장한다. 20~30대 남성 자살 증가, 실업률, 취업난 등 기존문제도 함께 나타난다. 삼포세대론에서 구포세대론까지 연결되며 나왔던 문제 양상이 N포세대론에서는 종합적으로 나오면서 헬조선으로 대변할 수 있는 사회구조적 문제에 대한 높아진 인식을 추론할 수 있다.

비정규직 취업, 불안정한 고용 관계, 실업, 물가 상승, 단절된 인간관계, 자살 등 문제 별 관심을 보이면서 연애에서 시작하여 외모 관리까지 포기해야 하는 삶의 문제를 제시하는 것에서 시작한 담론 전개가 헬조선, 금수저·흙수저로 구성된 수저계급론이라는 사회구조적 모순에 대한 자각으로 완성되는 양상을 보이고 있는 것이다.

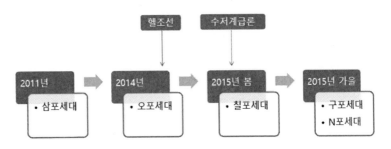

〈그림 5-16〉 세대론 전개 과정

라) 돌봄비용

선택 행위로서 임신·출산·돌봄은 예상하는 돌봄비용 수준의 영향을 받는다. 돌봄비용은 두 가지 차원에서 발생할 수 있다. 첫째, 임신·출산·돌봄 등 자녀양육에 써야 하는 비용이다. 교육·소득 수준이 낮고 홀벌이가정일수록 자녀양육비용 부담이 높아진다(한국보건사회연구원, 2015:144). 둘째, 임신·출산·돌봄 등 자녀양육으로 발생하는 기회비용이다. 자녀양육으로 다니던 직장을 그만 두었다면 그렇게 해서 포기한 임금이 기회비용이 되는 것이다.

더 나아가 금방 숫자로 드러나지 않는 기회비용도 있다. 자녀돌봄으로 인한 경력단절이 사회적 관계 단절까지 이어지는 경우이다. 그래서 거의 자신의 월급에 맞먹는 돌봄비용을 지불하면서도 자녀를 맡기고 직장생활을 하는 부모가 있다. 이 경우 대부분 여성이 그렇게 한다. 취업활동을 그만둠으로써 사회적 관계까지 단절되고 자신의 인생경력을 포기하는 것보다 당장의 경제적 비용 손실이 낫다고 보기 때문이다. 그런데 여성노동자가 임신·출산 때문에 휴직을 하면 복귀하지 않을 것으로 쉽게 간주하는 직장문화와 일·가정양립을 여성에게만 강요하는 등 "애는 엄마가 키워야 한다."는 사회 규범이 여전히 존재한다. 따라서 출산이 여성 취업 및 사회참여에 일방적으로 불리한 사회적 요인이 저출산의 중요한 요인이 될 수 있다.

기회비용은 개념 특성상 평균적 비용 수준을 구하기가 사실상 불가능하다. 여성노동자의 소득 수준, 노동 환경, 사회적 관계망, 가족관계, 지향하는 가치관, 취업활동에서 설정한 자신의 목표 등에 따라 매우 다양할 뿐 아니라 아예 양적으로 측정 불가능한 경우가 있기 때문이다.

이에 반해 임신·출산·돌봄 전 과정에서 부모가 자녀 한 명에게 지출하는 비용으로서 돌봄비용은 상대적으로 양적 규모 추정이 가능하다. 2012년을 기준으로 아이 하나를 낳아 대학교까지 졸업시키는 과정에서 부모가 부담해야 할 비용은 3억여 원에 이르는 것으로 추정하고 있다. 2003년 당시 이 비용은 약 2억 원 수준이었는데 10년 사이에 50% 이상 증가한 것이다. 물가 수준 상승도 있지만, 사교육비와 대학교 등록금 부담 등 교육비용 자체가 급증한 것에서 주원인을 찾을 수 있다. 2012년 현재 대학 재학 자녀를 위한 지출액이 7천7백만 원 수준에 이르고 있는 것이다(표 5-4).

<표 5-4> 자녀 1인당 성장단계별 추정 양육비용

(단위: 만원)

자녀의 연령	양육비용 추정			
	2003년	2006년	2009년	2012년
영아기(0~2세)	1,803.6	2,264.4	2,466.0	3,063.6
유아기(3~5세)	2,160.0	2,692.8	2,937.6	3,686.4
초등학교(6~11세)	4,744.8	5,652.0	6,300.0	7,596.0
중학교(12~14세)	2,761.2	3,132.0	3,535.2	4,122.0
고등학교(15~17세)	3,135.6	3,592.8	4,154.4	4,719.6
대학교(18~21세)	5,097.7	5,865.6	6,811.2	7,708.8
전체	1억 9,702만	2억 3,199만	2억 6,204만	3억 896만
(출생~대학 졸업까지)	8천원	6천원	4천원	4천원

출처: 한국보건사회연구원(2012:844).

자녀 1인당 월평균 양육비는 2003년 29만4천원, 2006년 35만6천원, 2009년 50만2천원, 그리고 2015년 현재 64만8천원에 이르고 있다(그림 5-17). 자녀가 2명일 때 128만 5천원, 3명일 때에는 152만 9천원을 지출하고 있다. 물론 가구 소득 수준에 따라 자녀 양육비 수준 차이가 난다. 월평균 가구소득 60% 미만 계층의 자녀 1명당 월평균 양육비는 37만6천원인 반면, 월평균 가구소득 160% 이상 계층 자녀 1명을 위한 월평균 양육비는 108만5천원이었다. 약 3배 차이가 나는 수준이다. 사교육비 지출에서의 큰 차이가 반영된 결과이기도 하다(한국보건사회연구원, 2015:263~264).

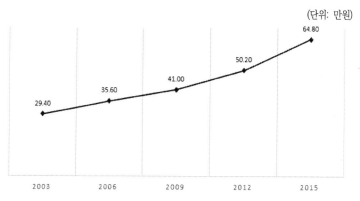

〈그림 5-17〉 자녀 1명당 월평균 양육비

(단위: 만원)

64.80

50.20

41.00

35.60

29.40

2003　　　2006　　　2009　　　2012　　　2015

출처: '한국보건사회연구원(2012), 2012년 전국 출산력 및 가족보건·복지실태조사,
844쪽; 출처: 한국보건사회연구원(2015), 2015년 전국 출산력 및 가족보건·복
지실태조사, 264쪽.'을 토대로 재구성.

5) 보건·의료 환경

저출산 요인으로서 보건·의료 환경은 피임방법의 보편화, 광범위
하게 퍼져있는 낙태 실태, 그리고 난임 현상의 증가로 설명할 수
있다.

무엇보다 선택으로서 출산을 가능케 한 결정적 계기는 피임이 상
대적으로 자유로워진 보건·의료 기술 발달에 있다. 1960년대 이후
피임 수단에 대한 접근성이 높아졌다. 피임수단이 점점 안전해지고
있으며, 남성도 피임 주체로서 역할을 요구받기 시작하였다. 한국은
1960년대 이후 가족계획사업을 강력히 추진하면서 인구증가 통제
를 목표로 하는 피임수단 대중화가 급속히 대중화되었다. 그리고
결과적으로 피임은 출산주체로서 여성에게 임신·출산이 더 이상 운
명이 아닌 선택이 될 수 있는 기회를 주었다(배은경,1999:143).
반면 이 과정에서 낙태가 사후 피임수단의 하나로 인식되는 현상이

나타나기도 하였다. 최근 난임시술비용을 정책적으로 지원하기 시작하면서 규모가 연 20만 명 선으로 드러나고 있는 난임도 저출산 요인 중 하나로 볼 수 있다. 해마다 40여만 명 수준의 신생아 규모를 고려한다면 아이를 원하지만 낳을 수 없는 난임의 규모가 작다고 볼 수 없기 때문이다.

가) 피임의 보편화

얼마나 많은 여성과 남성이 피임수단을 활용하는지 국가통계 차원에서 알 수는 없지만, 피임수단의 발전은 임신·출산을 '운명'이 아닌 '선택'으로 바꾸어 놓았다. 1970년대 여성운동을 주도했던 주요 인물 중 한 명이었던 슐라미스 파이어스톤(Schulamith Firestone)은 임신·출산으로 여성이 경험하는 제약을 성차별의 근본 원인으로 보았다.

> "출산조절이 도래하기 이전에 전 역사를 통하여 여성은 그들의 생리, 즉, 월경, 폐경, 여성 병, 고통스러운 출산의 연속, 양육-육체적 생존을 위하여 여성으로 하여금 남성(형제, 아버지, 남편, 애인 또는 친족, 정부, 공동체 중 어떤 것이든)에게 의존적으로 만드는 모든 것에 좌우되어 왔다... 남녀 간의 자연적 생식의 차이는 세습적 계급의 전형(the paradigm of caste)(생물학적 특성에 근거한 차별)을 공급할 뿐만 아니라, 계급이 발생할 때 최초의 노동 분업을 가져왔다(Firestone, 1983:20)."

1960년 인류 최초 먹는 피임약 '에노비드'의 발명은 세상을 바꾼 위대한 발명품 중 하나였다. 19세기 말, 20세기 초까지 참정권 획득을 목표로 전개되었던 여성운동이 지나가고 1960년대 말 다시 한 번 여성운동의 물결이 몰아쳤을 때 파이어스톤과 같은 주장을 할 수 있었던 이유 중 하나가 과학기술의 진보로 '출산조절'을 할 수 있는 가능성이 열렸기 때문이었다. 피임 수단은 '여성을 성적-출산의 역할의 지배(the tyranny of their sexual-reproductive roles)로부터 해방시킬 수 있는 기술의 발전' 결과였다(Firestone, 1983:42).

피임 수단 자체가 임신·출산 과정에서 여성의 주체성을 보장해 주는 전가의 보도(傳家之寶刀)는 분명 아니다. 수단과 도구를 지배·통제할 수 있는 권력을 갖는 것 자체가 중요하기 때문이다. 임신·출산을 운명이 아닌 선택으로 통제할 수 있는 여성의 능력과 의지가 저출산이든 적정 출산이든 혹은 다자녀 출산, 모든 형태의 출산을 결정할 수 있는 전제 조건일 것이다. 이런 의미에서 볼 때 교육수준의 향상, 취업활동 증가, 가치관 변화, 자의식 강화 등 요인은 피임 수단을 주체적으로 관리·통제할 수 있는 집단으로서 여성의 규모 확대로 이어졌다. 그리고 이러한 여성들이 임신·출산을 더 이상 운명이 아닌 선택으로 받아들이는 행태가 사회 현상으로서 저출산을 이해할 수 있는 토대가 된 것이다.

나) 낙태

낙태는 10~20만 건을 헤아리는 그 규모를 고려한다면 중요한 저출산 요인이다. 저출산 요인으로서 인공임신중절, 즉 낙태를 제시하면 불편한 느낌을 갖는 사람이 많이 있을 수 있다. 전체 인구의 절반 이상이 기독교, 불교, 천주교를 열정적으로 믿는 종교적 분위기가 강한 한국사회에서 더군다나 더 피하고 싶은 주제가 낙태일 것이다. 그만큼 낙태는 우리에게 불편한 진실이다. 1960년대 강력한 가족계획사업을 실시하면서 국가가 운영하는 보건소를 통해서도 낙태를 지원했던 한국사회 경험은 낙태를 필요악으로 받아들이는 사회적 분위기로 연결되었다 (정재훈, 2016:119).

1973년 모자보건법 제정은 낙태를 할 수 있는 조건을 법규정화하고 낙태 가능 기간을 임신 28주까지 허용함으로써 이미 광범위하게 성행하던 낙태를 사실상 합법화하는 길을 열었다.

> "우리나라에서의 형법상 낙태죄는 1973년 모자보건법 제정 이전에도 그러했지만, 모자보건법이 제정되어 인공임신중절이 조건부로 합법화된 후에도 사실상 낙태죄는 사문화되고 있는 상태로 현재의 모자보건법 및 형법에 대한 제고의 여지가 크다고 하겠다. 현재 경제·사회적인 사유에 의한 인공임신중절은 법적으로 허용되지 않고 있음에도 대부분의 인공임신중절이 사회·경제적인 사유에 의해 허용되고 있기 때문이다(한국보건사회연구원,1991:570)."

더군다나 'MR사업'[45]이라는 명칭으로 1974년부터 1996년에 걸쳐 정부가 낙태 수술비용 부담 사업을 전개함으로써 형법상 불법인 낙태에 대한 관용적 사회 분위기가 본격적으로 조성되었다(정재훈,2016:129). 1960년대에 가족계획사업을 통해 파악한 '인공임신중절 경험률'을 보면 10%대에 머물렀다. 조사대상 여성 중 10% 정도가 낙태 경험을 한번이라도 했다는 의미이다.

그런데 이 비율이 1971년 26%, 1976년 39%, 1978년 49%, 1982년 50%, 1988년에는 53% 수준까지 올라갔다(한국보건사회연구원,1991:571). MR사업이라는 정책적 지원에 더하여 1980년대 양수검사로 태아 성별을 감별하여 여아의 경우에 낙태를 하는 행위가 유행처럼 퍼졌기 때문으로 해석할 수 있다. 그 결과가 1980년대 중반 이후 1990년대 중반까지 이어졌던 지나치게 불균형한 출생 여아 대 남아 성비였다.

---

45) MR(Menstruation Regulation)사업을 월경조절술 사업이라 부르기도 하였다.

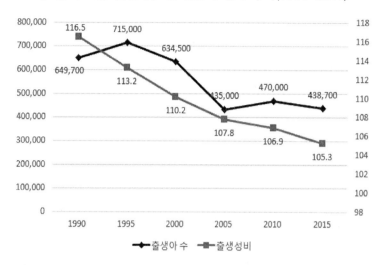

〈그림 5-18〉 출생아수 및 출생아 성비 추이(1990~2015)

출처: 통계청(2016b:8)

2009년에는 700명에 가까운 산부인과 개원의가 불법낙태수술 중단을 선언하였고 2010년 초에는 '프로라이프 의사회'가 낙태수술을 하는 산부인과 병원을 검찰에 고발하는 움직임이 한때 나타나기도 했다. 그리고 2016년 가을 보건복지부가 의료법 시행령을 개정하여 낙태수술 의사 처벌 규정을 강화하려는 시도를 하고 산부인과 의사들이 집단 반발하면서 낙태는 다시 한 번 사회적 이슈로 떠올랐다.46) 의사집단 자체 내 낙태수술 거부 움직임은 생명존중윤리에 기반을 둔다고 볼 수 있지만, 여전히 일부 혹은 상당수 의사들은 낙태수술을 하고 있다. 불법인 낙태수술을 강화된 단속의 위험을 무릅쓰고 해주기 때문에(?) 최근 몇 년 사이 낙태수술 비용 부담만 늘어난 양상으로 추정할 수 있다.

---

46) [정재훈의 시선] "내 배는 내 것이다" 독일 여성들은 어떻게 낙태의 자유를 얻었나 (http://www.womennews.co.kr/news/view.asp?num=98487).

국가가 정책적으로 필요해서 묵인·지원했고 또한 방조한 사이 연간 낙태 건수는 수십만 건을 추정할 정도로 한국사회의 보편적 현상이 되었다. 물론 낙태 실태를 정확히 파악하기는 어렵다. 불법이고 은밀하게 이루어지기 때문이다. 그러나 2005년 정부 용역 연구결과에 따르면 1년에 약 34만 건 낙태 시술이 이루어지고 있다. 이 중 비혼 상태에서의 낙태가 14만여 건에 달한다. 전체 낙태 건수의 42%이다.

기혼여성 중심의 출산력 조사에서 제외된 미혼인구 포함 '05년 실태조사(PI 고대의대 김해중) 결과 연간 총 34만 건(미혼 42%) 발생 추정됨.

(단위 : 천 건, %)

구 분	계	기 혼	미 혼
인공임신중절 시술건수 (전체)	342(100.0)	198(58.0)	144(42.0)
천 명 당 인공임신중절률(15~44세)	29.8	28.6	31.6

자료 : 인공임신중절 실태조사 등 정책연구, 고대의대 산부인과 김해중, 보건복지부 '05.[47)]

2011년 보건복지부 연구용역 보고서에서는 연간 낙태 규모를 2010년 현재 168,738건으로 추정하고 있다. 이중 기혼낙태가 96,286건, 비혼낙태는 72,452건이다. 전체 낙태 건수에서 전자의 비율이 57.1%, 후자의 비율이 42.9%이다. 15~44세 기혼여성 중 17.1%, 비혼여성 14.1%가 낙태 경험이 있다는 조사결과도 함께 나왔다(손명세 외,2011:47) 연구보고서 결과만 보년 2005년에 비해 낙태 추정 건수가 약 17만 건 줄어들었다. 그러나 공식통계를 낼 수 없는 상황에서 추정 결과이다 보니 실제로 그렇게 감소했는

---

47) '보건복지가족부(2010.3), 불법인공임신중절예방 종합계획 보도자료.'에서 재인용.

지는 확언할 수 없는 상황이다.

실제 중요한 점은 2010년을 기준으로 하더라도 낙태로 사라지는 아이의 절반만 출산으로 구하면 해마다 7만 명의 아이가 더 태어날 수 있다는 가정도 가능하다.[48] 2015년 현재 출생아수 43만8천여 명을 감안할 때 출산아동 수가 당장 50만 명 이상으로 증가할 수도 있다는 이야기다. 제3차 저출산·고령사회 기본계획에 따르면 2020년까지 출생아동 수를 48만 명 수준으로 끌어올려 합계출산율 1.5를 달성하는 것으로 되어 있다(대한민국정부, 2016:47). 낙태를 예방하고 50만 명 출산을 달성한다면 합계출산율은 당장 1.5를 넘어 1.7 수준까지도 올라갈 것이다. 한국사회가 인정하기 싫은 불편한 진실로서 낙태문제이기에 이런 상황을 가능케 할 정책적 대전환이 일어날 가능성은 크지 않다. 그러나 저출산을 사회문제라고 본다면 그리고 해결 방안을 찾는다면 한국사회에 코페르니쿠스적 전환이 일어날 필요가 있다.

2010년에 잠깐 낙태를 징벌적으로 단속하려는 시도가 있긴 하였다. 그러나 처벌을 강화한다고 낙태가 줄어들지는 않을 것이다. '비혼여성 낙태 예방 → 비혼출산 지원 → 다양한 형태 가족을 인정하는 사회적 분위기 형성 → 포용적 가족정책 실시'라는 사회적·정책적 과정을 만들 수 있다면 저출산 현상 해결의 중요한 실마리를 풀 수 있을 것이다.

다) 난임

임신·출산을 선택하였지만 불임(난임)의 이유로 출산이 어려운 경우가 있다. 불임(난임)은 임신 가능 연령 남녀가 적어도 1년 이상

---

48) 이하 내용은 [정재훈의 시선] 저출산 해법의 불편한 진실… 낙태 합법화로 비혼출산 양지로 끌어내자 - 여성신문 2016.9.24. 19면.

피임 없는 성관계를 했음에도 불구하고 임신을 할 수 없는 상태를 의미한다(한국보건사회연구원,2015:149).

보건사회연구원에서 최근 실시한 전국 출산력 조사 결과를 보면 조사 대상자의 2.5%가 불임·난임 때문에 자녀출산을 못하는 것으로 나타났다(한국보건사회연구원,2015:104). 어떻게 보면 그리 많은 숫자가 아닐 수도 있다. 그러나 불임·난임 문제만 해결해도 한 해에 2~3만 명 규모의 신생아 탄생이 가능할 것으로 보기 때문에 2006년 제1차 저출산·고령사회 기본계획부터 불임부부 지원은 주요 대책 중 하나로 분류되었다(대한민국정부,2010.12). 2006년부터 전국가구 소득 월평균 150% 이하 가구 대상 체외수정시술 지원을 시작하였고 이는 점차 인공수정시술 지원까지 확대되었다(대한민국정부,2016:25).

지원이 확대되다보니 난임문제를 가진 부부 수가 노출효과 때문에 증가하는 것처럼 보일 수도 있다. 이러한 한계를 일단 고려하면서 난임문제가 확대되어 나타나는 양상을 설명할 수 있다. 2008년 난임진료자 수는 17만3천명, 2010년에는 19만8천명, 2012년 20만2천명, 그리고 2014년 21만5천명으로 증가하였다(대한민국정부,2016:26). 출산율 1.2를 기록한 2015년 출생아수가 43만 여명임을 감안하면 20만 명 수준의 난임 문제는 저출산 요인 중 무시못 할 규모라고 볼 수 있다.

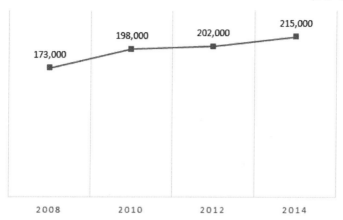

〈그림 5-19〉 난임 진료자 수

(단위: 명)

215,000

202,000

198,000

173,000

2008   2010   2012   2014

출처: 「대한민국정부(2016), 제3차 저출산·기본계획, 26쪽」을 토대로 재구성.

6) 정책적 요인

가족관계, 사회규범, 경제적 상황, 보건·의료환경 요인은 우리가 살아가는 사회 현실이다. 이 현실에 영향을 줄 수 있는 중요한 요인이 정책이다. 어린이집을 확대하는 정책을 통하여 아이를 맡기고 직장에 출근하는 일이 가능해진다. 그런데 저출산 현상이 본격적으로 시작된 1980년대에 정책 전환의 기회를 한번 놓쳤다는 문제제기를 가능케 하는 움직임이 있었다.

가) 발전주의체제

1984년에 대체출산율 2.1 이하인 1.74로 합계출산율이 하락하였다. 이후 10년 정도 출산율은 1.5~1.6 수준을 유지하였다. 그럼에도 불구하고 1974년에 시작했던 MR 사업을 여전히 지속하고 '사후피임수단'으로서 낙태에 대한 관용적 분위기를 유지하는 등 인구 증가율 감소에만 집중하는 정책기조를 유지하였다. 경제성장제일주의를 지상과제로 삼았던 발전주의체제국가의 '부녀정책' 맥락에서 (황정미,1999)는 낙태를 주요수단으로 해서라도 출산율을 낮추는 것이 지상과제였다. 낙태가 합계출산율 감소에 미친 효과를 1971년 13.2%, 1976년 24.1%, 1978년 26.8%, 1984년 25%, 1988년 23.5%로 추계하는 등(한국보건사회연구원,1991:577) 출산억제 효과에만 초점을 둔 정책을 지속한 것이다. 그 여파는 2000년 이후 한번도 1.3 이상을 올라가지 못한 초저출산율에서 잘 찾아볼 수 있다 (그림 5-20). 발전주의체제 자체에 대한 설명은 뒤에서 하도록 하자.

〈그림 5-20〉 저출산 추이와 MR 사업 기간

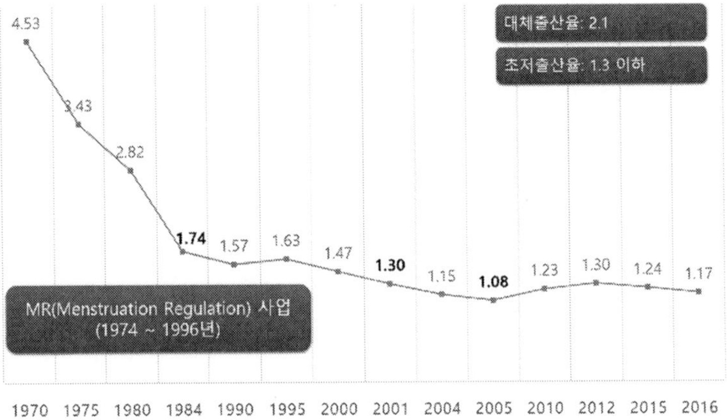

출처: 「통계청 홈페이지(http://kostat.go.kr); 국가기록원 인구정책 홈페이지(http://theme.archives.go.kr); 대한민국정부(2016), 제3차 저출산·고령사회 기본계획, 19쪽.」을 토대로 재구성.

물론 정책적 실기(失機)만을 이야기하기에는 산아제한정책의 성공에 우선 초점을 맞추어야 했던 당시 분위기도 고려할 수 있다. 하지만 1960년대 이후 발전주의체제 국가가 강력하게 주도한 산아제한정책의 결과가 현재의 다자녀 출산에 대한 부정적 인식의 확산과 사회규범화로 연결되었을 가능성을 무시할 수 없다. 이러한 결과는 1990년대 중반 이후 인구정책이 양적관리에서 질적관리로 전환한 이후에도 출산율 저하를 막지 못한 현상으로 이어진다. 여기에 더하여 최근까지 관찰할 수 있는 '정책 실패' 요인이 있다.

나) 정책적 실패

저출산 문제를 심각하게 받아들이고 본격적으로 정책적 대응을 하기 시작한 2006년 이후 10여년이 흘러가고 있음에도 불구하고 출산율이 초저출산 수준에서 꿈쩍도 하지 않고 있다면 분명히 큰문제가 있지 않을까? 몇 년 안에 출산율 향상을 가시적으로 보아야 한다는 성급한 주장은 아니다. 그래도 뭔가 조금이라도 변화의 움직임이 보여야 한다는 의미다. 100조 수준의 예산을 투입했다고 하는 정책의 효과가 조금치도 보이지 않는다면 분명 저출산 지속에 기여하는 정책적 요인이 있다는 추론을 할 수 있다. 정책적 대응으로써 저출산 현상을 막아야 하는데 그렇지 못하다면 이는 정책 자체가 저출산 요인이 된다는 의미이다. '저출산 요인으로서 정책'을 좀 더 직접적으로 표현하면 저출산 요인으로서 '정책의 실패'가 될 것이다.

2005년 저출산·고령사회기본법을 제정하고 이후 아래 그림에서 볼 수 있는 바와 같이 많은 정책 도입이 있었다. 그러나 출산율은 회복 기미를 전혀 보이지 않고 있다.

저출산·고령사회기본법 제정 이후 2006년에는 출산휴가제도 개선이 있었다. 기간이 60일에서 90일로 늘어났고 유·사산 휴가도 도입하였다. 산모신생아 도우미 제도와 난임부부 사업을 시작하였다. 2007년에는 '가족친화 사회환경의 조성촉진에 관한 법률' 제정이 있었다. 2008년에는 동 법에 근거하여 가족친화기업인증 사업을 시작하였다. 배우자 출산휴가제도 도입하였고 임신·출산 비용 지원을 위한 고운맘카드[49] 지급도 하였다. 2009년에는 양육수당 지급을, 2010년에는 신혼부부 전세자금 지원을 시작하였다. 2011년에는 월 50만원이 아닌, 통상임금의 40%를 육아휴직급여로 지급하는 정률제 육아휴직급여를 시작하여 육아휴직급여 수준을 높였다. 2012년 육아기 근로시간단축 청구권 제도도 실시하였고, 2013년에는 무상보육까지 도입하였다. 2014년에는 남녀 일·가정양립을 촉진하는 의미에서 '아빠의 달' 제도도 시작하였다. 그럼에도 불구하고 출산율은 1.1~1.2 수준을 오락가락하고 있다(그림 5-21).

〈그림 5-21〉 출산율 추이와 관련 대책

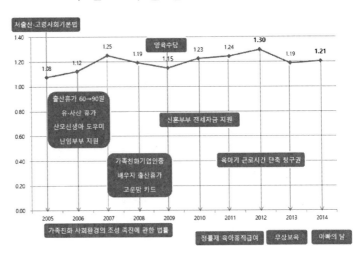

저출산 요인으로서 정책, 정책의 실패에 대해서는 뒤에 '저출산·고령사회 기본계획'을 논의하는 부분에서 더 자세히 밝히도록 한다. 이상 논의를 요약한 저출산 요인의 차원은 다음 그림과 같다(그림 5-22).

---

49) 2016년 이후 '국민행복카드'로 통합하였다.

가족관계	사회규범	경제상황	보건·의료	정책
•과도한 부모(여성) 책임 •혼인해체 •자녀효용가치감소	•가치관 변화 •비혼·만혼 현상 •늦은 첫아이출산	•소득·생활수준 향상 •여성 경력단절 •청년세대문제 •돌봄·양육비용 부담	•피임의보편화 •광범위한 낙태 규모 •난임 증가	•발전주의체제의유 산 •정책의실패

3. 저출산 요인의 연결 구조

가족관계와 사회규범의 변화, 경제적 상황, 보건·의료 환경 변화, 정책적 요인 등은 서로 영향을 주고받으면서 출산 내지 저출산 요인으로 작동한다. '출산 내지 저출산' 요인으로 표현한 것은 그러한 요인이 작동하는 맥락에는 국가 유형별 특징이 있기 때문이다.

아동수당·양육수당·육아휴직급여 등 현금지원을 확대한다면 출산율이 올라갈까? 대체출산율 2.0 수준을 거의 유지하고 있는 스웨덴, 덴마크, 프랑스 등 서유럽 복지국가를 보면 높은 수준의 현금급여제도를 갖고 있다. 그런데 높은 수준의 현금급여제도를 발전시킨 독일은 오랜 시간 저출산 문제를 경험하고 있다. 현금급여 수준은 높은데, 사회적 돌봄시설, 특히 육아휴직 후 여성의 직장 복귀를 빠르게 지원할 수 있는 1~2세 유아 대상 사회적 돌봄시설 부족이 취업활동 욕구가 높아진 여성의 출산기피로 이어졌기 때문이다(정재훈,2016:138).

그래서 높은 수준의 공공성을 담보로 한 사회적 돌봄 확대와 사회보장제도 차원의 현금급여 지원이 저출산 문제의 해결책으로 보인다. 그런데 대체출산율 2.0 수준을 거의 보이고 있는 영국과 미국은 공공 사회적 돌봄과 사회수당 제도가 그리 발달한 국가가 아니다. 그러면 영미권 국가의 출산율을 유지하는 요인은 무엇일까?

국가에 의존하지 않고 개인과 가족이 스스로 돌봄에 필요한 비용을 조달하고 인프라를 이용할 수 있는 구조를 오랜 역사적 과정을 통해 갖추었기 때문이다. 그렇다면 무엇이 정답인가? 당장 무엇이라 한마디로 말할 수 없다. 그러나 한 가지 분명한 사실은 국가체제가 갖는 일반적 맥락에서 개별제도가 작동할 때 정책적 효과를 볼 수 있다는 점이다. 또한 출산주체로서 여성과 가족이 차별받지 않는 사회구조를 영미권이든 서유럽국가든 만들어왔다는 사실이다. 이러한 추세에서, 특히, 남녀성별역할분리 극복에서 한발 늦었던 독일이 다른 국가들보다 더 오랜 시간 저출산 문제를 경험하였다. 이러한 독일도 2007년 이후 가족정책의 대전환(정재훈, 2016) 이후 남녀 일·가정양립을 강조하는 정책을 지속하면서 아주 조금씩 출산율을 높여가고 있다.

한국의 경우에도 저출산 요인에 영향을 주는 '개별정책'이 아니라 어떤 국가체제 하에서 저출산 요인이 작동하고 있는지 분석·검토해야 한다. 여기에서 여성과 가족이 자발적 선택으로서 혹은 비자발적 선택으로 하게 되는 출산 행태를 규명할 필요가 있다.

젠더정치 관점에서 볼 때 여성은 세 가지 쟁점 간 상호작용 가운데 출산을 자발적 혹은 비자발적으로 선택한다(황정미, 2005:103). 쟁점의 첫 번째 차원은 자신의 몸에 대한 결정권이다. 스스로 낳을 권리를 갖느냐 갖지 못하느냐에 따라 출산을 자발적 혹은 비자발적으로 하게 된다. 둘째, 가족관계에서 자신의 지위를 어떻게 자리매김하느냐는 것이다. 남편의 배우자로서, 자녀의 어머니로서, 그리고 며느리와 딸로서 갖는 희생 혹은 사회적 인정이 출산을 자발적·비자발적으로 선택하는 요인이 된다. 셋째, 출산주체로서 여성의 욕구를 정책적으로 지원받느냐 받지 못하느냐에 따라 출산 선택이 자발적·비자발적으로 이루어진다. 이러한 서술이 여성을 지나치게 정책

대상화·수동적 객체화하는 의미를 담을 수도 있다. 그러나 정책적 지원은 국가의 선제적 행위 뿐 아니라 정책을 요구하는 여성의 능동적 움직임의 결과에서 나오는 것임을 분명히 해둔다.

이러한 젠더 정치 관점에 여성의 출산결정 과정에서 중요한 상호작용 대상이 되는 가족을 또 하나의 주체로 설정하고, 선택을 자발적·비자발적 차원으로 분류해 보자. 그러면 저출산 요인을 분석하는 관점은 다음과 같은 연결 구조를 만들 수 있게 된다.

첫째, 저출산을 여성의 자발적 선택으로 보는 관점은 출산주체로서 여성을 강조한다. 여성의 의식적·무의식적 '출산파업'으로 지속적 저출산을 해석하는 경향이다. 둘째, 사회규범, 경제적 요인, 정책 등 외부요인과 상호작용하면서 가족이 자발적 선택으로서 출산기피를 하는 상황이다. 이 관점에서는 변화한 가족관계와 구조·기능에 초점을 맞춘다. 셋째, 여성이 비자발적 선택으로서 저출산 현상이 발행한다. 산업화 시대 국가주도의 강력한 산아제한정책을 추진하면서 모성을 피임·낙태수단으로 도구화한 발전주의체제는 여성에게 아이 낳지 말기를 강요하였다. 넷째, 산업화 과정에서 발생하는 실업, 질병, 노령, 사고 등 사회적 위험 해결을 발전주의체제 국가는 사회보장제도 확대가 아니라 가족책임 강화로써 시도하였다. 그 결과 가족기능 과부하(장경섭,2009)로 이어졌다. 가족이 모든 문제를 해결하는 주체로서 역할을 해야 하는 과정에서 가족은 어쩔 수 없이 출산기피를 통해 부담을 완화하는 선택을 하게 되었다. 출산주체로서 가족이 비자발적으로 출산기피를 선택하는 요인으로서 가족기능 과부하에 초점을 맞춘 접근이다.

이상 논의를 종합하면 저출산 요인 분석을 위한 다음과 같은 연결 구조를 제시할 수 있다. 국가 유형별 특징에 따라 가족관계, 사회규범, 경제적 상황, 보건·의료환경, 정책 등 요인은 다르게 형성되고 작동한다. 그리고 이 요인은 출산주체로서 여성과 가족이 출산을 자발적 혹은 비자발적으로 선택하는 과정에 영향을 준다. 여성의 자발적 선택에 주목하면 '출산주체로서 여성'으로부터 저출산 요인을 도출해낼 수 있다. 여성의 비자발적 선택에 초점을 맞출 때 산업화 시대 모성을 도구화한 발전주의체제에서 저출산 요인을 찾을 수 있다. 가족의 자발적 선택은 최근 가족관계와 구조·기능 변화에서 저출산 요인 분석을 가능케 한다. 가족의 비자발적 선택에 초점을 맞출 때 가족기능 과부하가 저출산의 주요인이 된다.

〈그림 5-23〉 저출산 요인의 연결구조

	자발적 선택	비자발적 선택
여성	출산주체로서 여성	발전주의체제, 모성의 도구화
가족	가족관계, 구조·기능 변화	가족기능 과부하

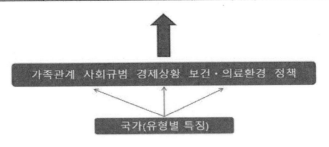

지금까지 저출산·고령사회 도래의 주요인으로서 저출산 요인을 살펴보았다. 그렇다면 정책 이슈로서 저출산·고령화는 한국사회에서 어떻게 등장하게 되었는가?

제6장

정책이슈로서 저출산 · 고령화

1. 저출산과 고령화의 차이점과 공통점

저출산과 고령화는 이제 상당한 수준에서 동시적 현상이 되었지만, 한국사회에서 저출산은 고령화보다 먼저 사회적 현상으로서 나타났다. 1980년대 중반부터 저출산 현상은 시작되었다. 사회 현상으로서 고령화는 그보다 20년 정도 늦게 2000년대에 등장하였다. 여기에서 저출산과 고령화 현상의 차이점과 공통점을 찾을 수 있다. 사회 현상으로 출현 시점의 다름에서 차이점을 생각할 수 있다. 저출산과 고령화가 맞물리기 시작하면서 가져오는 결과에서 공통점을 찾을 수 있다.

1) 차이점

저출산과 고령화가 서로 다른 점은 선택으로서 저출산과 고령화가 갖는 속성이다. 먼저, 저출산은 선택의 결과이지만 고령화는 선택의 결과가 아니다. 오히려 주어지는 운명에 가깝다.

저출산은 개인의 선택에서 출발하는 현상이다. 개인적 선택이 합리적이고 주체적이냐는 또 다른 차원의 논쟁이다. 개인의 선택에 영향을 주는 사회구조가 있기 때문이다. 순수한 의미에서 모든 사회적 영향을 배제한 채 개인이 하는 선택은 없다. 오로지 나의 의지와 지식으로써 판단한 것 같지만 이미 판단이라는 내 행위는 사회적 관계망과 사회구조의 영향을 받고 있다. 그렇지만 아이를 낳고, 낳지 않고 또 몇 명을 낳을지는 출산주체로서 여성과 그 배우자의 선택에 좌우된다.50) 생활수준의 향상, 의료기술의 발전, 전통적 사회규범의 해체, 새로운 생활양식의 등장은 많은 사회 구성원으로 하여금 저출산을 선택하게 한다. 피임약의 진화는 임신·출산을 '운명'이 아닌 '선택'의 대상으로 바꾸어 놓으면서 1960년대 이후 서유럽 사회 저출산 현상의 기본 토대가 되었다.

상대적으로 고령화는 개인이 갖는 선택의 여지가 적다. 단지 오래 살기 싫어서 일부러 자살하는 경우가 있을지는 모르겠지만, 결국 개인이 살다 보니 오래 사는 것이고, 그러한 개인이 집단이 되어 고령사회를 이루게 된다. 이런 의미에서 고령화는 운명에 가깝다. 오히려 더 살고 싶어도 인간은 죽어야 하는 운명이다. 물론 운명을 만드는 사회구조가 존재한다. 개인의 선택과 마찬가지로 모든 외부 영향을 배제하고 만들어지는 운명은 없다. 고령화는 생활수준 향상, 의료기술 발전, 주거환경 개선 등이 만들어낸 사회에서 살아가는 구성원이 받아들여야 하는 운명이다. 노후생활의 질은 이렇게 주어진 운명을 개인과 사회가 어떻게 준비하고 받아들이냐에 따라 달라질 수 있다.

저출산과 고령화가 갖는 두 번째 다른 점은 저출산은 위기에서 오는 선택일 수 있는 빈면, 고령화는 풍요와 발전의 결과라는 점이다. 경제위기가 오고 실업률이 높아지고 고용이 불안정해지면 쉽게

---

50) 출산주체로서 여성을 강조할 때 '여성의 개인화 전략(홍찬숙,2013:32)'을 저출산의 주요인으로 보기도 한다.

아이를 낳지 못한다. 가족관계, 부부관계에 위기가 와도 자녀출산을 기피하거나 미룰 수 있다. 태어날 아이의 돌봄비용이 걱정돼도 마찬가지다. 이미 태어난 자녀 돌봄비용이 부담되는 경험을 하면 둘째 자녀 낳기를 포기할 수 있다.

물론 자녀를 낳지 않거나 적게 낳는 선택이 반드시 위기에서만 오지는 않는다. 높은 생활수준을 유지하고 많은 여가를 즐기기 위하여 무자녀를 선택하는 경우도 많다. 돌봄비용이 충분치 않아도 신앙이나 내면적 가치, 가족·배우자 관계, 사회적 관계망 등의 요인 때문에 많은 자녀 출산을 할 수도 있다. 그럼에도 불구하고 출산 기피 요인으로서 위기는 중요하다. 소득수준이 높다 하더라도 자녀가 있을 경우 발생하는 상황에 대한 위기감, 위기감이 너무 과장이라면 최소한 (자기 계발, 여가생활 등 관련) 불안감이 출산 기피 원인이 될 수 있다.

반면 고령화는 위기의 산물은 아니다. 경제위기가 오고 소득이 불안정해지고 심지어 절대빈곤 문제가 발생하기 때문에 고령화 현상이 생기지는 않는다. 개인적으로는 하루 24시간 약에 의지해 살고 병원을 내 집처럼 들락거려도 이제는 쉽게 죽을 수도 없다. 의학기술 발전 때문이다. 고령화는 근대화·산업화의 산물, 즉 경제성장 및 발전의 결과이다.

세 번째, 저출산은 고령화의 필요조건이지만, 고령화가 저출산의 필요조건은 아니다. 기성세대가 전쟁이나 대규모 재해로 사망하지 않음을 전제한다면, 저출산의 결과는 고령화로 이어지게 된다. 새롭게 태어나는 아이 숫자가 적고, 이왕 태어나서 사는 사람들이 장수를 한다면 해당 사회의 고령화율은 높아질 것이다. 아이 울음소리가 잦아드는 사회에 노인만 오고가는 거리의 모습을 그려볼 수 있다. 반면 고령화가 반드시 저출산으로 연결되는 현상은 아니다. 고령화 현상과 관계없이 대체출산율 2.1을 유지할 수도 있고 외부로부터 인구 유입이 있을 수 있다. 그렇게 되면 고령화율은 바뀔 수 있다. 결국 출산 양상에 따라 고령화 정도는 변할 수 있음을 다시 한 번 보게 된다.

2) 공통점

첫 번째, 저출산과 고령화는 모두 산업화, 근대화의 산물이라는 공통점을 갖는다. 경제발전 수준이 비교적 높은 국가에서 볼 수 있는 현상이다. 선진국의 클럽이라 할 수 있는 경제협력개발기구(OECD) 평균 합계출산율은 대체출산율 2.1 이하인 1.7~1.8 정도 수준을 나타내고, 평균기대수명도 80세에 이른다.[51] 한국에서는 저출산이 고령화보다 먼저 사회현상으로 나타났다. 반면 서구사회에서는 고령화가 저출산보다 먼저 시작된 사회현상이었다. 산업화·근대화라는 공통분모가 있지만, 피임기술의 발전이라는 변수가 있었기 때문이다.

앞서 고령화 현상에서 밝혔지만, 일본은 1970년, 독일은 1932년, 미국은 1942년에 65세 이상 인구가 전체 인구의 7%에 달하는 고령화 사회가 되었다. 같은 기준으로 볼 때 프랑스는 이미 1864년에 고령화 사회였다(관계부처합동,2006:3). 한창 산업화, 근대화가 진행되었던 시기이다. 다만 이 시기에 안전한 피임약 공급을 가능케 할 만큼 의료기술 발전이 이루어지지 않았다. 피임수단이 아예 없었던 것은 아니지만, 따라서 산업화의 한 가운데서도 임신·출산은 '선택'이 아니라 '운명'이었다.

1960년대 이후 빠른 시기에 '압축적 산업화·근대화' 과정을 시작

---

51) 경제협력개발기구(http://www.oecd.org/berlin/47570143.pdf) 홈페이지.

한 한국사회는 피임 기술만큼은 산업화를 먼저 이루었던 서구국가와 함께 향유할 수 있었다. 게다가 1960년대부터 국가가 형법상 불법이었던 낙태시술까지 지원하면서 주도한 강력한 산아제한정책으로 인하여 피임 수단 활용의 대중화가 이루어졌다. 다른 분야에서는 찾아볼 수 없었던 높은 수준의 '재분배'가 피임 수단 활용에서 성취된 것이다. 물론 주로 여성을 대상으로 한 국가적 개입이었다는 한계를 보인다.

두 번째, 저출산·고령화의 공통점은 적합한 대응책이 없으면 사회의 지속가능 발전을 위협하는 요소가 된다는 점이다. 지속가능사회의 첫 번째 조건은 적정 규모에서 이루어지는 사회 구성원의 생물학적 재생산이다. 사망인구 규모에 접근하거나 그 규모를 능가하는 신생아 출생이 있어야 한다. 물론 인구의 국제이동 차원에서 이주민 유입이 있을 수 있긴 하다. 그러나 규모 변화도 불규칙적일 수 있고 이주민 사회통합 비용이 적지 않게 들어간다. 태어나는 아기 울음소리가 사라지는 정도에 비례하여 사회의 지속가능성도 축소될 것이다.

지속가능사회의 두 번째 조건은, 생물학적 차원의 인구 규모뿐만 아니라 더 나아가서 정치적·경제적·사회적 차원에서 사회의 지속가능을 가능케 하는 인구의 질을 유지하는 일이다. 통계적 의미의 인구에서 나아가 정치참여 수준, 노동생산성, 그리고 사회연대 수준이 높은 인구를 확보해야 하는 과제가 있다. 그런데 저출산과 고령화가 맞물려 나타나면서 노인지배정치가 민주주의 정치공동체 발전을 저해할 수 있다. 생산가능인구의 평균연령 상승은 노동생산성과 경제활력 저하로 나타날 수 있다.

2. 정책이슈로서 저출산·고령화 전개 과정

'저출산·고령화'라는 표현에도 불구하고 저출산과 고령화가 늘 함께 하는 개념은 아니다. 한국사회에서 현 상태 인구 규모 유지에 필요한 합계출산율 2.1 수준 이하의 저출산 현상이 시작된 것은 1980년대 초반이다. 그러나 1960년대 경제개발을 본격적으로 시작하면서 출산억제가 주요 정책과제였기 때문에 1990년대까지도 산아제한 중심의 출산정책 기조가 유지되었다. 따라서 저출산 현상은 시작 이후 정책 이슈로서 자리 잡을 때까지 20여 년의 시간을 필요로 했다.

반면, 이미 1970년대 말부터 급격한 산업화와 노인인구 증가에 따른 노인문제가 학계와 노인 단체를 중심으로 제기되기 시작하였다. 근대화·산업화·도시화로 인한 가족구조 변동, 특히 3세대 가구의 감소와 핵가족 즉 2세대 가구 증가가 가정으로부터 노인 소외를 낳으면서 노인의 심리적·정서적·경제적 문제가 정책 이슈로서 등장하였던 것이다. 그러나 고령화는 2000년대에 들어서 시작된 현상이다. 전체인구에서 65세 이상 노인인구가 차지하는 비율이 이때부터 7%를 넘어섰기 때문이다. 이렇게 보면 고령화는 현상이 시작되기 20여 년 전에 이미 정책 이슈로서 자리 잡았다고 볼 수 있다.

저출산 대응 정책은 현상 시작을 기준으로 20년이 늦었고 고령화 대응 정책은 현상 시작을 기준으로 20년이 빨랐던 이유는 무엇일까? 첫째, 1980년대 당시 저출산 현상의 시작은 인구 억제 정책의 성공으로 받아들일 수 있기 때문이다. 출산억제 성공 기조를 유지해야만 인구 증가율을 지속적으로 낮추고 경제성장에 적정한 인구 규모를 유지할 수 있다고 보았던 것이다.

둘째, 출생아 수 감소 자체가 당장 사회에 주는 충격이 없었기 때문이다. 출생아 수 감소에 따른 영향을 민감하게 예측할 정도로 출산·유아교육 관련 산업이 발달하지 않았던 것도 이유가 될 수 있다. 저출산 현상 관련 이해관계집단이 제대로 형성되어있지 않았기 때문에 정책 이슈제기 집단의 역할도 찾아보기 어려웠다는 의미이다.

셋째, 고령화 사회는 둘째 치고, 당장 눈앞에 보이기 시작하는 노인문제는 당사자로서 노인운동단체 뿐 아니라 학계, 재계, 정계인사들의 관심을 끌기에 충분한 폭발력을 가졌다. 노인문제를 정책대상화 할 이슈제기 집단이 저출산 관련 집단에 비해 충분히 존재했다는 의미이다.

지속적인 저출산 현상과 고령화 사회 담론 등장은 2005년 저출산·고령화사회 기본법 제정, 2006년 이후 동법에 근거한 세 차례의 저출산·고령사회 기본계획으로 이어졌다. 지난 50여 년간 저출산·고령화 현상에 대한 정책적 대응 과정은 다음 내용으로 요약할 수 있다.

〈표 6-1〉 저출산·고령화 현상에 대한 정책적 대응 과정

연 도	내 용
1961년	대한가족계획협회(현 인구보건협회) 출범, 산아제한운동 시작
1962년	가족계획사업 10개년 계획(1971년까지)
1963년	보건사회부 모자보건과 가족계획사업 조사평가반
1966년	가족계획 10개년 계획
1970년	국립가족계획연구소(국립가족계획연구원 1971년)
1973년	모자보건법 제정·시행, 국민복지연금법 제정
1981년	노인복지법 제정
1995년	인구정책심의위원회
1996년	출산억제정책 폐기, 신인구정책

연 도	내 용
2002년	국민연금발전위원회에서 연금재정 고갈 관련 저출산·고령화 이슈 제기
2005년	저출산·고령사회 기본법 제정
	저출산·고령사회 위원회(대통령 직속, 12개 부처)
	저출산·고령사회대책본부(보건복지부)
2006년	제1차 저출산·고령사회 기본계획(2006-2010) '새로마지 플랜 2010'
2011년	제2차 저출산·고령사회 기본계획(2011-2015) '새로마지 플랜 2015'
2016년	제3차 저출산·고령사회 기본계획(2016-2020) '브릿지 플랜 2020'

3. 출산억제에서 출산장려 이슈로의 전개

출산 이슈는 1960년대 출산 억제 지향에서 2000년대 이후 출산 장려로 변하는 과정을 보였다. 2006년 나온 '잘살아보세'라는 영화가 있다. 1960·70년대 경제개발 5개년계획을 세워 국가 주도 성장 정책을 강력히 추진할 때를 배경으로 한 영화다. 토마스 맬서스 (Thomas Malthus)가 남긴 유명한 말 "억제하지 않는다면, 식량은 산술급수적으로 증가하는 반면 인구는 기하급수적으로 증가할 것이 다(Malthus,1798:6)."를 반영한 듯 한국정부가 산아제한정책에 총력을 기울일 때이다. "생계수단, 즉 먹고 살 것이 유럽 어느 국가보다 풍요로운 미국에서는 결혼을 일찍 하는 것에 대해 관대한 사회적 태도가 형성되어 있고, 지난 25년 간 인구도 두 배 이상 증가하였다(Malthus,1798:7)."라고 맬서스가 서술한 18세기 말 미국에 비해 한국은 절대빈곤 해결을 위하여 인구증가 억제가 국가적 과제로 등장했던 1960·70년대이다.

영화에 등장하는 가족계획요원 현주는 '가족계획이란 모체의 건강과 가정의 경제력을 참작하여 가장 적절한 시기와 간격을 택해

알맞게 계획적으로 수태하여 원치 않는 임신을 피함으로써 풍요로운 가정생활을 건설하는 것'이라며 시골마을 용두리 주민 계몽에 나선다. 대통령 박정희가 친히 마을을 방문한 자리에서 가족계획요원 현주(김정은)와 이장 석구(김범수)가 마을 출산율 제로를 다짐하는 영화적 픽션을 가미하여, 당시 산아제한 중심 가족계획사업이 과연 인간을 행복하게 만들었는가라는 문제제기를 하는 내용이다.

1961년 군사쿠데타 후 만든 국가재건최고회의라는 군정 최고의 결기관에서 1962년 제1차 경제개발 5개년계획을 발표하였다. 1963년 대통령 선거에 박정희가 당선되면서 동 계획은 그대로 유지되어 1966년까지 진행되었다. 영화 '잘살아보세'에서 잘 표현했듯이 경제개발 5개년계획을 적극적 산아제한정책이 뒷받침한다. 5개년 경제개발계획 기간 중 인구 증가율 억제는 주요한 과제였다. '먹는 문제'를 해결하기 위해서는 '많이 낳는 문제'를 해결해야 했던 것이다.

이런 맥락에서 1966년 정부는 경제장관회의에서 '가족계획 10개년계획'을 추인한다. 이 계획은 이미 1962년부터 추진하기 시작한 가족계획사업을 다음 내용으로 더욱 확대하는 내용을 담고 있다. 오지주민 대상 계몽교육 확대, 먹는 피임약 등 새로운 피임 방법 보급, 간호보조원을 중심으로 한 보건의료요원(가족계획요원) 대량 양성·배치가 주요 내용이다. 이러한 가족계획사업 추진 결과 1971년까지 출산 증가율을 1966년 현재 4%에서 2.7%로 낮추고 20~44세 여성 가족계획 실천율을 45% 수준으로 향상함으로써 인구 증가율 2% 달성을 목표로 설정하였다.[52] 1972년부터 시작한 제3차 경제개발계획 기간 중 인구증가율 목표는 1.5%였다.

---

52) 보건사회부(1966.11), '가족계획사업의 현황과 향후대책' 경제장관회의 보고문서(의안번호 제341호).

산아제한 중심 가족계획은 산업화 시기 30년을 관통하는 중심 담론 중 하나였다. 1961년 대한가족계획협회가 출범하였고[53] 1963년부터 가족계획요원을 전국에 배치하기 시작하였고 이른바 '3·3·35'라는 세 자녀 낳기 운동을 1966년부터 전개되었다. "3살 간격으로 세 명의 자녀를 35세 이전까지 낳자."는 의미에서 '3·3·35' 운동이었다. 1971년 10개년계획이 종료되는 시점에서 "딸·아들 구별 말고 둘만 낳아 잘 기르자."는 두 자녀 갖기 운동이 전개되었다. 국가 기관인 보건소에서도 이른바 'MR(Menstruation Regulation) 사업', 일명 '월경조절사업'을 1974년에서 1996년까지 시행하면서 형법상 불법인 낙태시술 비용 부담하기도 하였다(김승권 외,2004:247).

1960년대 가족계획 구호 "덮어놓고 낳다 보면 거지꼴을 못 면한다.", "많이 낳아 고생 말고 적게 낳아 잘 키우자.", "신혼부부 첫 약속은 웃으면서 가족계획."을 보면 자녀수를 줄이지 않으면 먹고 사는 문제 해결을 할 수 없다는 국가의 강력한 메시지 전달을 읽을 수 있다. 그럼에도 불구하고 1960년대 가족계획 구호는 남아선호 사상이나 다자녀 선호 가치에 정면으로 충돌하지 않는 범위에서 "알맞게 낳자."는 수준에 머물렀다. 그러나 경제개발이 경공업에서 중화학공업으로 질적 변화를 하고 수출 1백만 달러, 1인당 국민소득 1천 달러를 목표로 하기 시작한 1970년대에는 다자녀 출산 주원인으로서 남아선호사상 혁파를 위한 구호가 등장하였다. "딸·아들 구별 말고 둘만 낳아 잘 기르자."는 대표적 구호였다.

이미 합계 출산율이 1980년대에 들어서 인구대체출산율 2.1 이하로 내려가기 시작하였고 보건소를 통한 피임도구 무료 배포를 중단했음에도 불구하고(김호범·박소희,2007:129), 1997년 등장한 "잘

---

53) 인구보건협회 홈페이지(http://www.ppfk.or.kr/) 내용을 토대로 재구성.

키운 딸 하나, 열 아들 안 부럽다."는 구호에서 볼 수 있듯이 출산 억제 기조 자체가 변하지 않았다. 2000년대에 들어서 "아빠! 혼자 는 싫어요. 엄마! 저도 동생을 갖고 싶어요.", "허전한 한 자녀, 흐 뭇한 두 자녀, 든든한 세 자녀."라는 구호가 등장하였지만 이미 구 호로써 저출산 기조를 바꾸어 놓기에는 때늦은 상황이 되었다.

〈그림 6-1〉 출산 관련 대표적 구호

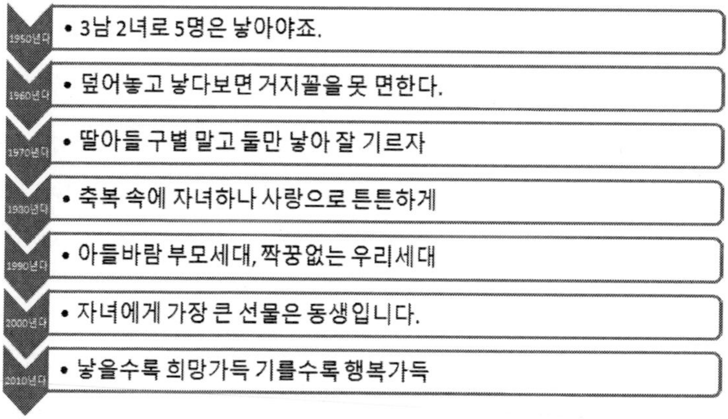

- 1950년대 • 3남 2녀로 5명은 낳아야죠.
- 1960년대 • 덮어놓고 낳다보면 거지꼴을 못 면한다.
- 1970년대 • 딸아들 구별 말고 둘만 낳아 잘 기르자
- 1930년대 • 축복 속에 자녀하나 사랑으로 튼튼하게
- 1990년대 • 아들바람 부모세대, 짝꿍없는 우리세대
- 2000년대 • 자녀에게 가장 큰 선물은 동생입니다.
- 2010년대 • 낳을수록 희망가득 기를수록 행복가득

출처: 국가기록원 인구정책 홈페이지
(http://theme.archives.go.kr/next/populationPolicy/viewMain.do)

4. 고령화 이슈로서 노인문제

1) 국민복지연금법

국민복지연금법을 1973년 12월 제정하고 1974년부터 시행하려 고 하였다. 국민복지연금법 제정 및 시행 이유를 보면 다음과 같은 내용이 나온다.

그러나 국민복지연금법은 석유파동 등 세계적 경제침체 분위기에
서 법 시행이 다음 해(1974년) '1월 국민생활안전에 관한 특별조치
제3호(대통령긴급조치 3호)'에 따라 실시가 연기되었다가 1975년
아예 폐기되었다.

흥미로운 점은 고령화 시대에 대비하여 도입하는 연금제도를 당
시 노인인구 비중이 높지도 않고 따라서 인구 고령화가 사회적 이
슈로 관심을 끌지도 않았던 상황에서 국민복지연금제도 도입을 시
도했다는 것이다. 앞서 밝힌 법 제정 취지에서도 노인인구 혹은 고
령화 관련 언급은 없었다. 당시 각종 언론 보도나 국회 법 심의 과
정에서도 고령화 이야기는 나오지 않는다. 다만 1인당 국민소득 수
준이 1천 달러도 안 된 상황에서 선진복지국가를 지나치게 일찍 모
방하려는 시도, 근로자에게 지나친 보험료 부담, 관료적 사고방식의
결과 등 비판이 쏟아졌다. 실제 국회 투표 과정에서 당시 야당 신
민당은 국민복지연금법이 중화학공업 분야 투자 재원을 마련하기
위한 수단에 불과하다며 당론으로서 반대표를 던졌다.55)

---

54) 법제처 홈페이지(http://www.law.go.kr/lsSc.do?menuId=0&subMenu=2&query
    =%EA%B5%AD%EB%AF%B
    C%EB%B3%B5%EC%A7%80%EC%97%B0%EA%B8%88#undefined)

55) 동아일보 1973년 9월 22일; 매일경제 1973년 12월 1일; 조선일보 1973년 9월 22일.

실제 1970년 초 당시 한국 인구는 약 3천2백만 명이었고 그 중 65세 이상 노인인구 비율은 3% 수준에 불과하였다. 부양인구비는 83.8, 즉 생산가능인구(15~64세) 100명이 먹여 살려야 할 인구가 84명에 가까웠는데, 이는 당시 높은 출산율에 따른 유소년 인구 규모가 컸기 때문이었다. 합계출산율이 4.53이었던 1970년 당시 유소년 부양비만 78.2에 달하였다(표 6-2).

〈표 6-2〉 인구 변화

분류		1960	1970	1980	1990
총인구(천명)		25,012	32,241	38,124	42,869
인구 증가율(%)[56]		3.01	2.21	1.57	0.99
연령별 인구 비중(%)	0~14세	42.3	42.5	34.4	25.6
	15~64세	54.8	54.4	62.2	69.3
	65세 이상	2.9	3.1	3.8	5.1
총부양비		82.5	83.8	61.4	44.3
유소년 부양비		77.2	78.2	55.4	36.9
노년부양비		5.3	5.7	6.1	7.4

출처: 국가기록원
(http://theme.archives.go.kr/next/populationPolicy/policy1980.do)
'인구정책의 어제와 오늘' 내용을 토대로 재구성.

결국 국민복지연금법 제정 의도는 1960년대 시작한 경공업 중심 경제성장전략이 한계에 부딪히자 1970년대 초부터 제3차 경제개발 5개년계획에서 중화학공업 중심 경제성장전략을 추구하는 가운데 필요한 자금 동원에 있었던 것이다(손준규,1983:126). 1963년 제정하고 1964년부터 실시한 산업재해보상보험, 1963년 제정했지만

---

56) 전년도 대비 증가율.

실시를 연기한 의료보험과 더불어 국민복지연금은 인구학적 변동, 가족구조 변동에 대비하는 사회보장제도로서 성격을 갖지 않았다. 다만 경제발전계획을 추진하는 과정의 재원 동원 수단 중 하나로서 의미를 한때 인정받았을 뿐이다(남지민, 2009:282). 발전주의체제 국가가 성장제일주의를 추구하는 과정에서 시대적 상황에 맞지도 않은 고령화 이슈가 제기되었을 뿐이었다.

1970년대에는 '고령화'가 외국 사례로서 인용이 되거나 젊은이들이 일자리를 찾아 도시로 몰리는 바람에 농어촌에 노인만 남게 되는 경향을 지칭하는 용어로서 사용되었다.57) 이러는 와중에 1970년대 말부터 정년 연장 논의가 활발해지면서 고령화가 인구학적 변동에 따른 사회변화를 가져올 수 있는 개념으로서 등장하기 시작하였다. 당시 개념으로 '60세 이상 노인'인구가 2백만 명 수준에 접근하기 시작하면서 직급별 50~55세로 세분화되어 있던 공무원 정년을 60세로 상향·단일화하는 변화가 일어난 것이다.58) 60세 정년 연장은 산업화, 생활수준 향상, 출산율 저하, 노인인구 증가 등 추세에 따른 불가피한 요구로서 인식되기 시작하였다. 1980년대 중반 노인인구 비중이 전체인구의 4.3%에 이를 것이라는 전망과 더불어 종합적 사회정책으로서 노인정책 수립을 거론하기 시작한 것이다. 이와 더불어 전국에 8만 명 정도로 추산하는 독거 저소득노인을 위한 이른바 '불우노인대책'의 하나로서 노인복지법 제정을 대한노인회가 중심이 되어 시작하였다.59)

---

57) 경향신문 1974년 8월 14일 2면 '농업인구의 도시 집중에 따라 農林業 종사자의 高齡化 현상이 계속 두드러지고 있는데...'; 매일경제 1975년 6월 2일 6면 이른바 고령화 현상...; 경향신문 1977년 6월 9일 2면 '農村 일손 不足...'
58) 경향신문 1977년 10월 11일 1면 '공무원 停年 60세로, 政府·與黨 法改正 착수'
59) 1969년 창립.

2) 경로우대제 실시

1960·70년대 압축적 근대화·산업화는 평균수명 연장 속도도 그만큼 빠르게 만들었다. 평균수명은 1960년 남성 51.1세, 여성 53.7세에서 1979년 남성 62.7세, 여성 69.1세로 약 20년 사이 10년 이상 증가하였다(차흥봉,1980:63). 이러한 인구학적 변화가 1980년 5월 8일 어버이날을 기점으로 한 '경로우대제' 실시로 이어졌다. 처음 경로우대 대상자는 70세 이상 노인이었다. 전국적으로 약 90만 명 정도가 대상이 되었는데, 철도와 지하철 요금, 고궁·능원·사찰 입장료, 목욕탕과 이발소 요금 등을 50% 할인받는 방식이었다.[60]

경로우대제는 1979년 당시 소련 모스크바에서 개최된 국제사회보장대회에 참석했던 정부 고위공무원이 모스크바 시내버스에서 노인무료승차 사례를 보고 이를 귀국 후 보건사회부 장관에게 건의해서 도입된 것으로 알려져 있다.[61] 법적 근거는 보건사회부 훈령 제404호 '경로 우대증 발급 및 관리 규정'이다. 그런데 훈령(訓令)은 상급 관청이 하급 관청에 내려 보내는 지시 사항이다. 그러나 경로우대사업 중 공공교통요금이나 공적시설 입장료와 달리 이발소와 목욕탕 요금 할인은, 아무리 이미용협회나 목욕탕협회와 합의가 있었다 하더라도 보건사회부(국가)가 하급관청이 아닌 민간업자에게 경로우대 지시를 할 모양새가 되었다.

따라서 경로우대제를 공무원의 아이디어를 장관이 받아서 실시한 차원에서 더 나아가 1979년 10·26 박정희 저격 이후 12·12 쿠데타를 통해 정권을 서서히 장악해 갔던 신군부 입장에서 시도한 일

---

60) 동아일보 1980년 3월 12일 7면, '5월 8일부터 70歲 이상 老人에 敬老優待制.'
61) 차흥봉(2009), 경로우대제도와 경로우대 문화
(http://www.kado.net/news/articleView.html?idxno=416568).

종의 '민심 수습책' 중 하나가 아닐까 하는 추측할 수 있다. 신군부의 서슬 시퍼런 강압이 아니었다면 이루어지기 어려운 정부와 민간업자 간 합의로서 경로우대제도 시작을 이해할 수 있다. 공무원 당사자의 건의가 있었겠지만, 민심 수습책을 찾던 신군부 정권 입장에서 경로우대제도 자체가 정치적으로 부담이 없는 좋은 아이디어였다는 점이다. 게다가 민간업자에게 부담을 전가함으로써 국가 재정 부담도 없는 방법을 선택할 수 있었던 정치적 분위기를 고려할 필요가 있다. 발전주의체제 국가의 특징으로서 복지에 대한 국가 책임을 최소화하고 이를 가족과 민간에게 전가하는 양상으로 이해할 수 있다.

어쨌거나 언론에 공개된 사실은, 경로우대제에 대한 반응이 좋다는 이유로 '노인단체'가 1980년 6월 당시 진의종 보건사회부 장관에게 감사장을 전달하였고 이에 보건사회부 장관은 경로우대제 취지를 노인복지법 제정에서 적극 반영하겠다는 의사를 밝혔다는 점이다.[62] 이에 따라 경로우대제는 실시 1년 뒤인 1981년 5월 노인복지법 시행과 더불어 법적 근거를 갖게 되었다.[63] 대상 노인 연령이 65세로 낮추어짐에 따라 70세 이상 90만 명에 65세 이상 노인 60여 만 명을 더하여 모두 140여 만 명의 노인이 경로우대 대상자가 되었다. 신군부 입장에서는 민심을 얻고 쿠데타로 집권한 정권의 정치적 정당성을 얻기에 작지 않은 규모의 노인인구였다고 볼 수 있다.

---

62) 동아일보 1980년 6월 20일 7면, "敬老優待制 반응 좋았다."
63) 노인복지법 제9조 (경로우대) ①65세 이상의 자에 대하여는 대통령령이 정하는 바에 의하여 국가 또는 지방자치단체의 수송시설 기타 공공시설을 무료로 또는 그 이용요금을 할인하여 이용하게 할 수 있다.
②국가 또는 지방자치단체는 노인의 일상생활에 관련되는 사업을 경영하는 자에게 당해 사업상의 이용요금에 관하여 65세이상의 자에 대한 할인우대를 하도록 권유할 수 있다.

3) 노인복지법

1981년 노인복지법 제정과 시행이 있었다. 당시 65세 이상 노인은 전체인구의 4% 수준이었다. 평균수명 연장으로 인한 노인인구 증가와 더불어 산업화·도시화·핵가족화 되면서 가족관계에서 소외되는 노인 수가 증가한다는 인식이 있었다. 사회 변화 과정에서 전통적 가족제도를 지키고 사회적 약자로서 저소득층 노인 보호 사회복지대책 마련을 법 제정 의도로 제시하고 있다. 당시 노인복지법 제정 이유는 다음과 같이 소개되고 있다.

[신규제정]64)

의약기술의 발달과 문화생활의 향상으로 평균수명이 연장되어 노인인구의 절대 수가 크게 증가하는 한편 산업화, 도시화, 핵가족화의 진전에 따라 노인문제가 점차 큰 사회문제로 대두되고 있음에 대처하여 우리 사회의 전통적 가족제도에 연유하고 있는 경로효친의 미풍량속을 유지·발전시켜 나아가는 한편 노인을 위한 건강보호와 시설의 제공 등 노인복지시책을 효과적으로 추진함으로써 노인의 안락한 생활을 북돋우어 주며 나아가 사회복지의 증진에 기여하려는 것임.

① 국가 또는 지방자치단체는 매년 5월에 경로주간을 설정하여 경로효친의 사상을 앙양하도록 함.

② 노인의 복지를 위한 상담 및 지도업무를 담당하게 하기 위하여 시·군·구에 노인복지상담원을 둘 수 있도록 함.

③ 보건사회부장관, 서울특별시장·직할시장·도지사 또는 시장·군수(복지실시기관)는 65세 이상의 노인으로서 신체·정신·환경·경제적 이유로 거댁에서 보호받기가 곤란한 자를 노인복지시설에 입소시키거나 입소를 위탁하도록 함.

④ 복지시설기관은 65세 이상의 노인에 대하여 건강진단 또는 보건교육을 실시할 수 있도록 함.

⑤ 65세 이상의 노인에 대하여는 국가 또는 지방자치단체의 수송시설 기타 공공시설 및 민간서비스사업의 이용료를 무료로 하거나 할인 우대할 수 있도록 함.

⑥ 노인복지시설을 양로시설·노인요양시설·유료양로시설 및 노인복지센터 등으로 구분하고 양로시설 및 노인요양시설은 무료와 실비시설로 구분함.

⑦ 국가 또는 지방자치단체는 노인복지시설을 설치할 수 있도록 하고 사회복지법인 기타 비영리법인은 도지사의 허가를 받아 노인복지시설을 설치할 수 있도록 함.

⑧ 국가 또는 지방자치단체는 노인복지시설에 대하여 그 설치 또는 운영에 필요한 비용을 보조할 수 있도록 함.

1981년 제정 노인복지법에서 규정하는 '65세 이상 노인'은 당시 통념으로 받아들이던 '60세 노인'(하상락,1979:109)과는 괴리가 있었다.[65] 1980년대 초 평균 수명이 68세이던 상황을 감안하면 실제 노인복지법에서 제공하는 서비스를 제공받을 수 있는 노인 수는 그리 많지 않았을 것으로 추정할 수 있다. 1978년 당시 노인정 회원 수가 913,507명이었지만, 이들 중 상당수는 노인복지법 서비스 대상자는 아니었던 것이다. 사회적 통념으로서 노인과 법적 규정으로서 노인의 차이가 현저하게 있었던 시기이다.

그런데 1970년대 말부터 대한노인회와 사회복지학계를 중심으로 요구해 왔던 노인복지법이 왜 1981년에 제정되었을까? 노인인구가 증가했다고는 하지만 여전히 사회의 고령화, 고령화 사회, 고령사회 개념은 등장하지 않았던 시기이다. 인구학적 차원에서 노인부양부담이 정책 이슈로 등장할 만큼 노인인구 비중이 높지도 않았고 그럴 전망도 제시되지 않았다. 법 제정 의도에서 밝혔듯이 전통적 가족제도에 기초한 미풍양속 복원과 유지를 위해 가족을 단위로 한 법 제정을 시도할 수도 있었고, 국민복지연금 재도입을 논의할 수도 있었을 것이다

1961년 박정희 정권이 군사 쿠데타로 등장하면서 1963년까지

---

64) 법제처 홈페이지(http://www.law.go.kr/lsInfoP.do?lsiSeq=7666&lsId=&efYd=19810605&chrClsCd=010202&urlMode=lsEfInfoR&viewCls=lsRvsDocInfoR)

65) 1962년부터 시행 중이던 생활보호법상 생계보호대상자 노인도 65세 이상인 자이었다.

여러 사회복지 관련 입법이 있었다. 생활보호법, 군사원호보상법, 재해구호법, 아동복리법, 갱생보호법, 윤락행위등방지법, 재해구호법, 산재보험법, 의료보험법, 군인연금법, 외국 민간원조단체에 관한 법률, 사회보장에 관한 법률 등이 1961~1963년 2년 사이에 제정되었다. 그 후 1963년 민정 이양 이후 경제성장이 본격화되면서 1960년대 사회복지 관련 법 제정은 하나도 없었다. 민주헌법에 기초한 절차적 정당성 없이 군사 쿠데타로 집권했을 경우 정권의 정치적 정당성 확보를 위하여 사회복지 관련 입법에 주력하는 모습을 박정희 정권 초기에 찾아볼 수 있다. 사회복지정책 도입 배경을 '정권의 정당성 확보' 의도에서 찾는 관점이다.

1979년 12·12 쿠데타, 1980년 5·17 쿠데타, 이렇게 두 차례의 쿠데타로 집권한 전두환 정권 입장에서도 정권의 정당성 확보 차원에서 사회복지를 활용할 필요가 있었다. 다만 전두환 정권은 개별 입법 자체보다는 4대 국정지표 중 하나로서 '복지사회의 건설'을 크게 내세웠다. 그 외 국정지표는 민주주의의 토착화, 정의사회의 구현, 교육혁신과 문화창달이었다. 복지사회의 건설은 정권이 안정되기 시작한 1983년 1월 '선진조국의 창조'로 대체되었다.

이러한 정치적 분위기에서 노인복지법 제정 배경을 추론할 수 있게 하는 움직임이 있었다. 5공화국 출범과 더불어 대통령이 된 전두환의 장인 이규동(李圭東)이 1981년 3월 대한노인회 회장으로 취임하였다.66) 비교적 무혈에 가까웠던 5·16 쿠데타와 달리 광주를 비롯하여 수많은 대중의 희생을 짓밟고 집권한, 그래서 더 무시무시한 공포를 안겨줬던 전두환 정권이었다. 그 대통령의 장인이 회장에 취임한 1981년 3월 13일에서 정확히 두 달 뒤인 5월 13일 노인복지법이 제정됨과 동시에 같은 날 시행되었다. 대통령의 장인

---

66) 1982년 5월까지 1년 2개월 정도 회장 임기를 보냈다.

에 대한 보건사회부의 선물(?)로서 노인복지법의 모습을 상상해 볼 수 있다.

물론 1970년대부터 대한노인회가 중심이 되어 노인복지법 제정 요구가 있었기 때문에 가능한 결과이기도 하다. 다만 법률 제정이 이루어지는 과정에서 대통령 장인의 역할을 무시할 수 없을 것이다. 국민복지연금법에 이어서 노인복지법 역시 여전히 노인문제, 인구 고령화에 대한 사회적 논쟁과 대중적 차원의 관심도가 낮은 상황에서 노인문제 외적 요인에 근거하여 제정되었을 것이라는 역사적 추론을 할 수 있다.

4) 고령화 이슈의 등장

사회문제로서 노인문제는 1970년대 후반 이후 한국사회에서 담론화되기 시작하였다. 노인인구 비중이 높지 않았던 1990년대 이전까지 고령화 이슈는 '노인문제, 노인운동' 개념을 중심으로 전개되었다. 이 시기에는 인구학적 변동과 사회적 결과로서 고령화가 갖는 거시적 차원의 문제 이해보다는, 산업화 과정이 급속도로 일어나고 전통적 가족관계가 와해되는 상황에서 노인보호를 어떻게 해야 하는가에 맞추는 미시적 접근이 주를 이루었다. 사회운동 차원이든 학계의 움직임이든 전체 사회 구성원의 문제로서 고령화 사회 자체에 어떻게 대처해야 하는가를 논한 경우를 찾기는 어렵다. 노인인구 증가라는 인구학적 변화보다는 급속한 근대화·산업화로 인한 가족사회학적 변화가 고령화 사회가 아닌 노인문제에 대한 관심을 만들어낸 것이다.

실제 일제 강점기 이후 1980년까지 65세 이상 노인인구가 전체 인구에서 차지하는 비중은 3% 대에 머물면서 거의 변화가 없었다.

오히려 1925년 전체 인구 중 65세 이상 노인 비중은 3.89%로서 1980년의 3.83%보다 더 높았다(표 6-3).

〈표 6-3〉 인구 성장추세와 연령구성 관련 주요 지표 추이

1) 年度	2) 人口數 (千)	3) 年平均 增加率 (%)	年齡3大區分別 人口數			年齡構造係數(%)			4) 平均 年齡 (歲)	扶養人口指數(%)			6) 老年化 指數 (%)
			0-14	15-64	65+	0-14	15-64	65+		總數	年少 人口	老年 人口	
1925	19,020		7,551	10,729	740	39.70	56.41	3.89	24.4	77.3	70.4	6.9	9.8
1930	20,438	1.5	8,160	11,517	761	39.93	56.35	3.72	24.6	77.5	70.9	6.6	9.3
1935	22,208	1.7	9,090	12,278	840	40.93	55.29	3.78	24.5	80.9	74.0	6.9	9.2
1940	23,547	1.2	9,856	12,834	857	41.86	54.50	3.64	24.3	83.5	76.8	6.7	8.7
1944	25,120	1.8											
1949	20,167		8,407	11,106	654	41.69	55.07	3.24	23.9	81.6	75.7	5.9	7.8
1955	21,502	1.0	8,865	11,924	713	41.23	55.45	3.32	23.9	80.3	74.4	5.9	7.9
1960	24,989	2.9	10,729	13,423	822	42.94	53.71	3.29	23.4	86.0	79.9	6.1	7.7
1966	29,160	2.7	12,684	15,515	961	43.50	53.20	3.30	23.4	88.0	81.8	6.2	7.6
1970	31,435	1.9	13,241	17,155	1,039	42.12	54.57	3.31	24.0	83.3	77.2	6.1	7.9
1975	34,679	2.0	13,208	20,264	1,207	38.09	58.42	3.48	24.8	71.1	65.2	5.9	9.1
1980	38,711	1.8	13,195	24,032	1,484	34.09	62.08	3.83	25.9	61.1	54.9	6.2	11.2
1985	42,473	1.9	13,400	27,310	1,763	31.55	64.30	4.15	27.0	55.5	49.1	6.4	13.2
1990	46,415	1.8	13,910	30,312	2,192	29.97	65.31	4.72	28.1	53.1	45.9	7.2	15.8
1995	50,018	1.5	14,447	32,908	2,663	28.88	65.79	5.33	29.4	52.0	43.9	8.1	18.4
2000	53,052	1.2	14,097	35,617	3,338	26.57	67.14	6.29	30.8	49.0	39.6	9.4	23.7

1) 1925~1975年 data는 國勢調査値이며, 1980~2000年 data는 推計値임
2) 1925~1944年 人口數는 南北韓全体의 韓国人人口이고, 1949年以后는 南韓人口數이며, 1980年以后의 推計人口値는 1975年의 修正人口 35,352千名을 基礎人口로하여 推計한 것임(家族計劃研究院, 우리나라의 將來人口 推計, 1979)
3) 年均增加率은 幾何平均임
4) 平均年齡算出公式: $x = \frac{\sum xP(x)}{\sum P(x)}$
5) 扶養人口指數算出公式: 總　　數＝(年少人口＋老年人口) / 生産年齡人口
　　　　　　　　　　年少人口指數＝年少人口 / 生産年齡人口
　　　　　　　　　　老年人口指數＝老年人口 / 生産年齡人口
6) 老年化指數＝老年人口 / 年少人口

출처: 윤종주(1980:25).

고령화와 더불어 발생하는 장기적 차원의 사회변동에 대한 관심보다는 당장 발생하는 '노인문제'에 대한 높은 관심이 표출되었다. 노인인구 증가로 인하여 발생할 수 있는 정치·경제·사회·문화적 차원의 거시적 변화, 세대 간 갈등과 연대, 저출산 현상의 병행 등 고령화 사회의 복합적 모습에 대한 고찰은 발견하기 어렵다는 의미이다. 다만 '근대화·산업화의 결과로서 노인인구 증가에 따른 새로

운 사회문제로서 노인문제'(김동일,1980; 허정,1980)를 어떻게 바라보고 풀어갈 것인가에 관심의 초점이 맞춰 있었다.

학계 차원에서 1978년 한국노년학회가 설립되어 노인문제에 대한 관심을 고조시켰다. 이후 처음 개최된 노년학회 세미나에서는 1980년 현재 3.9% 수준인 65세 이상 노인인구 비중이 2000년에는 6.3%로 거의 두 배 가까이 증가할 것이라는 전망을 내놓으면서[67] 전통적 가족구조 해체에 따라 보호와 부양의 기반을 잃어버릴 노인의 소득, 건강, 사회적 관계 구축 문제 등을 제기하였다. 농촌의 경우 1970년대 말 3세대 가족 비중이 34~36%로서 서울 등 대도시 지역에서 3세대 가족이 전체 가족형태에서 차지하는 비중 12% 수준보다 더 높기 때문에 '노인문제는 농촌지역에서 더 제기되어야 하나 오히려 도시 지역에서 크게 제기되고 있는 현실'을 지적하였다(윤종주,1980:37). 노인문제 발생의 주원인을 핵가족화에서 찾는 전형적인 관점이다. 저소득층 노인 경우 여전히 높은 자녀와의 동거율이 미비한 사회보장제도에도 불구하고 노후생활보장의 중요한 수단이 되고 있었던 상황(이효재 외,1979)임을 감안하면 핵가족화를 노인문제의 중요한 토대로 보는 논리의 도출은 자연스러운 것이기도 하다.

핵가족화에서 발생하는 노인문제 양상의 첫 번째 모습은 역할 상실이다. 1960년대 이후 급속히 진행된 근대화·산업화는 이전 농경사회에서 인생의 경험이 많을수록, 즉 나이가 많아질수록 존경받을 수 있었던 노인의 지위를 약화시키는 계기가 되었다. '새로운 지식을 바탕으로 끊임없는 갱생·변화·이동을 요구하는 산업사회'에서 노인의 인생 경험이 존경받던 토대가 사라진 것이다. 게다가 도시화·핵가족화는 가족관계를 부부 중심으로 바꾸어 놓으면서 가족 내

---

67) 2000년 당시 실제 노인인구 비중은 5.1%에 달했다(통계청, 장래인구추계, 2011).

노인이 설 자리를 없앴다. 여기에 더하여 경제적 능력마저 상실한 노인의 경우 가족 내 '지위의 몰락'을 경험하고 이러한 경험이 노인 자살로 이어진다는 분석(김동일, 1980:39)도 나왔다. 경제적 문제가 아니라 가족관계 소외 경험으로 인하여 자살하는 노인문제가 1970 년대 중반부터 사회적 차원의 대책을 요구하는 관심사로 등장하기도 하였다.[68]

핵가족화로 인한 전통적 가족관계 약화를 노인문제 발생의 토대로 보는 관점은 이른바 '신가족주의 전략'(차흥봉, 1980:66)에서도 나온다. 신가족주의는 '가족이 노인부양의 일차적 책임을 담당하고, 국가는 소득보장과 의료보장 중심 사회보장제도를 도입하되 재원은 사회보험 방식을 빌어 가족과 개인이 우선 부담하는 전략'으로 소개되었다. '가족관계 약화 → 노인문제 발생' 구도를 전제로 하기 때문에 노인문제 해결도 가족관계를 강화하는 사회보험제도로써 가능하다고 본 전략이다. 전형적인 발전주의체제론적 접근이다.

중산층은 자기부담 중심 사회보험제도로써 지원하고 국가는 저소득층 대상 공공부조와 의료보호 중심 선별적 사회복지제도를 발전시켜 나가자는 전략이었다. 이런 전략에 따라 특히 중산층 중심 직장의료보험의 경우 부양가족 규정이 비교적 관대하게 만들어졌고 이것이 오늘날 건강보험 부가체계에 있어서 직장 가입자의 경우 지나치게 후한 부양가족 부담 규정으로 이어졌다는 추론이 가능하다.

핵가족화와 역할상실 뿐 아니라 여가선용 기회 부재, 건강 악화, 은퇴 후 소득 감소 등 문제를 해결하기 위한 방안으로 노인인력 활용, 즉 노인취업 방안 제시도 있었다. 연금제도가 미비한 가운데 사실상 50세가 넘으면 직장에서 나와야 하는 상황, 지속적으로 높은

---

68) 경향신문 1976년 11월 30일 2면 '切實해진 老人 대책, 학대 못 이겨 노부부 동반 자살'.

인플레이션 현상으로 인한 구매력 저하, 교육·건강 수준 향상으로 인하여 가능한 오래 일하고자 하는 욕구를 지닌 노인의 증가 등 여러 가지 요인이 복합적으로 얽히면서 '노인 직종' 계발, 재취업훈련 및 지원, 노인인력센터, 노인복지공장, 노인고용지원금 제안 등이 나왔다. 노인 우선 취업권을 줘야 하는 직종 사례로는 담배 소매상, 복덕방, 버스토큰 판매, 신문팔이, 어린이놀이터 관리, 고적지 관리, 산림 감시 등을 제안하였다(김성순,1980).

노인인구 증가에 따라 노인성 질환도 증가할 것이기 때문에 노인 질환 관리 대책을 하루빨리 세워야 한다는 제안도 나왔다. 60세 이상 인구의 질병 발생률이 전체 인구 질병 발생률보다 1.3~2.2배 정도 높다는 연구 결과에 토대를 둔 제안이었다(김정순,1980). 알츠하이머나 치매 등 노인성질환이 증가에 대비한 대책 마련도 언급되었다(이부영,1980). 그러나 노인 의료보장제도 확대가 복지국가 구축이라는 흐름과 이어지기에는 여전히 낮은 인식 수준을 보였다. 노인의료서비스 사례로서 무상의료서비스 기반 영국의 국민건강서비스(NHS: National Health Service), 미국의 저소득층 대상 의료서비스로서 메디케이드(Medicaid)와 노인 대상 의료서비스로서 메디케어(Medicare)를 동시에 언급하고 있기 때문이다. 게다가 한국 실정에 가장 적절한 대안으로서 노인이 아닌 저소득층 대상 미국 메디케이드를 언급함으로써(김성순,1980:16) 보편적 의료서비스 전달체계 구축과는 매우 동떨어진 인식을 보이기도 하였다.

결국 1980년대 고령화 이슈 등장은 미시적·개인적 그리고 가족관계 내 노인문제를 해결하기 위한 시도를 배경으로 볼 수 있다. 고령화 수준도 일제 강점기 때 수준과 비슷한 상황을 고려한다면 당시 '노인문제' 제기의 첫 번째 배경은 급속한 근대화·산업화로 인한 가족관계 약화가 가져온 노인 역할 상실 및 소외이다. 전통적 가족관계 붕괴로 인하여 '새롭게 등장한 노인문제' 해결을 위하여 노인단체를 중심으로 배타적 노인운동 조직화가 시작되었다. 두 번째 배경은 쿠데타로 집권한 신군부 정권의 정치적 정당성 확보 차원에서 노인문제에 대한 관심이다. 정권의 이러한 관심과 노인 중심 이익을 추구하는 노인운동 조직화 간 이해관계가 맞아떨어지는 시대적 상황이 형성되었다고 볼 수 있다. 이러한 시대적 상황은 정권으로서도 부담을 갖지 않을 수 있는 개인과 가족 차원에서 노인문제 규정을 가능케 하였고 개인적·가족 차원의 노인문제 해결을 시도하는 범위에서 노인복지제도 도입이 가능했다.

사회운동으로서 노인운동은 1968년 전국노인단체연합회가 조직되면서 처음 모습을 드러냈으며 다음 해(1969년) 대한노인회가 연합회 조직을 인수하여 노인운동을 주도하기 시작하였다. 대한노인회는 1976년 개정 정관에서 활동 목적을 '노후생활의 권리보장과 복지증진'으로 규정함으로써 노인을 위한 이익단체 성격을 선명히 드러냈다(박재간,1980:51). 노인문제에 대한 대응은 국가 사회보장제도가 제대로 정착하지 않은 상황에서 노인 당사자 중심 '그레이파워(Gray Power)'가 주도하는 '자구책'으로서 성격을 강하게 가져야 한다(박재간,1980:44)는 인식이 있었기 때문이다. 배타적 노인조직 중심 운동 전개는 노인문제가 심각해지는 반면 젊은층은 노인을 '몰이해, 편견, 냉대, 무관심'으로 대하고 있다는 인식(김동일,1980:41)에서도 그 배경을 찾을 수 있을 것이다.

기존 노인단체가 더 이상 친목조직이 아니라 '스스로 집단 활동을 통해 노인문제를 해결해 보려는 자기중심성(Egocentrism)을 표면화'하는(박재간,1980:51) 노인운동 방향 설정을 하였다. 자구책으로서 그레이파워를 형성하고 이끌어 갈 노인운동 방향을 다음과 같이 제시하였던 것이다(박재간,1980:51~52). 첫째, 60세 이상 고령자의 이익보호를 위한 유권자 그룹을 형성한다. 둘째, 노인의 보수적 특성을 토대로 급진사회주의 세력의 형성을 막는다. 셋째, 사회적 기여에 대한 보상을 권리로서 갖되, 기존 문화를 후세대에 전승할 의무를 이행한다. 넷째, 그레이파워를 활용하여 복지정책을 개선하고 반공안보에 앞장서서 '건전한 사회'를 이룩하는데 기여한다.

노인 이익의 배타적 조직화의 특징은 다음에서도 나타난다. 노인인구 증가에 따른 노인인력 활용 제안의 전제 조건으로서 한국 사회보장제도의 미비를 제시하였으나 사회보장제도 자체 확대보다는 노인이 일할 수 있는 노인직종을 계발하는 선진국 사례를 제시하는 것이다. "이미 구미 각국에서는 정부에서 일정한 일거리를 노인직종으로 선정하고 이러한 노인직종에 대하여는 젊은이들의 취업을 제한하는 고령자취업보호조치가 취해지고 있는 점을 감안하여 우리나라에서도... 일정한 직종에는 노인에게 취업우선권을 주는 제도가 고려되어야 할 것이다 (김성순,1980:61)."

노인 일자리 창출을 위하여 청년세대 취업을 제한하는 직종을 만들어야 한다는 주장을 하는 노인세대 중심 배타성을 볼 수 있다. 게다가 젊은이의 취업을 '제한하는' 직종이 있다는 주장은 있지만, 실제 어떤 사례가 있는지는 밝히지 않고 있다. 더 나아가 여기에서 '구미 각국'은 영국과 미국을 의미한다. 유럽 대륙국가와 비교할 때 노후 연금과 의료보장제도 수준이 상대적으로 낙후한 국가다. 사회보장제도 수준이 상대적으로 낮기 때문에 노인이 되어서도 일을 계속해야만 하는 국가의 상황을 굳이 한국사회를 위한 비교 사례로 삼을 필요는 없을 것이다. 보편적 사회보장제도 도입 및 확대보다는 선별적이며 개인이 해결하는 차원에서 노인문제를 규정하는 시도이다.

또한 노인이 가족과 함께 살 때 문제가 생기는 것이 아니라 노인이 가족과 함께 살지 않을 때 노인문제가 생긴다는, 핵가족화가 노인문제의 출발이라는 인식을 드러내었다. 언론에서도 이러한 관점을 반영하여 '핵가족화 등으로 노인문제가 큰 사회적인 과제로 등장'한다는 여론을 환기시키기도 하였다.69) '근대화 → 대가족 제도 붕괴 → 노인의 역할 상실과 소외 → 노인문제 → (누구나 늙기 때문에) 노인문제는 전체 사회구성원의 문제'라는 과정이 성립하였다. 그런데 제시하는 새로운 정책과제는 선별적 대상과 대인서비스 차원을 벗어나지 못하는 노인복지법 범위에 머물고 있다. 그 외 당시 55세 정년제를 연장하는 방안과 노인 재취업 문제를 거론하는 수준의 논의가 진행되었다.70)

결국 노인 개인과 가족의 관계에서 문제와 해결책을 찾으려 한 고령화 사회 이슈의 전개는 '미비한' 사회보장제도 확대를 요구하기보다 발전주의체제 국가의 전형적 특징으로서 노인 개인과 가족의 노력을 우선 강조하는 경향으로 흘렀다고 볼 수 있다. 저소득층 대상 선별적 대책을 중심으로 하면서 이른바 '신가족주의 전략'을 통해 중산층 가족부양을 지원하는 사회보험제도, 특히 의료보험제도를 직장의료보험조합 중심으로 확대하면서 오늘날 건강보험제도 부과체계의 문제점을 잉태하는 결과도 낳았다.

---

69) 경향신문 1980년 5월 7일 4면 "최근 우리나라에서는 노인인구의 증가, 核家族化 등으로 노인문제가 큰 사회적인 과제로 등장하고 있는 가운데 韓國老年學會는 제1회 「韓國老人 문제의 현황과 대책」 세미나를 열었다."
70) 경향신문 1980년 10월 6일 2면, "老人問題는 곧 未來問題의 中核이다."

3부 저출산·고령사회와 그 적들

저출산·고령화 현상의 정책 이슈화와 정책적 대응 과정에서 개발독재시대의 발전주의체제 유산이 강하게 드러난다. 국가 주도 강력한 성장우선정책, 국가와 재벌기업 간 정경유착 관계, 복지에 있어서 국가책임의 최소화와 가족책임의 극대화, 정책 시행에 있어서 실적주의적 경향이다. 발전주의체제 유산은 오늘날에도 성장제일주의, 모성의 도구화, 수도권 인구 집중, 대증요법 정치의 구조화라는 저출산·고령사회의 '적들'을 만들어냈다. 개별 정책이나 프로그램이 아니라 그러한 적들을 사라지게 하는 근본적인 정치·경제·사회·문화적 차원의 개혁이 일어나야 한다. 저출산·고령사회 기본계획도 총체적 개혁의 흐름에 맞춰 재구성해야 할 때이다.

제7장

저출산 · 고령사회와 그 적들

정책이슈로서 저출산과 고령화가 진행되어온 과정을 보면 발전주의체제와 깊은 관련을 갖는다. 여성의 몸을 출산정책 대상으로 도구화하고 강력한 산아제한정책을 전개한 배경에 발전주의체제 국가가 있다. 고령화의 경우에도 경제성장을 위한 자금동원을 위하여 '때 이른 고령화' 이슈를 국가가 주도하였다. 그리고 정작 1970년대 이후 급속한 산업화로 인하여 가족관계에서 소외되는 노인문제가 발생하기 시작하자 국가 책임을 최소화하고 가족과 민간의 책임 비중을 확대하는 발전주의체제적 특징이 나타났다.

물론 저출산·고령화로 발생하는 문제와 정책적 대응이 갖는 한계의 근원을 발전주의체제에서만 찾는다면 지나친 일반화일 수 있다. 그럼에도 불구하고 지금까지 저출산·고령화 관련 연구 및 논쟁이 문제 원인 및 전개 과정의 패러다임에 대한 관심으로 이어지지 않은 한계가 있다. 그리고 문제 원인으로서 개별 변수 중심 접근에 치우치고 그 결과 제시하는 해결 방안도 분절적이며 단편적으로 흐르는 경향을 관찰할 수 있다. 한마디로 말해, 저출산·고령화로 인해 발생하는 문제는 한국사회 패러다임을 근본적으로 바꾸는 시도로써 해결의 첫 발을 내딛을 수 있음에도 불구하고, 단편적 보여주기식 정책적 대응이 이어지고 있기에 상황에 대한 문제제기를 하고자 한다.

따라서 한국사회의 거대 패러다임이었던 발전주의체제가 민주화 과정이 본격화된 2000년대 이후에도 저출산·고령화 대응 정책에 미치는 영향을 저출산·고령사회의 '적'으로 규정하고자 한다. 그렇다면 발전주의체제 유산에는 무엇이 있을까? 이를 알아보기 위하여 먼저 발전주의체제 관련 내용을 보도록 하자.

1. 발전주의체체 국가의 특징

발전주의체제 국가의 특징은 이데올로기적 토대로서 성장우선주의, 경제체제로서 국가독점자본주의, 정치체제로서 억압적·관료적 권위주의로 요약할 수 있다. 그리고 발전주의체제 국가 성립의 결과는 사회체제로서 최소한의 사회정책을 추구하는 국가로 귀결된다.

1) 성장우선주의

1960년대 초반 박정희 정권이 내건 '보릿고개로부터의 탈출'은 오늘날 '먹고사니즘'과 같이 현실을 지배하는 이데올로기였다. 굶주림의 문제를 해결하지 못하는 절대빈곤에 시달렸던 대다수 국민 입장에서 보릿고개가 사라질 수 있다는 희망을 주는 강력한 경제성장 정책 추진은 다른 어떤 정치적·사회적·윤리적 가치를 희생시키고 얻을 수 있는 대가로서 충분하였다. 분배보다 절대빈곤 해결이 우선시되었던 사회적 분위기에서 '선성장·후분배에 기초한 성장우선주의'는 "파이를 키워야 나눠먹을 수 있다."는 '파이론'으로서 산업화 시대를 주도한 국가적 담론이자 사회규범이 되었다. 게다가 연 10%를 오르내리는 높은 경제성장률과 사실상 완전고용에 가까운 낮은 실업률은 파이론에 대한 정치적 합의와 사회적 신뢰를 형성하는 토대가 되었다(남지민, 2009:293).

발전주의체제는 성장률을 높이기 위하여 모성을 도구화하였다. 경제협력개발기구(OECD) 회원국 출산율 저하 과정에서 보았듯이 경제발전이 이루어지고 생활수준이 높아지면 소자녀 출산 경향이 나타난다. 또한 저발전 경제상황에서 지나치게 많은 인구는 경제성장의 장애요인이 될 수 있다. 따라서 산업화 시대 산아제한정책 추진 자체를 놓고 비난 수준으로 갈 수 있는 비판은 삼가야 한다. 그러나 발전주의체제는 인구억제라는 지상과제를 달성하기 위하여 인공임신유산(낙태)을 매우 중요한 수단으로 활용함으로써 모성 도구화의 선명한 사례를 남겼다.

지나치게 많은 자녀출산은 모성에 해로울 수 있기 때문에 소자녀 출산은 모성 보호, 모체 건강 증진을 할 수 있다. 그러나 굳이 의사가 아니더라도 낙태가 여성의 몸에 얼마나 해로울 수 있을 지는 모두 알 수 있다. 육체적 차원 뿐 아니라 심리적·정신건강적 차원에서 낙태의 부작용을 생각해보자. 그런데 발전주의체제는 낙태를 사후피임 수단 정도로 적절하게 활용하였다. 광범위한 낙태 실태를 보면서 한쪽 눈을 감았을 뿐 아니라 1973년 도입한 모자보건법은 사실상 낙태 합법화를 위한 조치였다. 여기에서 더 나아가 국가가 낙태비용을 지원해 주는 사업까지 실시하였다.

'먹는 문제' 해결을 위한 '많이 낳는 문제' 해결 과정에서 모성은 산아제한을 위한 도구가 되었다. 낙태 뿐 아니라 가족계획 실천율 목표를 정해 놓고 계몽·교육, 피임도구 보급을 하는 과정에서도 모성은 정책 대상화하였다. 경제성장을 지상과제로 설정한 가운데 모성의 도구화, 여기에서 파생하는 성차별 문제는 어떠한 차원에서도 정책 아젠다로 떠오르지 않았다.

2) 국가독점자본주의

한국전쟁 이후 북한은 공산주의 체제를, 남한은 자본주의·자유민주주의를 지향하면서 경쟁하였다고 알려져 있다.71) 지금도 정치적 극우세력은 반대진영을 종북좌파로 광범위하게 매도하면서 자유민주주의·시장자본주의 체제 수호자로 자부하고 있다. 그런데 실제 언제부터 한국사회에서 자유민주주의와 시장자본주의가 자리 잡게 되었는가? 한국전쟁 이후 전개된 산업화 시대에 한국은 시장자본주의 체제가 아닌 국가독점자본주의 체제를 구축하였다.

국가는 우선 은행을 장악하였다. 국영화·공영화된 은행체제를 구축하여 기업의 돈줄을 통제하였다. '국가 – 금융 – 기업'으로 이어지는 지배체제를 토대로 기업이 외국에서 빌려오는 자금을 지급 보증하고 심지어 8·3조치라는 전무후무한 사채동결·금리인하 조치를 통하여 기업의 든든한 후원자로서 역할을 하였다. 1972년 8월 3일 '사채동결에 관한 대통령 긴급명령'을 발동하여 연 40% 이상이던 기업에 대한 고리사채를 최고 연 16.2%로 인하하도록 했을 뿐 아니라, 모든 고리 사태를 동결한 후 3년 거치 5년 상환 융자로 전환하는 조치를 취하였다. 금융시장에 국가가 개입하여 기업이 빌린 돈을 갚을 의무 자체를 없애거나 연기해 준 것이다. 이를 두고 경제성장을 위하여 대통령이 영도력을 발휘한 것으로 보는 견해도 있다(김정렴,2006). 영도력이든 독재정치든 산업화 시대 한국 자본주의가 '보이지 않는 손'에 의해 작동하는 시장자본주의가 아니었음은 분명하다.

금융을 상악한 국가는 현대는 조선·건설, 삼성은 전자·식품, 대우는 건설·기계 등으로 주요 전략산업을 지정하고 금융·세제·경영

---

71) 북한은 공산주의라고 볼 수 없는, 김일성 일가 족벌체제를 구축하였다. 여기에서는 맥락에서 중요하지 않기 때문에 북한 관련 언급은 하지 않기로 한다.

차원에서 혜택이 집중되도록 하였다. 또한 공기업과 정부투자기업을 확대하여 경제성장을 주도하는 전략도 추진하였다. 예를 들어 1960년 36개였던 공기업 수는 10년 뒤인 1970년에 120개로 늘어났다(전철환·박경,1986:35-37). 국가 주도 금융시장 지배·경제성장 추진 전략을 토대로 금융자본과 산업자본에 대한 국가 지배력이 확실한 국가독점자본주의 체제를 구축한 것이다.

3) 관료적 권위주의

국가독점자본주의가 산업화 과정에서 시장자본주의의 존재감을 깎아내리는 역할을 하였다면 정치체제로서 국가는 자유민주주의를 추구한 적 없는 억압적 기구로서 국민 위에 군림하였다. 한국적 민주주의라는 미명 하에 언론·출판·집회·결사의 자유라는 기본권마저 억압한 독재국가체제가 있었을 뿐이다. 정보기관과 검경, 그리고 사법체계를 수단으로 하는 통제 기제와 더불어 내무부 중심 행정체계를 구축하여 행정 효율화를 추구하였다. 예를 들어 산림녹화사업을 효율적으로 추진한다는 목표 하에 1973년 1월 산림청을 농림부에서 내부무로 이관하기도 하였다(김정렴,2006:249). 이러한 국가의 모습은 '관료적 권위주의'라는 체제 운영 방식으로 나타났다. 관료적 권위주의는 노동운동·시민운동 탄압 등 대중 배제, 의회 등 대의민주적 정치기구와 언론 통제, 억압적·통제적 국가기구 조직, 기술관료 지배력 강화 등 특징을 갖는 개념이다(한상진,1986).

이른바 사회 안정과 한국적 민주주의 정착을 위하여 특히 1972년 유신체제 이후 모든 분야에서 관료적 권위주의 양상을 관찰할 수 있게 되었다. 관료적 권위주의는 어느 정도 경제성장의 결과 절대빈곤에서 탈출하면서 단순히 먹고사는 문제에서 공평한 분배와 더 많은 민주주의를 요구하는 대중의 욕구가 형성되는 시기에 나타나는 체제이다. 1970년 11월 전태일 열사의 죽음이 상징하듯이 한국사회는 1960년대 경공업 중심 경제발전의 성과를 나누자는 욕구가 분출하기 시작하기 하였다. 또한 1971년 4월 제7대 대통령 선거에서 야당의 김대중 후보의 강력한 도전에 직면했던 박정희 정권은 분출하는 민주화 운동 움직임을 차단하고 장기 집권 기획을 도모하는 시기였다. 이러한 배경에서 출현한 관료적 권위주의 체제의 모습은 다음과 같이 나타났다.

가) 통제기구로서 국가

노동운동과 시민운동, 언론은 관료적 통제 대상이 되었다. 모든 형태의 노동·사회운동은 사실상 금지되었다. 언론의 자유는 존재하지 않았다. 유신헌법 53조에[72] 근거하여 아홉 차례에 걸쳐 발효된 '대통령 긴급조치'는 헌법에서 보장하고 있는 국민의 자유와 권리를 '잠정적으로 정지'할 수 있는 강력한 권한을 대통령에게 부여하였다. 대통령은 국회에 통고는 해야 하지만 긴급조치 발효 관련 동의를 구할 필요가 없었다. 또한 대통령 긴급조치는 사법적 심사 대상이 아니었다. 법원에 대통령의 조치를 심판해 달라는 소송을 제기할 수도 없었던 것이다. 국회가 재적의원 과반수 찬성으로 긴급조

---

72) 제53조 ①대통령은 천재·지변 또는 중대한 재정·경제상의 위기에 처하거나, 국가의 안전보장 또는 공공의 안녕질서가 중대한 위협을 받거나 받을 우려가 있어, 신속한 조치를 할 필요가 있다고 판단할 때에는 내정·외교·국방·경제·재정·사법등 국정전반에 걸쳐 필요한 긴급조치를 할 수 있다.
② 대통령은 제1항의 겨우에 필요하다고 인성할 때에는 이 헌법에 규정되어 있는 국민의 사유와 권리를 잠정적으로 정지하는 긴급조치를 할 수 있고, 정부나 법원의 권한에 관하여 긴급조치를 할 수 있다.
③ 제1항과 제2항의 긴급조치를 한 때에는 대통령은 지체없이 국회에 통고하여야 한다.
④ 제1항과 제2항의 긴급조치는 사법적 심사의 대상이 되지 아니한다.
⑤ 긴급조치의 원인이 소멸한 때에는 대통령은 지체없이 이를 해제하여야 한다.
⑥ 국회는 재적의원 과반수의 찬성으로 긴급조치의 해제를 대통령에게 건의할 수 있으며, 대통령은 특별한 사유가 없는 한 이에 응하여야 한다.

치 해제 자체를 대통령에게 '건의'하고 대통령은 특별한 이유가 없다면 응해야했지만, '특별한 이유' 관련 판단은 대통령 몫이었다. 게다가 국회의원 정원의 1/3은 대통령이 임명한 유신정우회 소속이었다. 한마디로 대통령 마음대로 쥐락펴락 할 수 있는 체제였고 국가 기구는 대통령의 독재를 실천하는 억압적·통제적 기구로 조직되었다. 강제연행과 구금, 고문 등을 자행하면서 국민 앞에 공포스러운 존재로 등장했던 중앙정보부, 국군보안사령부, 검찰 공안부서, 경찰 보안과 등은 너무나 잘 알려진 예이다.

억압적·통제적 국가기구는 학교, 언론, 정당, 문화·예술 분야 등 전 사회적 영역에 걸쳐 관료적 권위주의의 흔적을 남겼다. 국민교육헌장으로 대변할 수 있는 대국민 관료주의적 지도와 계몽·교육이 이루어졌다. 내무부를 중심으로 하여 각 시도에 하달되는 지침과 훈령이 존재할 뿐, 지방자치 개념은 아예 사라졌다. 새마을운동을 정점으로 전국 각지에 조직된 반관반민 조직은 국가적 지도원리를 전달하는 계몽·교육사업의 전달체계로서 기능하였다.

나) 기술관료적 지배

대통령을 정점으로 하는 중앙집권적 국가가 주체가 되어 상부하달식으로 지침을 전달하는 관료적 권위주의 체제는 산업화를 주도하는 집단으로서 기술관료(Technokrat)의 지배를 강화하였다. 경제개발 5개년 계획을 주도하는 경제기획원과 사회안정을 책임지는 내무부·공안기구를 축으로 하여 성장률과 공안사범 색출 등 주요 분야에서 가시적 실적을 보여주어야 하는 실적주의적·업적주의적 행태가 자리 잡게 되었다. 연말이면 달성해야 할 경제성장률, 1인당 국민소득, 총 수출액이 정해졌고 이를 위해 총력을 기울여야 했다. 국가안보를 위태롭게 하는 '빨갱이·간첩'을 끊임없이 색출하고 국민의 안보의식을 팽팽하게 유지하기 위하여 사건을 조작하거나 부풀리는 행태도 다반사로 일어났다.

이러한 상황에서 사회문제가 갖는 구조적 요인은 당연히 무시될 수밖에 없었다. 기술관료 지배 구조로서 관료적 권위주의 체제가 가져오는 또 하나의 결과이다. 사회구조적 요인을 들춰내어 근본적·장기적 관점에서 사회문제 해결을 시도하는 것은 1년마다 한 번씩 하는 실적 평가 구조에서 가능할 수 없는 작업이다. 연초 대통령의 부서 연두순시에서 보고한 사업목표를 다음 해에 점검·보고해야 하는 과정의 반복 구조에서 관료로서 살아남을 수 있는 방법은 실적을 숫자로 보고할 수 있는 사업(정책) 결과를 손에 쥐는 것이기 때문이다.

"... 박대통령 개인의 장기집권과는 구별되는 차원의 것으로서 사회구조적 파급효과가 어쩌면 이보다 더 심대하고 장기적인 것인지도 모른다(한상진,1986:164)."

4) 사회정책의 발전주의적 특성

사회 모든 행위주체 위에 군림하면서 경제성장의 견인차로서 역할을 하는 발전주의체제 국가의 특성은 강력한 국가 자율성, 성장 제일주의, 국가의 금융지배력을 토대로 한 '국가 - 자본 간 지배 연합', 관료주의적 지배기제를 토대로 사회 전 분야에 걸친 강력한 통제와 조정으로 요약할 수 있다. 이러한 특징으로 인하여 나타나는 사회정책 경향은 어떠한가?

성장 중심 경제정책이 고용을 창출하는 낙수효과를 가져오기 때문에(남지민, 2009:293), 사회정책은 경제성장을 위한 보조수단이며, 성장과 복지는 상호배타적 역할을 한다는 정책가치가 지배적으로 형성되었다. 이는 노동집약적 성장구조에서 상대적으로 쉬웠던 취업, 국가복지제도보다 상대적으로 확산된 기업복지제도, 실업·질병·사고 등 문제 발생 시 가족이 우선 책임지는 문화가 존재하였기 때문이기도 하였다.

산업화 시대 절대적 빈곤에서 불평등에 이르기까지 모든 문제의 해결은 경제성장과 일자리라는 믿음이 형성되었다. 절대빈곤에서 파생하는 불평등 문제를 해결하는 과제를 안고 있었던 1960·70년대 산업화 시대에는 노동집약적 경제성장 모델이 가능하였으며 그 결과, 일자리 창출도 이루어졌다. 성장에 따른 고용 확대만으로도 당시 빈곤과 불평등 문제를 해결할 수 있었던 것이다(남지민, 2009:22).

더 나아가 '일자리가 최선의 복지'라는 말을 증명이라도 하듯이 일단 취업을 하면 주택마련 자금 지원, 자녀교육비 지원, 퇴직금 등 재벌기업을 중심으로 한 기업복지 확대 추세도 있었다. 선진국 기술을 따라가기에 주력했던 가발·의류 등 경공업 제품 생산 중심 전략을 썼던 1960년대에는 농촌에서 도시로 몰려드는 상경인구로 인하여 저임금 노동력 확보에 큰 어려움이 없었다. 그러나 1970년대에 들어서 경공업 경쟁력이 임금 상승으로 하락하면서 철강·조선·화학·건설업 중심 중화학공업 중심 성장전략으로 전환하면서 숙련노동자 부족 현상과 이들을 붙잡기 위한 재벌기업 중심 기업복지 확대 추세가 나타났다. 기업 경쟁력 유지를 위하여 임금 억제를 하고 노동운동을 국가의 지원으로 탄압하는 대가로서 기업복지 확대가 이루어진 것이다(양재진,2008:332). 그 결과는 국가복지의 최소화였다.

기업복지 확대 양상과 달리 국가복지는 확대되지 않았다. 본격적 산업화 과정에서 발생하는 실업, 질병, 장애, 사고 등 각종 사회적 위험에 대비하는 국가복지제도의 확대가 아니라 가족책임의 강화로 나타났다. 재벌기업 취업자는 각종 기업복지 프로그램 혜택을 누릴 수 있었다. 취업활동 소득 중심 사회보험제도로서 산재보험(1964년), 의료보험(1977년), 국민연금(1989년) 시행의 열매도 안정적 일자리를 가진 재벌기업 노동자, 공무원·공기업 직원, 군인, 사립학교 교직원 등에 국한되었다. 산업혁명이 본격화되면서 나타나는 사회문제, 그리고 경제성장의 결과 사회문제를 해결할 수 있는 국가의 자원 동원 능력, 사회문제 해결을 요구하는 노동·사회운동의 형성 등 각종 요소가 어우러져 사회정책이 등장하고 각종 복지제도가 도입·확대된다는 근대화론 관점이 최소한 한국의 산업화 시대에는 적용할 수 없는 이유가 여기에 있다. 다수 노동자와 대중은 항상 정책 확대에 있어서 적용 우선순위가 뒤로 밀리거나 적용 자체에서 제외되었기 때문이다.

서유럽 국가의 경우 산업화 과정이 100여 년에 걸친 오랜 시간 동안 진행된 반면, 한국은 불과 30여년에 걸쳐 매우 압축적으로 진행되었기 때문에 산업화 과정과 복지제도 도입 간 관계를 단순 비교하기는 물론 어렵다. 그러나 한국이 도입한 사회보험제도의 모델이 되는 이른바 독일 비스마르크 사회보험제도가 산업화 과정이 한창 진행 중이던 1880년대에서 1920년대에 산재보험, 의료보험, 연금보험, 실업보험 형태로 모두 도입되었던 반면, 한국은 1960년대에 산재보험, 1970년대에 의료보험, 1980년대에 국민연금을 도입하였을 뿐이다. 그것도 국가 - 기업 간 지배구조 연합 구도에서 사회정책 관련 국가 재정 투입을 최소화하면서 고용 연계 지불능력 중심 노동자 중심 사회보험제도가 기업(사용자)의 비용 부담을 최소화하는 맥락에서 이해할 수 있다. 낮은 수준의 기여금에 따른 역시 낮은 수준의 사회보험 보장성이 좋은 예이다. 또한 산업혁명 과정에서 기독교 사회운동과 노동운동을 중심으로 독일에서 사회보험제도 도입과 동시에 진행된 사회서비스 전달체계 구축(정재훈, 2016)은 2000년대 이후에나 들어서 본격화되기 시작하였다. 발전주의체제에서는 복지 이념으로서 자립과 근면을 강조하면서 가족책임을 국가책임보다 우선시하는 분위기가 조성되었다고 볼 수 있다(남지민, 2009:278; 신광영, 2003:54; 정무권, 2002:441).

1962년 이후 헌법 30조에서 "모든 국민은 인간다운 생활을 할 권리를 가진다. 국가는 사회보장의 증진에 노력하여야 한다. 생활능력이 없는 국민은 법률이 정하는 바에 의하여 국가의 보호를 받는다."고 하였지만, 헌법에서의 선언이 사회권으로 구체화되지는 못하였다. 모든 국민의 인간다운 생활을 할 권리를 보장하는 헌법 조항을 넣은 1962년부터 공공부조제도로서 생활보호사업을 시작하였다. 그러나 빈민법적 성격을 벗어나 근대적 의미의 공공부조제도로서 생활보호사업이 탈바꿈한 것은 40년이 거의 지난 2000년 국민기초생활보장제도 도입 이후의 상황이다. 국민기초생활보장제도 도입 이후에 비로소 노동능력이 있는 사람도 필요하다면 권리로서 공공부조를 받을 수 있다는 정책 전환이 이루어졌다. 취업활동인구를 대상으로 국가에서 대가없이 복지급여를 지급하는 '권리로서 공공부조' 개념은 발전주의체제론 하에서는 상상할 수 없는 일이었다.

'최선의 복지로서 일자리'를 갖지 못한 노인, 아동·청소년, 장애인, 실업자, 여성은 국가가 산재보험과 의료보험, 생활보호제도로써 설정한 최소한의 사회정책 영역에 피부양자나 사회적 약자로서 포함되지 않는 한 국가복지제도 영역 밖에 존재할 뿐이었다. 그리고 가족의 문제는 온전히 가족의 책임으로 남았다. 이러한 가족책임은 '가족의 기능적 과부하'(장경섭,2011:74) 현상으로 나타났는데, 가족이 갖는 과도한 책임을 이행하고 부담을 짊어지는 관계·가사·돌봄노동은 대체로 여성의 몫이었다.73)

그런데 사회정책의 최소화, 사회보장제도 확대에서 국가책임의 최소화·가족책임의 최대화, 기업복지 확대 흐름의 발전주의체제에서도 국가복지제도가 확대된 영역이 있다. 자기 책임과 참여를 중심으로 하면서 지불능력이 있는 취업활동 집단을 중심으로 하는 사회보험을 확대하는 동시에, 국가체제 유지에 호의적일 수 있는 특수직역집단(군인, 공무원, 교원) 중심 사회보장제도를 확대하는 계층화된 사회정책 발전이 있었다.

발전주의체제를 상징하는 박정희 정권 시기에 도입된 복지제도를 보면, 군인과 공무원을 우대하면서 준공무원 성격을 가진 집단으로서 사립학교교직원을 포함하는 특징을 보였다. 박정희 정권시기의 군인과 공무원은 사회적 특권층이면서 국가 주도 지배 구도의 지지자였다. 게다가 군인과 공무원은 구분되기보다 겹치는 양상을 보였

---

73) 발전주의체제로써 설명하는 국가의 복지책임 회피, 가족 기능 과부하 현상을 설명하면서, 가족책임의 과도한 강조 구조로서 발전주의체제가 아니라 '개발자유주의'(장경섭,2011)라는 개념을 사용하기도 한다.

다. 고위 장성은 물론이고 영관급 이하 장교도 전역 이후 고위 국가공무원으로 특채되어 가는 관행이 형성되었기 때문이다. 5·16 군사 쿠데타 이후 시장과 도지사, 중앙부서 과장급 이상 고위 공무원의 10~20% 이상이 전역 장성·장교로 구성되는 양상을 보이기도 하였다(한준성,2012:341). 공무원연금제도(1960년), 군인대상 군사원호보상제도(1961년), 공무원재해보상제도(1961년), 군인연금제도(1963), 사립학교교직원연금제도(1974년) 등은 일반국민에게는 적용하지 않는 '낮은 수준의 부담 – 높은 수준의 급여' 구조를 토대로 도입·시행되었다. 이러한 제도 도입 형태는 오늘날 공무원·군인·사립학교 교직원 연금개혁의 필요성으로 연결되고도 있다.

5) 발전주의체제의 유산

2000년대 이후 등장한 '성장과 복지의 선순환' 담론에도 불구하고 여전히 성장제일주의가 국가정책의 주요흐름으로 자리 잡고 있다. 경제성장 중심 전략은 복지제도가 본격적으로 확대되고 복지관련 예산이 급증하기 시작한 김대중·노무현 정권시기에도 변함없었다. 특히 파이론을 대체한 낙수효과론을 내세운 2008년 이명박 정권 등장 이후에는 더욱 그 영향력을 잃지 않았으며, 박근혜 정권 들어서 이른바 '초이노믹스, 창조경제론'의 외피 하에 국가정책을 주도하는 이데올로기로서 자리 잡았다. 성장제일주의는 정권 교체와 관계없이 앞으로도 한국사회 정책담론을 주도하는 기능을 할 것이다. 성장제일주의에 경도된 기획재정부를 비롯한 경제관료 조직이 예산 배정을 무기로 하여 정책결정과정을 주도하는 정책문화가 공고하게 자리 잡고 있기 때문이다.

성장우선주의가 절대빈곤 탈출 과정에서 불가피한 전략이었다 할지라도 그 결과는 오늘날 여전히 한국사회와 관료, 정치인 등 지배

엘리트 집단의 머릿속을 지배하고 있는 '성장제일주의'로 연결되고 있다. 경제개발 과정에서 수도권을 중심으로 부동산 투기 광풍이 불었다. 주택은 사는 곳이 아니라 재테크의 가장 중요한 수단이 되었다. 2000년대 이후 행정수도 건설, 공공기관 지역 분산 등 수도권 집중 완화 정책은 오히려 전국토를 부동산 투기장으로 만드는 결과를 가져왔다. '부동산의 추억'은 경제정책의 주요흐름을 여전히 "빚내서 집 사라."는 주택관련 대출 완화정책으로 일관되었고 그 결과 "언 발에 오줌 누기."같은 신혼부부 행복주택 같은 이른바 저출산 대책으로는 청년세대 주거난에 따른 만혼·비혼 문제를 해결하기에는 턱도 없는 상황을 만들어낸 것이다. 또한 성장률을 높이기 위한 수단으로서 낙태 방조 및 지원으로 상징되는 '모성의 도구화' 정책은, 이제 낙태 자체와의 관련성은 많이 벗어났지만, 여전히 여성을 '아이 낳는 존재'로만 간주하는 인식의 잔재와 연결되어 있다.

발전주의체제는 정경유착을 통해 성장한 대기업과 그렇지 못했던 중소기업 간 극심한 불균형·격차의 중요한 배경이다. 일부 기성세대가 "요즘 아이들은 일자리가 넘쳐나도 대기업에만 취업하려고 해서 취업난이 생기는 것이다."는 비난을 한다. 그러나 중소기업 취업이 고용 불안, 낮은 소득수준, 그에 따른 미래에 대한 불안을 해결할 수 있는 대안이 아니기 때문이라는 현실에는 애써 눈을 감는다. 국가와 대기업 간 정경유착 구도를 만든 국가독점자본주의의 유산은 중소기업 경영환경을 악화시킨 패러다임이다. 지금도 '대기업과 중소기업 간 공정거래'라는 경제민주화의 중요한 과제가 여전히 진행형일 뿐 아니라 대기업 기득권 구조를 근본적으로 변화시키기에는 역부족이기 때문이다. 이러한 패러다임이 깨지지 않는 한 청년세대 고용불안 해소를 통한 혼인율과 출산율 증가 목표는 달성 불가능할 것이다.

산업화 시대 이후 1990년대 이후 도래한 이른바 민주화 시대에서 복지제도가 확대되었음에도 불구하고, 사회보험 보장성 수준이 낮거나 사회서비스 전달체계가 공공화되기보다 영리 중심의 민영화 경향으로 이어지는 계기가 되었다. 국민연금과 건강보험은 민간영리 보험업계와의 경쟁관계 속에서 보장성 수준이 낮은 '적게 내고 적게 받는 구조'를 유지하고 있다. "경쟁을 통해 급여 수준과 서비스 품질을 높임으로써 전체적인 복지수준을 향상시킬 수 있다."는 믿음은 보육과 노인장기요양서비스를 중심으로 급속히 확대된 사회서비스 전달체계에도 그대로 반영이 되어, 보육료와 장기요양서비스 비용이 조세와 사회보험이라는 공적형태로 조달되지만 서비스 전달체계는 민간중심의 영리화 결과를 낳았다. 사회보장의 제도적 외연은 확대되었지만, 민간영리 중심 서비스 전달체계가 확고하게 자리 잡음으로써 사회정책의 공공성 확장 가능성이 제약받고 있는 현실이 된 것이다.

노무현 전대통령이 2005년 7월 5일 대·중소기업 상생협력시책 점검회의에서 "권력은 시장으로 넘어갔다."라는 발언을 하여 그 의미를 놓고 격렬한 논쟁이 벌어지기도 하였다. 실제 국가정치 권력이 경제권력에 종속적이 되었는가는 여전히 논쟁의 대상이다. 그러나 이러한 논쟁에도 불구하고 발전주의체제식 국가독점자본주의가 한국 자본주의를 설명하는 개념으로서 유효성은 더 이상 존재하지 않을 것이다. 1990년대 한국의 경제협력개발기구(OECD) 가입 이후에도 국가가 여전히 금융권 고위직 인사에서 영향력을 갖고 있고 대기업이 이른바 정치권의 눈치를 보고 있으며 노동운동이 자본과 노동 간 계급 대립 구도를 형성할 정도로 정치세력화 하지 않은 상황에도 불구하고 발전주의체제식 금융·시장 통제는 찾아보기 어렵다.

이렇게 국가독점자본주의가 더 이상 유효한 개념이 아님에도 불구하고 국가는 시장경제에 다양한 수단을 동원하여 개입하고 있다. 다만 과거와 같이 강압적 수단이나 정치적 탄압을 동원하지 않을 뿐이다. 세무조사나 각종 규제를 무기로 하는 간접적 통제의 범위와 영향력은 여전히 광범위하다. 더 나아가 대기업 대상 연구개발(R&D) 지원금, 중소기업 대상 고용지원금 등 막대한 국가예산을 '보이지 않는 손에 의하여 움직여야 할' 시장자본주의 기제에 투입하고 있는 것이다. 이는 오히려 기업 경영 상황을 고려하지 않은 '정책의 과잉' 현상이 될 수 있다.

연구개발이나 고용을 위한 지원은 반드시 필요한 국가정책 영역이다. 그럼에도 불구하고 사내유보금을 수백조 원 수준으로 쌓아놓고 있는 대기업 대상 국가연구개발사업 지원금 규모가 여전히 높은 현실이다(김학수, 2013:51).[74] 또한 중소기업을 주대상으로 하는 고용촉진·고용유지·고용창출 지원금이 고용 유지·창출·촉진이라는 정책 효과성이 낮고 지원금 오남용 등 부작용이 크며 전달체계 중복 등 많은 문제를 낳은 채 재정 지원을 위주로 유지되는 상황이다(전병유 외, 2015). 정책 효과 측면에서 불공평하면서 적절치 않은 연구개발·고용 지원금 투입은 기업 경쟁력 약화 및 국가에 대한 의존도 심화, 더 나아가 기업에 대한 국가 통제를 강화하는 결과로 이어질 것이다. 또한 분배·재분배에 대한 사회적 요구에 대해서는 시장논리, 자유경쟁원리를 내세워 소극적으로 대처하는 반면, 치열하게 자유경쟁을 해야 할 기업에 대해서는 정책과잉 결과로서 불필요한 지원이나 이에 대한 대가로서 기업경영 형편에 맞지 않는 정책에 대한 호응을 요구한다면 발전주의체제 국가의 유신으로서 기업 위에 군림하는 국가의 모습이 유지되는 새로운 형태로 이해할 수도 있다.

---

74) 삼성, 정부에서 직접 받은 돈만 한해 1684억 1위(인터넷 한겨레 2014년 2월 6일). http://www.hani.co.kr/arti/economy/economy_general/622407.html#csidxa cd75b34b67ba96b42610dfca6e6736

관료적 권위주의는 억압적이면서 기술관료적 지배 기구로서 발전주의체제 국가를 상징하는 개념이다. 관료적 권위주의의 정점에는 국민이 갖는 헌법적 권리도 부정할 수 있는 막강한 권력이 집중된 대통령이 있다. 노골적으로 인권을 탄압하고 무한권력을 행사하는 대통령과 국가의 모습은 사라졌다. 그러나 단기적 실적 달성에 초점을 맞추면서 사회문제의 구조적 원인 해결은 상대적으로 등한시하는 정책문화가 남아있다. 또한 국민을 일방통행식 계몽과 교육의 대상으로 보면서 중앙정부에서 지자체나 지역사회로 지침을 내려 보내거나 일회성 행사로 홍보 캠페인을 전개하는 사업 방식도 여전하다.

발전주의체제가 복지 영역에서 최소화한 국가책임과 최대화한 가족책임은 지난 20여 년 간 확대된 복지제도 양상을 고려할 때 과거의 그러한 양상이 그대로라는 억측을 할 수는 없다. 그럼에도 불구하고 국민소득이나 경제규모를 고려할 때 여전히 낮은 사회지출 비용 규모, 사회적 약자집단과 비교할 때 복지급여 혜택에서 상대적으로 소외된 중산층 가족의 부담, 가족부담의 실질적 부담자로서 여성의 존재, 군인·공무원·교직원을 중심으로 한 특수직역집단이 누리는 혜택은 사회정책 영역에 남아 있는 발전주의체제의 유산으로 이해할 수 있다.

특수직역집단 중심 계층화된 복지제도 발전은 오늘날 경제협력개발기구(OECD) 회원국 최고수준의 노인빈곤율을 설명하는 중요한 요인 중 하나로 볼 수 있다. 2013년 현재 66세 이상 노인 중 빈곤한 생활을 하는 노인 비중이 한국은 49.6%로서 바로 그 다음인 이스라엘의 24.1%보다 두 배 이상 차이의 심각한 양상을 보이고 있다. 빈부격차가 심한 미국의 경우도 20.6%이며, 가장 낮은 네덜란드 노인빈곤율은 2.1%이다(그림 7-1).[75]

---

75) 여기에서 빈곤은 '전체 인구의 중위가구소득, 즉 가구소득의 중간값 이하 소득'을

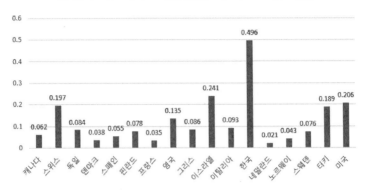

〈그림 7-1〉 각국 노인빈곤율 비교(2012년 기준)

출처: '경제협력개발기구(OECD) 홈페이지
(https://data.oecd.org/inequality/poverty-r ate.htm)' 자료를 토대로 재구성.

노인빈곤은 취업활동 기간 고용 안정성, 소득 안정성, 가족 부양 상황, 저축 행태, 사회보장제도 등 다양한 개별 요인으로 설명 가능하다. 이러한 개별 요인의 다양성에도 불구하고 취업활동기 소득을 노후에 재분배 받는 '생애주기 재분배'가 가능한 사회보장제도, 즉 연금제도의 기능에 따라 노인빈곤은 상당 부분 예방하거나 완화할 수 있다. 이렇게 볼 때 최근 한국 노인의 높은 빈곤율은 발전주의 체제 유산으로서 특수직역집단과 지불능력 있는 취업 활동 집단 중심 연금제도 확대에서 그 배경을 찾아볼 수 있다.

한국은 1989년 적립방식으로 국민연금을 시작하였다. 따라서 1989년 기준으로 최소 보험료 납부 기간 5년을 채우고 연금개시 연령 60세를 맞이할 수 없었던 50대 후반부터는 연금 가입 자체가 사실상 불가능하게 되었다. 1990년대 50대 이후 중장년 세대가 현재 마땅한 노후보장을 준비하지 못한 노인세대로서 세계 최고의 노

갖는 경우를 의미한다. 절대적 빈곤 개념은 아니다
(https://data.oecd.org/inequality /poverty- rate.htm).

인빈곤율 문제를 안고 사는 것이다. 이러한 문제에서 공무원·군인을 비롯한 특수직역집단은 비켜 서 있다. '자식을 내 노후보장 수단'으로 알고 본인 노후준비는 할 줄 몰랐던 현세대 노인은, 지금 자식 세대 역시 고용불안, 조기퇴직 등 경제적 불안, 자녀교육 비용 부담, 본인 노후준비 등 이른바 '낀 세대'로서 부모부양을 제대로 할 수 없는 상황과도 마주하고 있다. 본인 노후준비도 없고 노후보장 수단으로서 자식이 기능하지 못하는 현실이 절반에 가까운 노인빈곤으로 나타나고 있는 것이다.

대기업 노동자와 특수직역집단 중심 사회보장제도의 확대는 출산휴가, 육아휴직, 직장어린이집 이용 등 각종 저출산 지원대책의 정책 실감도가 낮은 이유로 나타나기도 한다. 저출산 지원대책을 실제 이용할 수 있는 집단이 대기업 노동자, 공무원, 공공기관 직원 중심으로 나타나기 때문이다. 우선 정책을 도입하기 쉬운 조건을 가진 집단으로서 이들이 존재하기 때문에 각종 출산·양육 관련 지원 대책의 우선 적용 대상이 된다. 명시적으로 이들을 정책 우선 적용 집단으로 하지 않음에도 불구하고 대다수 중소기업·비정규직 노동자, 영세자영업자는 정책소외집단으로 남아 있고 이와 관련한 뾰족한 대책 마련이 어려운 상황이다.

2. 저출산·고령사회와 그 적들[76]

발전주의체제는 성장제일주의, 모성의 도구화, 수도권 인구 집중, 구조적 요인을 외면하는 대증요법식 정치의 구조화라는 유산을 남겼다. 그리고 저출산·고령사회를 대비하고 지속가능 미래사회를 준비하는 과정에서 장애요인이 되고 있다. 발전주의체제의 이러한 유

---

76) 「[정재훈의 시선] 저출산·고령사회와 그 적들, 여성신문 2017년 2월 17일, 19면」을 기본 아이디어로 하여 재구성하였음.

산을 저출산·고령사회의 '적들'로 규정할 수 있다.

1) 성장제일주의

성장제일주의 발전주의체제는 주거를 사회권이 아닌 재테크 수단
으로 만들었다. 1970년대 이후 국가의 부동산 개발정책은 아파트로
상징되는 수도권 및 대도시를 중심으로 집·토지 값의 폭등을 가져오
면서 토지 공개념 기반을 한국 땅에서 완전히 몰아냈다(손낙
구,2008). 전두환 정권을 거치면서 더욱 과열된 부동산 투기 열풍
을 잠재우기 위하여 1989년 '택지소유상한에 관한 법률, 개발이익
환수에 관한 법률, 토지초과이득세'라는 이른바 토지공개념법 3법을
제정하였지만, 부동산 개발을 통한 경기부양이라는 경제정책 기조
는 변하지 않았다. 토지공개념 3법도 1999년 국민재산권 침해를
이유로 헌법 불합치 판결을 받고 사라졌다.

게다가 개발정보를 미리 빼거나 알아내 막대한 시세차익을 남기
는 '관료 – 기업 – 지역토호'로 이어지는 커넥션은 한국사회의 공공
연한 비밀이었다. 이러한 커넥션은 이른바 사회지도층·여론주도층을
형성하면서 '집 사고 팔게 해서 경기부양 하는' 정책의 강력한 우군이
되었다. 2006년 종합부동산세를 노무현 정권에서 도입하자 등장한
'세금폭탄론'은 서울 강남지역을 중심으로 하여 이른바 '보수세력'
이 확고하게 응집하는 중요한 토대가 되었다.

노무현 정권부터 시작한 행정수도 건설과 서울 소재 주요 공공기
관 지방 이전은 본래 의도인 '서울공화국' 해체보다는 전국토를 '국
가가 민든 무기판'[77]으로 변질시키는 계기가 되었다. 1997년 이른
바 국제통화기금(IMF) 경제위기 이후 급락했던 주택매매가격은 경기

---

77) "부동산으로 경기 부양, 국가 만든 투기판, '주거권리'가 깨졌다."(경향신문 2017년
2월 28일 10면).

회복과 더불어 2002년 한 해에만 전년도 주택매매가격 대비 증가율이 전국 평균 21.8%에 이르렀다. 2003년 노무현 정권 출범 이후 강화된 부동산 규제정책으로 2004년 주택매매가격 증가율은 수도권과 전국에 걸쳐 마이너스 대를 기록하기도 하였다. 그러나 행정수도 건설 등 수도권 집중 완화정책이 가시화되면서 전국 주택매매가격은 수도권 상승률을 훨씬 웃도는 수준에서 급증하였다. 2008년 경제위기 이후 하락세로 접어들었던 주택매매가격은 2012년을 기점으로 다시 꾸준한 상승세를 타기 시작하였다(그림 7-2).

〈그림 7-2〉 주택매매가격 증가율 추이

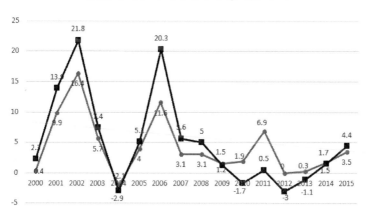

출처 : 「주택매매가격 동향, e-나라지표(http://www.index.go.kr/potal/stts/idxMain/
selectPoSttsIdxSearch.do?idx_cd=1240)」를 토대로 재구성.

2013년 수도권 주택매매가격 증가율은 마이너스 수준이었지만, 2014년 1.5%, 2015년에는 4.4%로 상승하였다. 전국 차원 증가율도 같은 기간 0.3%에서 3.5%로 증가하였다. 이른바 "빚내서 집 사라."는 초이노믹스 효과로 볼 수 있다. 분양가 상한제를 무력화하고 재건축 초과이익 환수제를 3년 간 유예하며 재건축 조합원에게 1가구 1주택이 아니라 소유주택 수만큼 최대 3채까지 분양을 허용하는 주택법, 재건축초과이익 환수에 관한 법률, 도시 및 주거환경정비법 등 이른바 '부동산 3법' 개정이 2014년 말에 있었다.

그 결과는 2013년 이후 국내총생산보다 집값 상승이 3.5배 증가했다는 분석이 나올 수준의 집값 상승이었다. 경제성장 과정에서 부동산 의존도가 그만큼 높았으며 주거문제가 더 심각하게 되었다는 의미가 된다. 2013년 박근혜 정부 출범 이후 주택 시가총액은 781조원 증가하였는데, 국내총생산은 223조원 증가하였다. 반면 주택 자가보유율은 2012년 58.4%에서 2014년에는 58%로 더 하락하였다. 박근혜 정권 출범 직전인 2013년 2월 기준 주택 시가총액이 전체 4,244조원이었는데, 부동산 3법이 무력화되는 분위기에서 '빚내서 집사기' 초이노믹스 정책이 효과를 내기 시작하면서 2017년 1월 기준 주택 시가총액이 5,025조원으로 상승한 것이다. 그러나 같은 기간 국내총생산은 1,377조원에서 1,600조원으로 223조 상승하였다. 은행대출 받아서 산 아파트 매입이 주택가격 상승의 주원인이 되었다(경실련,2017:1).

이렇게 집값 끌어올리기를 통한 경제성장·경기활성화 전략 기조를 유지하는 반면, 3차 저출산·고령사회 기본계획에서는 주거 안정을 통해 혼인율을 높여 출산율도 함께 끌어올리겠다는 대책을 내놓고 있다. 2014년 현재 4.8%인 신혼부부 임대주택 수혜율을 2020년에는 10%까지 올린다는 핵심성과 지표가 있다(대한민국정부,2016:44). 고령가의 경우에노 행복주택, 뉴스테이(기업형 임대주택), 공공임대주택 등을 통한 '생애주기별 맞춤형 주거지원정책'을 실시하겠다는 계획도 만들었다(대한민국정부,2016:135). 그런데 한국의 공공임대주택78) 중 10년 이상 거주할 수 있는 장기공공임대주택 재고율이 경제협력개발기구(OECD) 평균인 11.5%와 비교할 때 절반 수준인 5.5%인 상황이다. 이것도 한국은 2014년 기준이고 나머지 유럽지역 국가는 2007~2009년 사이 현실을 반영한 수치이다(국토교통부,2015:468). 한국보다 장기공공임대주택 재고율이 낮은 독일(5%)의 경우에는 임차인의 주거권을 임대인의 재산권과 거의 동일한 수준에서 인정할 정도로 세입자 보호가 잘 되어 있기 때문에 공공임대 비율이 낮은 상황이 전체 사회 구성원의 주거 여건을 악화시키는 요인으로 작용하지 않는다.

〈표 7-1〉 장기공공임대주택 재고율(%)

한국	네덜란드	덴마크	스웨덴	영국	독일	OECD	EU
5.5	32	19	17	17.1	5	11.5	9.4

출처: 국토교통부(2015:468).

공공임대주택이 주거안정에 제 역할을 할 수 없는 구조에서 일부 신혼부부 집단을 대상으로 한 주거안정대책은 저출산 문제를 해결할 수 있는 역할을 하기 어렵다. 부동산 가격이 안정되고 가족을 이루어 살 수 있는 토대로서 주거 공급이 원활하게 이루어지려면 주택이 더 이상 재테크가 아닌 주거 수단으로 정착할 수 있도록 전반적인 경제정책 흐름이 바뀌어야 한다. 그런데 여전히 정부에서 발표하는 내수활성화 정책 목록에서 주택자금 대출을 통한 경기 부양이 여전히 빠지지 않고 등장한다.[79]

아파트 가격과 임금 상승액이 지난 30년 간 43배의 격차가 나는

---

78) 공공임대주택 유형에는 '영구임대(50년), 국민임대(30년), 행복주택(30년), 장기전세주택(20년), 공공임대 (10년,5년)'가 있다. (통계청 국가지표체계 http://www.index.go.kr/potal/main/EachDtlPageDetail.do?idx_cd=1230).

79) 국무조정실·기획재정부(2017.2.23), 내수 활성화 방안.

현실에서 안정된 일자리만으로써 '결혼하고 아이 낳는 구조'를 만들 수 없다. "1988년 노동자 임금은 월 36만원(연 430만원)이었고, 2016년에는 월 241만원(연 2,895만원)으로 30년간 월 205만원, 연 2,465만원이 상승하였다. 1988년 기준으로 2016년까지 노동자 임금이 6.7배 상승한 것이다. 반면 2017년 2월 기준 강남권 아파트값은 11억3천만원, 강북권 5억4천만원으로 1988년 임금과 비교하면 각각 264배와 126배 올라갔다. 임금 상승으로써 자산격차를 해소하는 것이 거의 불가능한 상황에 이른 것이다(경실련,2017:10-12)." 게다가 성장제일주의가 만들어 놓은 '부동산 = 재테크' 인식은, 자신이 사는 아파트 단지 근처에 건설하는 공공임대주택·아파트를 일종의 '혐오시설'로 간주하거나 아파트 값 하락 가능성의 주요인으로 보고 반대하는 님비 현상까지 구조화했다.

내집 마련을 못한 사람과 한 사람 사이에 자산격차가 회복 불가능 수준에서 벌어지고, 그러다 보니 직장생활만으로써 내집 마련 전망이 어려워지는 상황에서 주거안정은 더 이상 시장기제에만 맡겨서 해결할 수 있는 과제가 아니다. 공공임대주택 보급은 당장 유럽 수준에 도달할 수 없더라도 지속적으로 그리고 재원 조달을 더욱 적극적으로 하여 획기적으로 확대해야 한다. 부동산 보유세 도입을 통하여 재원 마련과 함께 부동산 가격 하락을 유도하는 정책도 생각해 볼 수 있다. 발전주의체제가 남겨준 '건물주가 꿈이 되어버린 세상'[80]의 패러다임을 근본적으로 바꾸지 않는다면 '주거문제 해결을 통한 출산율 제고'는 불가능한 과제이다.

그런데 '주거문제 해결을 통한 출산율 제고'라는 표현은 적절한 것인가? 여성과 가족은 국가에서 어느 정도 자원을 투입했다고 아이를 낳는, 투입과 산출 공식에 맞아 떨어지는 '아이 낳는 자판기'

---

80) "우리들의 일그러진 꿈, '건물주'"(경향신문 2017년 3월 6일 1면).

가 아니다. 주거문제 해결을 통해 인간답게 살만한, 희망을 갖고 살만한, 내 노후가, 내 아이의 미래가 불안하지 않는 사회를 만드는 길을 만들어 갈 때 부수적으로 나타날 수 있는 효과가 출산이다. 그런데 발전주의체제에서 확고하게 굳어진 성장제일주의의 흔적은 출산마저도 실적주의 관점에서 바라보고 있다.

이미 2006년부터 시작한 1차 저출산·고령사회 기본계획에서부터 2020년까지 진행되는 2차 저출산·고령사회 기본계획에 이르기까지 많은 정책 변화가 생겼다.[81] 저출산 요인으로서 임신·출산·양육 비용 부담을 덜어주고 양성평등 관점에서 남녀 일·가정양립 정책 목표도 내세우며, 이제는 아이만 낳으면 사회가 키워주겠다는 '포용적 가족관'으로의 인식 전환도 촉구하고 있다. 게다가 2012년 10조 원대를 넘어섰다는 저출산 대책 관련 예산은 2016년부터는 20조 원대를 돌파하였다. 3차 기본계획 기간 중에는 저출산에만 약 100조 예산을 투입할 전망이다. 그럼에도 불구하고 출산율이 꿈쩍도 하지 않는 이유가 무엇일까?

다음과 같은 차원에서 정책의 실패가 있기 때문이다. "우리가 이렇게 할 터이니 너희는 아이를 낳아라."는 식의 정책이다. "이렇게 정책을 만들고 이 정도 규모 예산을 투입하면 출산율이 요 정도 오를 것이다."라는 정책공학적 사고방식에서 벗어나지 못하고 있기 때문이다. "육아휴직자 비율이 1% 오를 때 합계출산율은 0.011명 증가한다. 난임부부 지원을 할 경우 2017년에 약 1만 명 정도 출산 증가를 기대할 수 있다(대한민국정부,2016:47)."라는 식의 접근이다. 한국에서 육아휴직자 비율이 1% 오를 때 합계출산율이 실제 그렇게 올라갈까? 대통령 연두 순시에서 부처별로 정책과 예상 실

---

81) 이하 내용은 「[정재훈의 시선] 저출산 대책을 포기하라(여성신문 2016.12.30. 19면)」을 옮겨온 것임.

적을 보고해야 했던 발전주의체제 유산이 그대로 남아있는 발상이라고 할 수 있다. 비율이 1% 오를 때 아이를 0.011명 더 낳는다는 육아휴직자의 실체는 무엇인가? 여성인가 남성인가? 전업주부인가 취업여성인가? 누가 휴직할 때 출산율이 더 오르는가? 해명해야 할 많은 요소가 있음에도 불구하고 출산을 '투입 - 산출'이라는 과정으로 도식화하여 정책효과를 예단하는 경향은 어디에서 오는 걸까? 모성을 도구화하면서까지 출산 자체를 경제성장의 도구화로 만든 발전주의체제에서 찾아볼 수 있다.

2) 모성의 도구화

성장제일주의, 실적주의, 국가가 민간 위에 군림하는 불균형적 거버넌스는 발전주의체제의 성차별적 가치와 규범, 가부장적 사회 구조가 여전히 공고함을 보여준다. 발전주의체제 국가는 여성을 '아이를 적게 낳아야 할 혹은 낳지 말아야 할 존재'로 도구화하였다. 그리고 30여 년 후 지금 국가는 여성을 '아이를 낳아야 하는 존재'로서 도구화하고 있다. 여전히 확고한 성차별적 가부장사회 구조가 저출산·고령사회의 '적들'을 양산하는 기본토대로서 작동한다.

인구 증가율을 억제하여 경제성장률을 끌어올리는 전략을 채택했던 1960년대에는 모성은 성장전략 실천을 위한 도구에 불과하였다. 산아제한을 목표로 하는 가족계획사업은 1961년 5·16 쿠데타 이후 군사정권의 핵심 전략이 되었다. 1차 경제개발 5개년계획부터 가족계획은 주요 사업 분야로 채택되었다. 1961년 11월 국가재건최고회의 69차 회의에서 '국가시책'이 된 가족계획사업에 매년 1억 원을 10년 간 투입하여 1961년 인구 천 명당 출산율 42를 21로 감소시킨다는 목표 설정이 있었다(한국보건사회연구원,1991:11).

이러한 산아제한 목표를 달성하기 위하여 여성의 몸은 정책적 차원의 투입과 산출 대상이 되었다. 당시 가족계획사업 관련자 회고록을 보면 다음과 같은 내용이 나온다.

"1964년도 예산안을 보건사회부 내에서 심의하던 때의 일이다… 1964년 국가 가족계획사업에 자궁내장치 보급을 포함하기로 하고 2만 건의 시술사업비를 예산에 반영하여 결재를 올렸다. 나의 예산안 브리핑을 받고 계시던 정희섭 장관께서는 자궁내장치 목표를 30만 건으로 하라고 말씀하셨다… 나는 출근해서 예산서를 뜯어 고쳤다. 자궁내장치 시술목표를 7만 건으로 높여서 장관결재를 받아냈다. 1964년도 사업실적은 10만 건이 넘었으니… 장관님의 사업 추진 의욕과 판단은 놀랄만한 것이었다. 물론 시술의사 훈련을 담당한 협회나 가임부인들을 설득하고 지정된 시술기관까지 인도한 일선 가족계획요원들의 노고가 이 성취를 뒷받침했던 것이다… 1966년도 자궁내장치 사업 실적은 39만 건을 돌파하였으므로 〈하면 된다〉는 열의가 여기서도 승리를 한 셈이지만 일선요원들의 고충이야 오죽하였으랴. 그후 연간 자궁내장치 사업목표는 30만 건 수준으로 정착되었다(한국보건사회연구원,1991:36)."

자궁내장치 시술 목표를 연간 30만 건 수준으로 잡고 "하면 된다."는 신념으로 밀고 나간 산아제한정책의 대상은 여성의 몸이었다. 자궁내장치 시술로 인한 부작용 관련 언급은 산아제한정책 관련 정부 문건에서 찾아보기 어렵다. 1973년 제정한 모자보건법 역시 1조 법의 목적에서 밝힌 대로 '모성의 생명과 건강을 보호하고 건전한 자녀의 출산과 양육을 도모함으로써 국민의 보건향상에 기여하게 함'이라기보다, 산아제한의 효율적 수단으로서 낙태를 사실상 합법화하기 위한 시도라고 볼 수 있다. '인공임신중절의 허용 한계를 입법화'(한국보건사회연구원, 1991:40) 할 수 있다는 점에서 모자보건법 제정을 시도하였기 때문이다. '가족계획사업을 활성화'하기 위하여 제정한 1973년 모자보건법을 통해 인공임신중절 허용 범위가 넓어졌으며, 가족계획사업으로 인하여 출산력이 현저히 저하한 주요인으로서 인공임신중절을 빼놓을 수 없다는 국책연구기관의 평가(한국보건사회연구원,1991:57)도 있었다.

이러한 모성의 도구화는 사회적으로 큰 논쟁거리가 아니었다. 가족계획사업에 대한 높은 사회적 합의 수준은 사회 어떤 계층이나 조직으로부터도 반발이나 저항을 찾아볼 수 없도록 높았으며, 정치권을 비롯하여 종교계에서도 매우 협조적 반응을 얻었을 뿐이었다(한국보건사회연구원,1991:58). 이러한 평가는, 달리 말하면, 이미 포괄적으로 이루어지던 낙태를 사실상 합법화함을 염두에 둔 모자보건법 시행과 같이 종교계 입장에서 볼 때에는 생명경시적 시도조차도 받아들일 수 있을 만큼 모성의 도구화는 발전주의체제에서 일반화된 현상이었다. 물질적 풍요에 종교적 영혼마저 팔아버리게 하는 발전주의체제의 단면이다.

물론 국가시책으로서 가족계획 사업이 '5·16 군사혁명정부의 용단이며 우리민족의 발전을 앞당기는데 중대한 계기를 가져온 역사적 사건의 하나'(한국보건사회연구원,1991:31)로 이른바 대다수 산업화세대는 생각할 수도 있다. 절대빈곤으로부터의 탈출이 절대적 가치, 지상과제인 시대였다고 백보양보할 수도 있을 것이다. 그러나 지금은? 출산주체로서 여성의 삶이 본질적으로 바뀌어가고 있으며 또한 바뀌었다. 인생의 중심이 아버지, 남편, 자식이 아니라 '나'이다. 그래서 자발적 선택으로서 출산기피를 한다. 그럼에도 불구하고 '출생아수 대비 육아휴직 비율이 1% 증가할 때 합계출산율은 0.0111명 증가'(대한민국정부,2016:23)한다는 식으로 모성보호 자체보다는 목표 출산율 달성 정도에만 관심을 두는 정책 기조를 유지하고 있다. 이러한 정책적 전제 자체는 우선 육아휴직 주체가 여성인지 남성인지 분류하지 않은 한계도 갖고 있다. 게다가 여전히 육아휴직은 압도적으로 여성이 많이 하고 있다.

2001년 23명이었던 여성 육아휴직자 수는 2005년 1만 명을 넘어섰으며, 불과 2년 뒤(2007년)에는 2만 명을 넘어섰다. 숫자로만 보면 여성 육아휴직자 수는 2001년 기준으로 2015년 현재 약 3,585배가 증가하였다. 반면 같은 기간 2명에서 출발한 남성 육아휴직자 수는 4,872명으로 2,436배 증가 추세를 보였다. 기준 수치가 너무 낮은 관계로 이러한 배수 증가는 그리 큰 의미는 없다. 그럼에도 불구하고 여성 육아휴직자 증가율이 남성에 비해 훨씬 높으며, 육아휴직자 수도 여성은 2006년 이후 매년 평균 1만 명 수준의 증가 추세를 보이고 있다(그림 7-3).

그렇다면 결국 육아휴직은 모성보호 수단보다는 출산율 증가 수단으로서 더 큰 정책적 의미를 갖는 결과가 된다. 육아휴직을 통한 모성의 도구화 양상을 볼 수 있다. 그런데 발전주의체제에서는 국가가 앞장서서 여성의 몸에 개입하는 불임·낙태수술로써 출산율을 획기적으로 낮출 수 있었지만, 육아휴직을 통한 출산율 제고라는 모성 도구화 시도가 더 이상 유효하지 않음을 볼 수 있다. 여성 육아휴직자 수가 2001년부터 2015년까지 큰 폭으로 증가하였지만, 합계출산율은 1.1~1.3 사이를 벗어나지 않는 매우 낮은 수준을 유지하고 있다(그림 7-3).

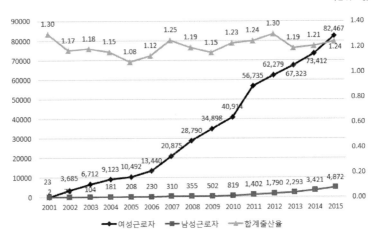

<그림 7-3> 육아휴직자 수와 출산율 추이 비교

(단위: 명)

출처: 「국가지표 체계
(http://www.index.go.kr/potal/main/EachDtlPageDetail.do?idx_cd=1504),
출산 및 육아휴직 현황」을 토대로 재구성.

2017년 2월 한국보건사회연구원 인구센터장이 "혼인율과 출산율이 낮은 이유는 여성의 고스펙 때문이다."라는 연구 결과 발표를 하여[82] 사회적 논쟁의 중심에 섰고 결국 센터장 보직을 사퇴하는 일이 있었다. 고소득·고학력 여성이 결혼을 선택적으로 하는 경향 때문에 혼인율이 낮고 이에 따라 출산율도 낮은 상황이기 때문에 가상현실을 통한 배우자 탐색 시스템을 개발하자는 제안을 하였다. 남성 배우자를 여성 자신의 스펙보다 낮은 수준에서 찾을 수 있도록 변화를 유도해야 한다는 내용도 있었다. 산아제한정책의 이론적 토대를 제공하는 가족계획년구소에 출발한 전통을 가진 한국보건사

---

82) SBS CNBC 2017년 2월 27일 방송, "혼인율·출산율 낮은 이유, 여성들의 '고스펙' 때문?"
(http://sbscnbc.sbs.co.kr/read.jsp?pmArticleId=10000848911).

회연구원의 분위기에서 나온 연구 결과인지, 이른바 '합리성'에 모든 행위의 동기를 부여하는 가치를 내재화한 경제학적 토대에서 나온 결과인지 가늠하기는 어렵다.

그러나 사회정책의 주 흐름을 책임지는 중요한 하나의 축으로서 국책연구기관이라는 점을 고려하든, 한국사회 모든 정책 영역에서 주류를 형성하고 있는 경제학적 관점이라는 점을 고려하든 모두 모성을 아이 낳는 수단 정도로 도구화시키는 관점은 공통적으로 드러내고 있다. 여성은 아무리 스펙을 쌓아도 결국 국가가 요구하는 출산이라는 모성 실천을 위하여 배우자 선택도 '눈높이를 낮춰' 해야 한다는 발상이다. 이러한 모성의 도구화 시도를 경제성장을 위하여 말없이 받아들이는 세대는 이제 더 이상 존재하지 않는다. '배우자 눈높이'를 낮춰 아이를 낳으라는 모성 도구화 시도에 여성은 이제 "정부야 네가 아무리 나대봐라, 결혼하나. 고양이랑 살지."라고 비아냥거릴 만큼 변했다.83) 발전주의체제 향수를 가진 장·노년 세대들에게는 낯선 풍경일지 모르지만 출산주체로서 여성의 모성을 도구화하는 시도는 더 이상 유효하지 않을 것이다.

2016년 12월 말 행정자치부에서 발표했다가 여론의 거센 역풍을 맞고 하루 만에 자취를 감춘 이른바 '출산지도' 역시 모성을 여전히 도구화하고 있는 흐름을 한국사회 주류집단에서 발견할 수 있는 사례이다.84) 거주 지역에서 이용할 수 있는 '임신·출산·보육 지원 현황' 정도를 안내해 주는 내용에 그쳤으면 모르겠다. 하지만 243개 지자체의 출생아수, 합계출산율, 가임기 여성 인구 수, 모(母)의 평균 출산연령, 평균 초혼연령 등 결혼·임신·출산 관련 10년간 통계치를 보여주고 지자체 간 순위를 매겼다. 이는 아이 낳는

---

83) "고양이랑 살고 말지" 한겨레신문 2017년 2월 28일 16면.
84) 행정자치부(2016.12.29), (자치행정과) 대한민국 출산지도 홈페이지 문연다.

존재로서 여성이 '본연의 책임'을 다하지 못함으로써 나타나는 지역 사회 간 격차가 있다는 암시를 주는 것으로도 해석할 수 있다. 여성이 다하지 못하는(?) 모성 실천을 행정자치부에서 나서서 독려하겠다는 의미도 된다.

'출산지도' 검색이 가능한 웹사이트를 만들었다가 여론의 역풍을 맞고 폐쇄하는 바람에 실제 그 내용을 이제는 자세히 분석하기는 어렵다. 그러나 모성 도구화 시도로서 출산지도 존재를 분명히 하는 의미에서 화면 내용을 자세히 식별하기 어렵지만 한번 확인해 보자.

〈그림 7-4〉 통계로 본 임신·출산 화면

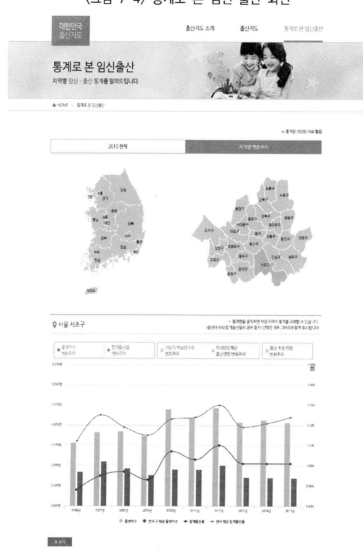

출처: 행정자치부(2016.12.29), (자치행정과) 대한민국 출산지도 홈페이지 문연다, 7쪽.

3) 수도권 인구 집중

수도권에 모든 자원을 집중한 경제성장은 발전주의체제의 전형적 유산이다. 저출산·고령화 현상과 더불어 나타나는 노동력 부족의 심각성을 서유럽 국가에 비해 때맞춰 인지할 수 없는 이유 중 하나가 수도권 인구 집중 현상일 것이다. '저출산·고령사회'를 누구나 이야기 하지만 대중적 차원에서 저출산도 고령화도 그리 크게 피부에 와 닿는 사회문제가 아직 아니다. 농어촌에서는 아기울음 소리가 사라지고 이미 마을회관에 노인들만 모여 살고 있지만, 서울 등 수도권, 그리고 지역 광역시를 중심으로 모두 대도시와 그 주변에 몰려 살기 때문이다. 성장제일주의를 추구하면서 발전의 모든 역량을 서울 중심 수도권에 쏟아 넣은 결과이다.

그래서 저출산 때문에 일할 사람을 구하기 어렵다는 소리도 없고 늘어만 가는 노인의 존재도 무수히 많은 사람들 속에 파묻혀 보이지 않는다. 어린이집이 노인요양센터로 바뀌는 추세도 아직은 그리 주목 받는 현상이 아니다. 저출산·고령화보다 더 큰 문제가 수도권 중심 대도시에 집중되어 있는 인구, 경제구조, 정치체제이다. 물이 서서히 뜨거워져 죽어가고 있지만, 정작 개구리 자신은 모르는 상태이다. 인구절벽, 소비절벽이 시작되는 시기가 도래하면서 인구보너스의 기회를 이용할 수 있는 시간이 이미 지나가고 있다. 총부양비가 2016년 36.2를 기점으로 2017년에는 36.8로 오르기 시작한다. 그리고 2030년에는 55.4로 상승하는(대한민국정부, 2011:13) 현실이 그리 큰 주목을 받지 못하고 있는 상황이다.

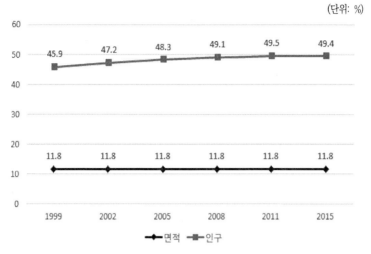

<그림 7-5> 수도권 면적 및 인구 비중

(단위: %)

	1999	2002	2005	2008	2011	2015
인구	45.9	47.2	48.3	49.1	49.5	49.4
면적	11.8	11.8	11.8	11.8	11.8	11.8

◆면적 ■인구

출처: 「e-나라지표
(http://www.index.go.kr/potal/stts/idxMain/selectPoSttsIdxSearch.do?idx
_cd=2729)」를 토대로 재구성.

서울특별시, 경기도, 인천광역시를 의미하는 수도권은 전체 국토 면적의 11.8%에 불과하지만 인구는 2천547만여 명으로서 전체의 49.4%를 차지하고 있다. 이러한 수도권 집중 현상은 세종시 건설 등 수도권 집중 완화 정책에도 불구하고 근본적으로 해결될 전망이 보이지 않는다. 일자리와 정치·경제·사회·문화 전반에 걸친 인프라가 수도권에 집중되어 있기 때문이다. 다만 서울의 높은 주거비용을 견디지 못하여 경기도나 인천으로 인구 이동이 있을 뿐이다.

서울은 2001년 이후 매년 평균 7만4천 명 수준에서 인구 감소 현상을 겪고 있다. 이는 사망에 따른 감소가 아니라 인구이동에 따른 것이다. 자연적 요인(출생과 사망)에 따라 인구 증가는 매년 평균 5만8천 명 수준이다. 반면 인구이동에 따른 감소가 매년 평균

11만3천 명 정도 나타나고 있다. 특히 인구 유출에서 30대 인구가 가장 많은 비중을 차지하고 있다. 20대는 학업과 취업을 위하여 서울로 오는 반면, 상대적으로 혼인인구 비중이 높은 30대는 치솟는 주택가격·임대료를 견디지 못해 인근 경기도와 인천으로 이동하는 현상이 발생하기 때문이다. 특히 서울에서 경기도로의 인구이동 현상이 두드러진다. 서울에서 전국으로 연 평균 67만 명 인구이동이 발생하는데, 서울에서 인천과 경기도로의 이동이 그 중 48만 명이다. 또한 서울 전출인구의 65%가 경기도로 이동하고 있다. 인천으로는 7%, 수도권 외 기타지역이 28% 이동하는 것으로 나타난다.[85]

〈그림 7-6〉 서울·인천·경기 전출자의 도착지 현황(2001~2010)

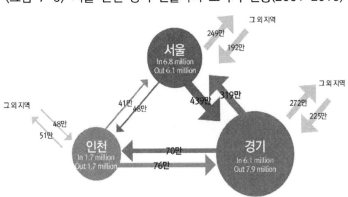

주 : 수도권은 서울·경기·인천, 전국은 서울을 제외한 지역임.
자료 : 통계청, 국내인구이동통계, 각 연도.
출처: 서울연구 데이터베이스(http://data.si.re.kr/sites/default/files/2013-BR-03_%E
A%B7%B8%EB%A6%BC%204-5%20%EC%84%9C%EC%9A%B8%C2%B7%EC%9
D%B8%EC%B2%9C%C2%B7%EA%B2%BD%EA%B8%B0%20%EC%A0%84%EC%
B6%9C%EC%9E%90%EC%9D%98%20%EB%8F%84%EC%B0%A9%EC%A7%80%
20%EB%B9%84%EC%9C%A8(2001~2010).jpg).

85) 서울연구데이터베이스(http://data.si.re.kr/node/324).

이러한 수도권 내 인구이동 결과는 다음과 같은 특징으로 나타난다. 먼저, 수도권으로서 서울과 인천의 출산율이 전국 시도에 비해 매우 낮은 수준이다. 서울의 2015년 합계출산율은 1이었으며, 2016년에는 0.94에 머물렀다. 인천 역시 같은 기간 합계출산율이 1.22와 1.14를 기록하였다. 전국 평균 1.24와 1.17 이하 수준이다. 반면 경기도는 서울에서 출산력 높은 인구의 이동으로 인하여 전국 평균 이상의 합계출산율을 보이고 있다. 2015년 경기도 합계출산율이 1.28, 2016년에는 1.19였다. 그 외 강원, 전북, 충북, 전북, 전남 등 농어촌 비중이 상대적으로 높은 지역 출산율은 1.5에 가까운 수준을 보인다. 공무원 비중이 높은 세종특별자치시 출산율은 1.8을 넘어가고 있다(그림 7-7). 발전주의체제에서 공무원 중심 특수직역 집단 대상 사회보장제도 발전이 출산에도 영향을 미치고 있음을 추론하게 해주는 대목이다.

〈그림 7-7〉 전국 시도별 출산율

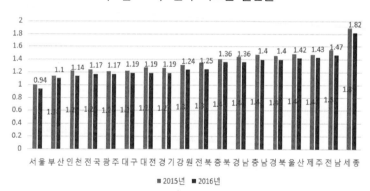

출처: 통계청(2017b:4)을 토대로 재구성.

낮은 출산율에도 불구하고 여전히 높은 인구 집중도로 인하여 서울 등 수도권 인구의 고령화율은 전국 평균에 비해 현저히 낮은 수준이다. 농어촌 지역 비중이 높은 전남과 전북이 2015년 기준 21.1%와 17.9로서 전국 평균 고령화율 13.2%보다 높은 수준을 보이는 반면, 서울의 고령화율은 12.6%이다. 서울에서 상대적으로 젊은 인구가 이동해 가는 인천과 경기도의 고령화율은 서울보다 더 낮은 10.8%와 10.7% 수준이다(그림 7-8).

〈그림 7-8〉 지역별 노인인구 비율

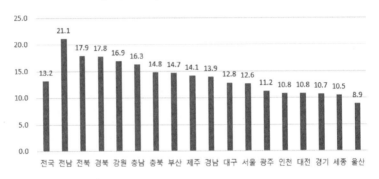

출처: 통계청(2016e:17)을 토대로 재구성.

서울, 경기, 인천 등 수도권에 전체 인구의 절반 가까이 집중해 살고 있다. 출산율 자체는 전국 평균 이하 수준이다. 고령화율도 전국 평균 이하이다. 인구 이동 자체가 수도권 내 중심으로 일어나고 있다. 주거비 부담 때문에 아이를 낳고 기르기 어려운 젊은 가족이 서울에서 경기도로 이동하는 정도 변화가 있을 뿐이다. 이러한 현상의 의미는 무엇일까?

태어나는 아이 수는 줄어드는데, 사회에서 만날 수 있는 노인 수는 수도권 외 지역에 비해 상대적으로 적다. 가임여성 수와 실제 출산을 하는 여성 수가 많기 때문에 출산율은 낮아도 아직 문을 열고 있는 산부인과는 북적댄다. 쇼핑몰에 가도 아이를 데리고 나온 젊은 부부들로 붐빈다. 농촌에서는 금방 눈에 띄는 노인의 모습이 아직은 파고다 공원이나 박사모 집회, 지하철 정도에서 많이 찾아볼 수 있다. 당장 아이를 키우는 가족과 점점 삶이 힘들어지는 노인 수는 늘어가지만 대중적 차원에서 '아이가 사라지는' 저출산과 '노인만 남는' 고령화를 체감하기가 여전히 어렵다. 저출산·고령화가 대중적 관심을 끌기에 아직도 어려운 여건이 존재하는 셈이다. 지나친 인구집중이 낳은 결과이다.

4) 대증요법 정치의 구조화

'저출산·고령사회' 도래에 따른 문제를 최소화하는 가장 기본적인 대응은 일부 대책에만 매달리지 않고 전체적으로 살기 좋은 사회를 만드는 것이다. 구체적으로는 복지국가·복지사회를 만들면 된다. 임신·출산기 국민행복카드에 몇 십만 원 넣어주고 비용 부담 줄여주는 차원이 아니라 건강보험 보장성 수준이 높은 의료보장제도를 만들면 된다. 높은 노인 빈곤율은 기초연금 몇 만원 인상한다고 해결되지 않는다. 주거, 의료, 교육비 걱정 없는 취업 활동기를 보내면 상당 부분 예방할 수 있다. 그런데 복지국가 만들기 프로젝트는 장기적 관점을 필요로 한다. 한 정권의 임기 내에 끝낼 수 있지 않다. 정권을 넘어서 사회보장제도를 어떤 방향에서 발전시켜 나가야 할 것인가에 대한 정치적·사회적 합의를 전제로 한다.

그러나 한국사회에는 그러한 합의가 존재하지 않는다. 일단 집권하면 이전 정권의 흔적을 지우기에 바쁘다. '새로마지 플랜'으로 불리던 정책을 '브릿지 플랜'으로 바꾼다고 뭐가 크게 달라지는가? 노동정책과 사회정책, 경제정책이 어떻게 자리매김을 하고 어떤 역할을 하면서 어떤 유형의 복지국가를 추구해 갈 것인가? 치열한 정치적 논쟁을 거친 결과로서 오늘날 서유럽 복지국가의 모습을 볼 수 있다. 편의상 보수와 진보로 분류하지만, 한국사회에는 전통적으로 집권 보수여당과 만년 보수야당이 있었을 뿐이다. 1998년 이후 여당과 야당이 자리를 바꾸는 현상이 일어나고 있지만, 어떤 이데올로기적 정체성을 갖고서 어떤 유형의 복지국가를 추구하는지 아직도 불분명하다. 김대중, 노무현, 이명박, 박근혜, 그리고 이 뒤를 잇는 누가 되더라도 결국 보스 중심의 패거리 정치가 자리 잡고 있기 때문이다. 정권의 향배에 따라 몇 년씩 독일식, 스웨덴식, 미국식 제도를 실험하는 시도가 있을 뿐이다. 그래서 선진국의 좋은 제도와 사업은 많이 들어와 있지만 정책 간 체계적 연결 관계도 없고 그러한 정책의 집합을 토대로 어떤 방향으로 지속가능 사회의 전망을 제시할 지에 대한 비전도 찾아보기 어렵다.

구조적 요인을 외면한 채 당장 눈에 띄는 효과를 양적으로 보여줄 수 있는 대증요법식 정치구조가 자리를 잡았다. 고용률 70%를 달성을 외치면서 일자리 질은 더욱 약화되었다. 그러나 중요한 건 70%라는 숫자이다. 신혼부부 행복주택 5만호 달성은 하지만, 주거비 부담 폭등으로 서울에서 쫓겨나는 사람들에 대한 대책은 부동산 활성화를 통한 경기부양에 우선순위를 내준다. 적극적 투표 참여를 하면서 지역사회 여론을 주도하는 지역토호·유지 집단의 표를 의식하지 않을 수 없기 때문이다. 비혼출산을 더 이상 사회적 낙인 대상으로 삼지 않아야 하는 시대가 왔지만 비혼출산 가족도 혼인출산 가족과 동일하게 지원하는 선거공약을 내놓지 못할 뿐 아니라 언급조차를 꺼린다. 임기 내 실적을 보여주기 위한 단기적·인기영합적 공약이 난무하는 선거는 있지만, 지속가능 한국사회 백년 비전을 보여주는 공약은 실종된 상태이다. 구체적으로 표로 연결될 수 있는 전망이 보이지 않으면 관심사 밖이다. 이러한 대증요법식 정치구조는 저출산·고령사회에 대비하는 과정에서 무시할 수 없는 적이다.

대증요법 정치구조는 이익집단 정치에 취약할 수밖에 없다. 저출산·고령사회 기본계획에서 저출산·고령화로 인한 미래의 위험과 부담을 강조한다. 그리고 노인인구가 증가하면 생산성 저하, 소비 감소, 투자 위축 등으로 성장 잠재력이 사라지고 경제가 침체될 것이라는 경고의 목소리는 높다(대한민국정부,2016:13). 그러나 노인정치(Gerontokratie; Gerontocracy)가 편향적 이익집단정치 양상으로 흐르면서 세대 간 갈등의 골이 깊어지고 지속가능 사회발전이 어려워질 가능성 관련 언급은 저출산·고령사회 기본계획에서 찾아보기 어렵다.

한국에는 현재 노인세대를 대표하는 이익집단으로서 1969년 창설한 대한노인회가 있다. 2012년 노년유니언이 결성되었지만 대한노인회와 양적 규모에서 비교할 수 없을 정도의 소규모 운영을 하고 있다. 반면 대한노인회는 약 3백만 명 회원에 연간 수백억 예산 규모를 바탕으로 막강한 정치적 로비력을 발휘하고 있다. 2016년 현재 대한노인회 발간 안내책자에도 "대한노인회는 국가발전에 기여한 노인들이 회원으로 구성되어 있으며, 노인의 복지향상과 권익신장, 노인자원봉사 진흥을 통해 '노인이 살기 좋은 나라'를 만들기 위하여 노력하는 대한민국 대표 노인단체입니다."[86]라고 명시함으로써 노인 이익단체로서 성격을 분명히 하고 있다. 반면 청년세대를 대변할만한 이익·정치단체의 존재는 미미한 실정이다. 저출산·고령사회의 위험요소를 극복하기 위하여 세대 간 연대는 중요한 토대이다. 만약 일방적인 노인정치가 자리를 잡게 된다면 이보다 더 큰 저출산·고령사회의 적은 존재하지 않을 것이다.

발전주의체제가 낳은 산물로서 복지에 대한 국가책임의 최소화,

---

86) 대한노인회 안내(http://www.koreapeople.co.kr/company/brochure.pdf).

개인·가족책임의 극대화 구도를 대증요법 정치는 은폐하는 기능을 하고 있다. 한국의 사회복지지출 수준은, 너무나 잘 알려져 있다시피, 경제협력개발기구(OECD) 국가 중 최하위권에 속한다. 발전주의체제가 한국사회에서 관철한 파이론에 따라 한국사회 구성원은 우선 경제성장을 우선하고 국민소득이 높아져야, 즉 파이가 커져야 나누어 먹을 수 있다는 가치를 내재화하였다. 여전히 한국사회에서는 연대보다 경쟁, 자기책임, 자조가 더 사회적 합의 수준이 높은 가치이다. 그런데 1인당 국민소득 1만 달러를 달성하면서 축배를 들 때 한국의 국내총생산 대비 사회복지지출 비율은 3% 수준이었다. 비슷한 상황에서 영국은 15.6%, 핀란드는 17.7%, 프랑스 20.2%, 독일 21.8%이었다. 1인당 국민소득이 2만 달러를 넘어가는 상황에서 한국의 동 비율은 10% 내외를 오가고 있다. 같은 상황에서 다른 국가들은 20~25% 수준을 보였다(그림 7-9).

<그림 7-9> 한국, 핀란드, 프랑스, 독일, 영국 국민소득과
사회복지지출 비용 변화 추이

(단위: 달러, %)

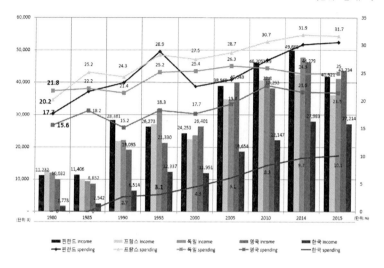

출처: 'OECD, 「http://stats.oecd.org, Social Expenditure」 2016. 11.; The world ban
k, 「http://data.worldbank.org /indicator/NY.GDP.PCAP.CD?page=6, GDP p
er capita (current US$)」 2017.3.'를 토대로 재구성.

　그런데도 마치 막대한 복지재정 및 예산을 쏟아 부어도 저출산과
노인빈곤 문제가 해결되지 않는 것처럼 비판하는 목소리가 높다.
표를 얻기 위해서라면 이른바 '진보·보수'를 가리지 않고 나오는 비
판이다.

　2006년 당시 저출산 관련 예산 2조1천억 원, 고령화 관련 예산
1조3천억 원으로 시작한 저출산·고령화 관련 정부 예산은 해마다
한 번도 감소하지 않고 증가추세를 보여 2차 기본계획이 끝나던
2015년에는 저출산 관련 19조3억 원, 고령화 관련 13조3천억 원
으로 10년 사이 저출산 관련 예산은 거의 20배 가까이, 고령화 관

련 예산은 10배 가까이 증가하였다. 3차 저출산·고령사회 기본계획
에 따르면 2016년부터 저출산 대책에 지출하는 예산 규모는 연간
20조~22조 원 수준에서 증가할 것이다. 같은 기간 고령화 대책 예
산 규모도 연간 14조~22조 원 수준의 증가 추세를 보일 것이다(그
림 7-10). 2016년에서 2020년까지 3차 기본계획 5년 동안에만 저
출산 대책에 들어가는 총예산은 108조 원, 고령화 대책 89조 원
정도가 된다. 두 영역을 합하면 모두 197조원이 넘는 예산 규모가
된다. 고령화 관련 예산 증가는 65세 이상 노인인구가 점증하는 추
세를 반영한다고 볼 수 있다. 그러나 출산율은 2006년 이후
1.1~1.3 수준을 오락가락하고 있다. 급증하는 예산 규모와 출산율
은 전혀 상관관계를 보이지 않는다.

〈그림 7-10〉 저출산·고령사회 기본계획 연차별 예산 규모와
출산율

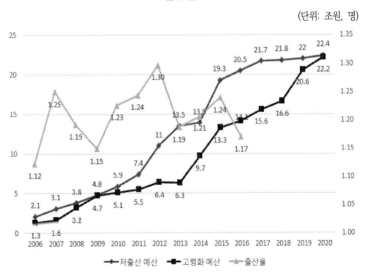

출처: 「대한민국정부(2016:192)」을 토대로 재구성.

그런데 이렇게 막대한 규모로 투입한다는 저출산·고령화 관련 예산의 실체는 무엇인가? 그리고 전체적으로 복지 수준이 낮은데 저출산이나 노인빈곤 문제 해결이 가능할까? 실제 저출산·고령화 대응정책으로서 정부 저출산·고령사회위원회에서 소개하고 있는 정책을 보면 보건복지부 '복지로 서비스'이다.[87) '복지로'는 임신·출산, 영유아, 교육, 고용, 생애주기 등 분야별, 그리고 장애인, 다문화가족, 한부모, 저소득층 등 대상자별 복지관련 정보를 모아놓은 사이트이다. 저출산·고령사회위원회 입장에서도 따로 저출산·고령화 예산이라도 내세울 것 없이 일반적인 복지 예산을 소개하고 있다.

〈그림 7-11〉 복지로 사이트

---

87) 대통령직속 저출산·고령사회위원회(http://precap.go.kr/poli_bokji.lo), 정책별 안내.

한눈에 보는 복지정보

| English | 中国语 | 日本語 | tiếng Việt | Information on the diverse welfare services for foreigner is available in English |

임신·출산　영유아　아동·청소년　장애인　한부모　교육　고용　주거

청년　중장년　노년　다문화　저소득층　건강　서민금융　문화

출처: 복지로(http://www.bokjiro.go.kr/nwel/bokjiroMain.do).

　기획재정부 발행 '나라살림 예산개요'를 보면 '저출산 극복, 맞춤형 복지를 통한 민생 안정'이라는 내용이 나온다. 그리고 저출산 극복 지원 예산 분야로서 신혼부부 및 청년의 주거안정 지원, 신혼부부·다자녀가구 주거 금융비용 지원, 난임부부 난임시술 지원, 임산부·산모 및 신생아 건강 지원, 보육시설 확대, 한부모가족자녀 양육비 인상, 맞벌이가구 시간지원 확대를 제시하고 있다(기획재정부,2017a:84-85). 고령화 관련 예산 분야로 따로 분류한 내용은 아예 나오지 않는다.

　지금까지 사이트 그림까지 확인해 가면서 저출산·고령화 관련 예산의 실체가 무엇인지 알아본 결과는 다음과 같다. 저출산·고령사회위원회와 기획재정부, 보건복지부 어디에서도 명확하게 저출산·고령화에 특화되어 배정되어 저출산·고령사회 기본계획 기간 10여년 이상 지속된 별도 예산 항목은 존재하지 않는다. 다만 일반적인 복지예산 중에서 저출산·고령화 관련 분야를 부처별 입장에 따라 제시하기도 하고 하지 않기도 하는 것이다.

　그래서 저출산 대책으로 '대학교 인문역량 강화, PRIME 사업'에 2,612억 원, '자유학기제·산학일체형 도제학교 등 지원'에 1,279억

원, 그리고 '소프트웨어 중심대학 지원'에 205억 원으로 2016년도 예산을 배정하기도 하였다. '교육과 고용 간 연결고리 강화, 적성·능력 중심 교육, 소프트웨어 전문인력 양성' 등이 지금 낳은 아이가 커나가면서 받을 혜택을 생각한 부모들의 출산의지를 높여줄 수 있을지는 모르겠다. 고령사회대책으로는 대학 정원 감축 지원에 68억 원, 군 간부 증원에 440억 원, 효문화진흥원 설립 예산으로 95억 원 배정도 있었다. 대학 구조개혁을 하고, 장교·부사관 중심 군병력 구조를 정예화하며 세대 간 이해 증진을 도모한다는 의미에서 고령화 사회가 가져오는 변화에 대한 대응으로 이해할 수도 있다는 의미이다.[88]

이런 식으로 광범위하게 저출산·고령화 관련 예산을 부처별로 내세우게 되면 금방 수십조 원이 모일 수 있다. 앞서 해마다 저출산·고령화 관련 예산이 증가한 것도 상당 부분은 정부 각 부처별로 이미 시행하고 있는 사업을 저출산이나 고령화 관련 사업으로 포함시켜 저출산·고령화 관련 예산으로 포장했을 가능성이 크다. 전년도에 비해 예산을 증액하여 사업에 힘쓰고 있다는 모습을 보여주기 위하여 해가 바뀔 때마다 기존 사업 중에서 저출산·고령화 사업에 추가하는 목록이 있을 것이라고 본다. 이와 같은 예산 부풀리기는 결국 저출산·고령화 관련 예산 투입과 정책 산출 과정에서 책임 주체가 사라지는 결과를 낳는다. 부처 별로 기존사업 중에서 저출산·고령화 관련 사업 목록을 만들고 그에 따른 예산 규모를 제시하지만, 그러한 사업 자체의 결과 출산율 자체가 얼마나 높아졌고 노인 삶의 질이 어떻게 달라졌는지는 규정할 길이 없기 때문이다. 소프트웨어 중심 대학 지원사업을 통해 출산율을 높여야 하는 책임을 교육부 관료

---

88) '대학 인문교육 강화'가 저출산·고령화 대책? (조선비즈 2016년 9월 18일),
    http://biz.chosun.com/site/data/html_dir/2016/09/17/2016091701104.html.

가 가지는 것은 불가능하기도 하다. 결국 해마다 저출산·고령화 관련 사업 목록을 기존 사업에서 추가로 뽑으면서 그에 해당하는 예산 규모를 합한 것이 저출산·고령화와 관련하여 수십조 원씩 쏟아 붓는다는 예산의 실체인 것이다.

그런데 한편에서 보면 저출산·고령화 관련 예산 범주가 불분명한 것은 당연한 현상이기도 하다. 저출산·고령사회 도래에 따른 문제해결은 특정 개별 사업이나 프로그램이 아니라 결국 거시적 차원에서 복지국가 체제 구축을 통해 할 수 있기 때문이다. 다만 이런 저런 정책을 다 모아서 저출산·고령사회 기본계획으로 포장하고 마치 막대한 예산을 쏟아 붓고 있는 것처럼 하는 보여주기식 정책문화는 사라져야 할 것이다. 임신·출산 관련 지원은 대부분 건강보험이나 고용보험을 통해서 할 수 있다. 따라서 부모가 일·가정양립할 수 있는 지원을 중심으로 저출산 정책 영역을 좁고 뚜렷하게 설정해야 한다. 고령화의 경우에는 지역공동체에서 노인이 삶을 지원할 수 있는 사회서비스 중심으로 정책 영역을 좁힐 필요가 있다. 연금, 의료, 주거 등은 해당 분야 예산으로 편성하면 된다.

실체가 불분명한 저출산·고령화 관련 예산 규모 자체를 놓고 정책효과를 논하는 것 자체가 무의미한 논쟁일 수 있다. 중요한 것은 복지국가 체제를 가능하도록 증세 등 재정 확보 방안을 토대로 하여 국내총생산 대비 공공사회복지지출 비중을 경제협력개발기구(OECD) 회원국 평균 수준까지는 끌어올리는 전망의 제시이다. 정부 예산에서 복지 분야가 차지하는 비중도 지속적으로 높여야 할 것이다. 정부 예산 중 보건·복지·노동 등 사회 분야 비중이 30% 정도 수준을 보이고 있다. 반면 사회 분야 개념이 약간 다를 수는 있겠지만 독일의 경우 2017년 연방정부 전체 예산 1천700억 유로 중 사회 분야 예산 비중이 52%를 차지하고 있다.[89] 워낙 낮은 상황에서 출발

했기 때문에 매년 증가 추세에도 불구하고 정부 예산에서 사회 분야가 차지하는 비중 30%가 그리 높은 수준은 아님을 추론할 수 있다.

정부 예산에서 사회 분야 비중이 여전히 낮은 수준은 국내총생산에서 공공사회복지지출이 차지하는 비중 역시 낮음으로 이어진다. 국민소득이 비슷한 수준일 때 한국은 이미 서구 복지국가에 비해 낮은 사회복지비용을 지출하고 있음을 앞에서 봤다. 2016년 기준 한국의 국내총생산 대비 공공사회복지지출 비용은 10.4%로서 최하위를 기록하고 있다. 회원국 평균은 21.0%이다. 한국보다 정부 예산 중 사회 분야 예산 비중이 20% 포인트 이상 높은 독일의 국내총생산 대비 공공사회복지지출 비중은 25.9%이다. 프랑스가 31.5%로서 가장 높은 공공사회복지지출 비중을 보이고 있다(그림 7-12).

〈그림 7-12〉 경제협력개발기구 주요국 국내총생산 대비
공공사회복지지출 비중(%)

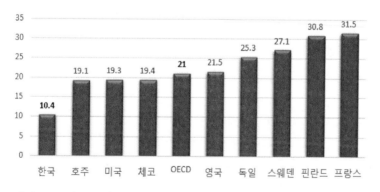

출처: OECD(2016.11), 「http://stats.oecd.org, Social Expenditure」를 토대로
재구성.

---

89) 독일 연방재정부(http://www.bundesfinanzministerium.de/Content/DE/Presse
mitteilungen/Finanzpolitik/2016/07/2016-07-06-PM.html).

저출산·고령사회 관련 사업 목록과 예산은 정부 각 부처의 기존 사업 목록에서 옮겨오면서 해마다 그 몸집을 부풀려왔다. 그러나 그 사이 공공사회복지지출은 제자리걸음을 하고 있다. 가족의 돌봄 기능 약화에 따라 돌봄을 중심으로 사회서비스에 대한 욕구는 급증하고 있다. 실체보다 부풀려진 정부 대책의 목록이 길어지고 국가 책임은 최소화 수준에 머무르는 사이 증가하는 돌봄 지원에 대한 욕구를 해결하는 수단으로 민간영리 중심 서비스 전달체계가 확고하게 자리를 잡았다.

1995년 국공립 어린이집 수는 1,029개였고 민간영리 어린이집 수는 3,175개였다. 역시 민간영리 어린이집이라고 할 수 있는 소규모 가정어린이집 수는 3,844개였다. 그러나 2015년 현재 민간영리 어린이집 수는 14,626개가 되었고 소규모 가정어린이집 수는 22,074개가 되었다. 같은 해 국공립 어린이집 수는 2,629개였다. 민간영리 어린이집 수가 20년 사이 5~6배 이상 급증하는 사이 국공립 어린이집은 두 배 정도 증가에 머물렀다(그림 7-13). 어린이집에서 국공립이 차지하는 비중은 6.2%에 불과하다. 보육서비스에 대한 부모의 기대수준이 높아지면서 국공립 어린이집에 대한 수요가 폭증하고 있는 현실과 정반대 현상이 나타나고 있는 것이다.

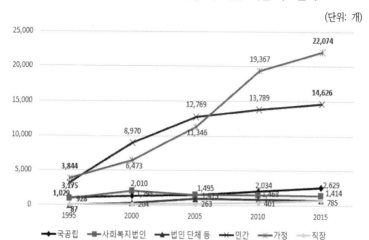

〈그림 7-13〉 어린이집 운영 주체별 시설 수 변화

(단위: 개)

출처: 「e-나라지표
(http://www.index.go.kr/potal/stts/idxMain/selectPoSttsIdxSearch.do?idx_cd
=1583)」를 토대로 재구성.

　　노인요양시설의 경우에도 2015년 현재 전국 18,002개소 중 지자체나 법인에서 운영하는 공공기관은 지자체 운영 220개, 법인 운영 3,705개로서 21.8%의 비율을 차지하고 있다. 어린이집 경우보다 높은 공공성을 보이고 있지만 민간영리 기관 비중이 80%에 이르는 실정이다. 노인장기요양보험제도를 통해 재정은 공적으로 조달하지만 노인돌봄이 민간업자의 수익사업으로 전락하는 양상이다. 다만 민간영리 기관의 대부분이 소규모 요양센터이기 때문에 2015년 기준 노인요양시설 이용자 201,443명 중 97,996명에게만 서비스 제공을 하고 있고 나머지 10만여 명에게는 지자체나 법인이 운영 기관에서 돌봄서비스를 제공하고 있다. 지자체와 법인이 감당하는 수요 비중이 전체의 51% 이상이 된다(국민건강보험공단,2016:572). 어린이집에 비교한다면 높은 수준의 공공성을 확보했다고 볼 수 있다. 반면 지역사회에서 요양보호사 파견 서비스를 제공하는 주체가 압도적으로 민간 영리로 구성되어서 노인돌봄이 공공성을 담보하는 사회서비스로 발전하는 장애요인이 되고 있다. 이익집단화한 민간영리 노인요양시설이 정치적 압력 행사를 통해 공공성을 담보하는 정책 도입이 지연되거나 중단될 수 있기 때문이다.

제8장

―

결론

발전주의체제 유산으로서 성장제일주의는 청년세대의 보금자리 마련의 꿈을 앗아가는 토대가 되었다. 근본적으로 취업과 주거 마련이 어려운 상황에서 국가는 여성과 가족을 '아이 낳는 자판기' 수준으로 보는 정책적 '투입 - 산출' 준거틀에서 벗어나지 못한 정책을 이어가고 있다. 이는 결국 모성의 도구화를 지속시키는 결과를 낳는다. 지금이 과거와 다른 점이 있다면, 과거에는 아이를 낳지 않도록 모성을 도구화했다면 지금은 아이를 낳도록 모성 도구화를 시도하고 있다. 수도권에 집중되어 있는 인구는 우리를 '뜨거운 물에서 서서히 죽어가는 개구리'로 만들고 있다. 보편적 복지체제 구축을 한다면 저출산·고령화가 가져오는 문제의 상당 부분을 근본적으로 해결할 수 있음에도 불구하고 단기적·보여주기식·실적 과시형 정책이 이어지고 있다. 실체도 없는 저출산·고령화 관련 예산을 둘러싼 논쟁만이 존재한다. 대증요법식 정치구조가 낳은 결과이다.

분명 정책으로써 현실을 바꿀 수 있다. 그러나 바꾸는 과정에도 순서가 있다. 저출산을 극복하려는(대한민국정부, 2016:18) 결연한 의지는 가졌는데, 아직도 출산주체로서 여성을 인정할 수 없는 가부장적 가치와 태도로써는 '투입(정책적 지원) - 산출(출산율 제고)'

이라는 사고틀에서 벗어날 수 없다. 저출산 대책과는 무관하게 고령화 대책으로서 세대 간 공감대를 형성한다는 사업 내용이 '가족의 날, 고령자와 유·아동 공동 행사, 초·중·고 학생가정과 독거노인 1:1 결연, 효행장려 풍토 조성을 위한 밥상머리 교육 활성화, 경로우대자 발굴 포상'(대한민국정부, 2016:133)이라는 내용을 읽을 때에는 낯이 뜨거워지고 좌절감마저 든다. '건전한 가족관, 결혼·출산·양육에 대한 올바른 가치관 확산'(대한민국정부, 2016:185)을 통해 여성을 설득할 수 없다. 국가가 주도하여 국민을 '올바르게 선도하고 계몽하던' 발전주의체제 전통이 여전히 남아 있는 대목이다.

2005년 저출산·고령사회기본법 제정 이후 연이은 정책적 대응도 발전주의적·계몽주의적 시각을 버리지 못하였다. 그래서 수많은 정책적 투입이 있었고 캠페인이 이어지고 있지만 출산주체로서 여성과 가족의 반응은 냉담하기만 하다. 고령화 대책은 발전주의체제의 성장제일주의 정책 맥락에서 사회보장제도 확대를 위한 국가 책임을 최소화하고 개인·가족 책임을 극대화하는 가운데 오늘날 경제협력개발기구(OECD) 회원국 최고 수준의 노인빈곤율을 낳았다.

1·2차 저출산·고령사회 기본계획에 모두 152조원의 예산을 투입하였다. 2020년까지 진행할 3차 기본계획 기간에는 197조가 넘는 예산 계획이 있다. 그러나 "이렇게 정부가 예산을 쏟아부으니(투입), 아이를 낳으라(산출)."는 성과주의적 기획은 넘쳐나지만 '아이 낳기 좋은 세상, 내 아이가 살기 좋은 세상'에 대한 비전은 제시하지 못하고 있다. 그리고 "저출산 문제의 심각성을 왜 젊은 세대는 알지 못하는가?"라며 '부모와 국민'으로서 소양을 탓하는 계몽주의식 캠페인(부모교육)을 펼치고 있다. 현 세대 노인빈곤을 근본적으로 해결할 수 있는 대책은 보이지 않고, 전통적 가족관에 입각하여 '어르신 모시기' 수준의 행사성 사업이 즐비하다.

게다가 후세대 노인을 부양해야 할 청년세대 문제에 대한 접근도 분절적이며 실적 제시 위주이다. 그러나 이른바 지원정책 목록에도 불구하고 누구보다 청년세대는 아이를 낳을 수도 없고 기를 수도 없는 이유를 잘 알고 있다. 온 몸으로 체험하고 있다. 제대로 된 일자리를 구할 수 없고 안심하고 편하게 살만한 집을 찾을 수 없다. 그전에 이미 연애도 제대로 할 수 없는 N포세대의 모습이 오늘날 상당수 청년의 삶을 보여준다. 결혼을 하고 아이를 낳더라도 일·가정양립이 너무 고달프기만 하다. 여성의 독박육아·경력단절 혹은 할아버지·할머니의 희생이 있어야 겨우 아이를 돌볼 수 있다. 서열화 된 대학교육 구조와 학벌사회의 존재는 아이의 교육에 비용과 시간을 아낌없이 투자해야만 하는 가족과 어머니의 희생을 요구한다.

이러한 현실을 몇몇 제도로써만 바꿀 수 없다. 정책을 아무리 많이 만들어내도 사람들의 의식이 바뀌지 않고 가족친화경영에 대한 기업의 욕구가 절실하지 않다면 '아이를 낳을 수 없는 현실'의 변화는 쉽지 않다. 노인인구가 늘어나면 우리나라도 몇 십 년 후에는 서구식 복지국가 반열에 들어간다는 식의 현재에 고착된 시각으로 고령화에 대비할 수 없다. 그래서 매우 오랜 시간과 멀리 바라보는 시각·인내를 갖고서 저출산·고령화 문제에 대응해야 한다.

저출산·고령화 대책이기 때문이 아니라 대한민국 정부의 정책이 모든 국민에게 안정적 주거를 공급할 수 있도록 흘러가야 한다. 임신·출산이나 노인성 질병 때문이 아니더라도 모든 국민이 의료비 걱정에서 벗어나는 의료보장제도 확립이 필요하다. 우선 적어도 아이를 낳아서 키울 때 지출해야 하는 병의원비는 국가와 사회가 부담해야 한다. 아이를 낳았기 때문에 직장을 그만 두는 일이 사라져야 하고, 아이를 돌보는 시간 때문에 노후소득보장에서 손해 보는 일이 없어져야 한다. 아이를 낳아 키울 수 있기 때문에, 가족을 이루어서 살기 때문에 살만한 인생에 대한 확신을 특히 우리 청년세대가 가져야 한다. 내가 키운 아이가 행복하게 살 수 있는 대한민국의 미래에 대한 희망을 가질 수 있어야 한다. 그래야 노인세대도 함께 행복할 수 있다.

더군다나 저출산과 고령화가 동시에 진행되기 시작한다 하더라도 인구가 감소하고 소멸하는 것은 아니다. 이미 1970년대부터 대체출산율 2.1 이하의 저출산 문제를 지속적으로 갖고 있는 독일의 경우 전체 인구 규모는 약 8천만 명 수준을 계속 유지하고 있다. 1980년대부터 1년에 거의 100만 명 가까이 사망하는 반면 출생아 수는 70만~80만 명 수준임에도 불구하고 인구규모가 일정 수준을 유지하는 이유는 이주민 유입에 있다. 위로는 북한을 통한 유라시아 대륙으로의 교류가 가능하지 않은 상황에서 한반도에 위치한 한국은 사실상 섬나라이다. 이런 조건을 고려할 때 유럽의 중심에 위치한 독일처럼 인구유입이 유리한 상황은 아니지만, 순순히 생물학적 차원에서의 출생과 사망이 인구규모를 결정짓는 요소는 아니라는 점이다. 통일까지는 아니더라도 북한과의 관계 개선에 따라 저출산·고령화 문제 해결의 많은 가능성이 열려있다는 점은 잊지 말아야 할 것이다.

저출산·고령화 대책이 따로 존재하는 것이 아니라, 대한민국의 미래를 결정하는 정책 로드맵 그 자체가 되어야 한다. 이러한 정책 로드맵으로써 '아이 낳을 수 없는, 아이 키우기 어려운 현실, 끊임없이 불안한 노후생활'을 변화시키는 서내한 전환을 시작할 때 저출산·고령화는 위기가 아닌 기회가 될 수 있을 것이다. 이런 의미에서 저출산·고령사회 기본계획을 저출산 대책을 중심으로 하는 기회의 관점에서 재구성해야 한다. 그러면 어떻게?

2006년 이후 1·2차 기본계획 기간 동안 모두 152조원, 2016년부터 2020년까지 제3차 기본계획 기간에만 197조의 예산을 투입할 계획이다(대한민국정부,2016:192). 매년 국가 예산의 10%에 육박하는 막대한 재정을 투입하고 있다면 무관심, 공포·불안, 성차별적 가부장 사회의 문제를 어느 정도는 해결할 수 있는 가능성을 보여주어야 한다.

지속적 저출산 현상은 다음과 같은 시사점을 던져준다. 첫째, 혼인을 전제로 하는 출산만이 사회규범으로 받아들여지는 현실을 감안할 때 혼인 연령 상승이 고령출산 경향으로 나타난다. 정책적 차원에서 비혼 출산을 지원한다면 현재 한국사회 상황에서 많은 논쟁을 불러일으킬 것이다. 결혼을 하라고 정책적 지원을 하는 것도 우스울 수 있지만 결혼하지 말라고 지원하는 것도 모양새가 이상할 것이다. 그러나 미혼모가 아이를 제대로 양육할 수 있는 정책적 지원을 확대한다면, 그리고 미혼모 가족에 대한 사회적 편견이 깨어지기 시작한다면 비혼출산이 확대되고 따라서 혼전임신이 낙태로 이어지는 상황을 막는데 결과적으로 기여할 것이다. 그렇게 된다면 상당한 수준에서 저출산 문제를 해결할 수 있는 길이 열릴 수 있다.

둘째, 30대 중반을 전후하여 첫아이 출산이 증가하면서 둘째 자녀 출산이 어려워지는 상황이 발생한다. 첫째 아이를 낳자마자 의학적으로 이미 고령산모 범주에 들어가게 되는 여성이 증가하기 때문이다. 따라서 건강보험을 중심으로 고령산모가 감당해야 할 의료비용 부담 지원 대책을 마련해야 한다. 제3차 저출산·고령사회 기본계획에서 난임부부 시술 비용을 건강보험 급여로써 지원하는 정책 전환은 이런 의미에서 바람직하다고 본다. 다만 고령산모는 이미 출산을 선택한 경우이다. 한국사회 저출산 현상은 대다수 여성이 출산 자체를 선택하지 않기 때문에 발생하고 있다. 따라서 난임시술 비용 지원 등 이미 출산을 선택한 고령산모 중심 지원은 부분적 정책효과만을 얻을 수 있을 것이다. 연령을 가리지 않고 다수 여성이 출산을 선택할 수 있는 사회적 분위기 조성이 우선되어야 한다.

물론 정책목표 설정을 해야 하고 성과를 보이라는 정치적 요구에도 부응해야 하는 관료들 입장에서 정책공학적 숫자 제시가 매력적일 수 있다. 그리고 저출산 대책을 설득력 있게 보이려면 대책 실천으로 인하여 이 정도 아이는 태어난다는 주장이 불가피할 때도 있다. 그러나 출산주체로서 여성, 부부, 가족은 '콩 심은데 콩 나고 팥 심은데 팥 나는 밭'이 아니다. 아무리 많은 콩을 심어도 단 한 톨의 콩이 나오지 않을 수 있다. 심지어 팥이 나올 수도 있는 자주적 행위주체이다.

2006년 산모 신생아 도우미, 출산휴가급여 90일 확대에서 시작하여 고운맘카드(2008), 가족친화기업 인증제(2008), 양육수당(2009), 육아휴직급여 정률제(2011), 육아기 근로시간단축 청구권(2012), 전계층 무상보육(2013), 아빠의 달(2014) 등 선진국 부럽지 않은 각종 제도 운영에도 불구하고 현재의 낮은 출산율이 꿈쩍도 할 기미를 보이지 않는 이유를 출산주체의 관점에서 찾아야 한다.

다니는 학교가 싫으면 자퇴를 하고 회사가 싫으면 퇴사를 한다. 그리고 주변 사람에게 내가 떠난 학교나 회사는 추천하지 않는다. 이 땅에서 살기 어렵고 또 살기 싫으면 떠나거나 극단적 선택으로서 자살을 한다. 내가 어렵고 힘든 삶을 자식에게 물려주기 원하지 않기 때문에 출산을 하지도 않고 권하지도 않는다. 한국사회가 왜 세계에서 가장 낮은 출산율과 가장 높은 자살률을 보여주고 있는 건가?

아이를 낳아 기르는 삶을 힘들어 하는 여성의 곁에는 역시 비슷한 생각을 하는 남성도 있다. 무한경쟁과 양극화, 가진 사람들의 몰염치한 반칙, 전쟁 위협을 수단으로 집권 프레임 연장에만 골몰하는 정치세력이 만들어 내는 헬조선이 존재하는 한 100조 아니라 1000조를 퍼부어도 아이 울음소리는 커지지 않을 것이다.

개별적이며 분절적인 대책 나열로써 저출산 문제는 해결할 수 없다. 내 부모와 내 이웃이 행복하게 사는 모습을 볼 수 있고 그래서 "나도 저렇게 살 수 있구나."라는 희망을 가질 수 있는 사회, 떠나지 않고 평생 눌러앉아 살고 싶은 사회가 되면 아이 울음소리는 저절로 커지게 된다. 투입하는 예산 규모에 따라 출산율 몇 %, 출생아수 몇 명을 계산하는 저출산 대책을 버려야 한다. 그리고 사람 살기 좋은 세상, 사람이 사람 대접받는 사회, 아이 키우기 좋은 마을을 만드는 비전을 제시해야 한다. 그 과정에서 몇 명의 아이가 더 태어날 것이라는 주판알 튕기기를 포기하는 정책적 발상의 전환이 필요하다. 실적주의적 저출산 대책을 버릴 때 진정한 저출산 대책을 시작할 수 있다. 이렇게 저출산 문제 해결의 실마리를 찾게 되면 고령사회 자체도 축복으로 다가오게 될 것이다.

〈참고문헌〉

강미라(2013). 「미셸 푸코의 안전, 영토, 인구 읽기」, 서울: 세창미디어.

경제정의실천시민연합(2017), 「[보도] 박근혜 정부 주택가격 상승총액 분석」.

관계부처합동(2006), 「저출산·고령사회기본계획」.

국민건강보험공단(2016), 「노인장기요양보험 통계연보 2015」.

국토교통부(2015). 「주택업무 편람」.

권태환·김두섭(2002), 「인구의 이해」, 서울대학교 출판부.

기획재정부(2012), 「대한민국 중장기 정책과제」.

기획재정부(2016), 「2017년 경제정책방향」.

기획재정부(2017a), 「2017년 나라살림 예산 개요」.

기획재정부(2017b), 「사회보험 재정건전화 정책협의회 보도자료」.

김동일(1980), "근대화와 노인문제 - 사회심리학적 고찰", 한국노년학,
    1(0), 38-43쪽.

김민욱(2014). "국방부, 국방개혁 기본계획(2014~2030) 발표". 「국방과
    기술」, (422), 22-23.

김사현·홍경준(2014). "출산율 및 여성노동참여율에 대한 가족정책의 영향
    - 정책균형관점에서 본 OECD 21개국 비교연구". 「사회복지정책」,
    41(2), 213-238.

김성순(1980). "노인 인력활동 방안에 관한 연구". 「한국노년학」, 1(0),
    53-62.

김승권·김유경·김혜련·박종서·손창균·최영준·김연우·이가은·
    윤아름(2012). 「2012년 전국 출신력 및 가속보건·복지실태조사」.
    한국보건사회연구원.

김승권·조애저·김유경·박세경·이건우(2004). 「2003년 전국 출산
    력 및 가족보건·복지실태조사」. 한국보건사회연구원.

김정렴(2006). 「(김정렴 회고록) 최빈국에서 선진국 문턱까지 : 한국 경제정책 30년사」. 서울: 랜덤하우스중앙.

김정미·양성은(2013), "자발적 무자녀가족의 선택 동기와 사회적 인식에 대한 질적 연구", 한국가정관리학회지 제31권 5호, 79~95쪽.

김찬우(2008). "노인보건복지 분야의 통합적 사회서비스 체계 구축 - 향후 노인 돌봄 및 장기요양 서비스의 변화 방향". 「한국사회복지학회 학술대회 자료집」, 2008.10, 17-63.

김태헌 외(2006). "인구 및 사회경제적 차별출산력 - 인구센서스 자료 분석을 중심으로". 「한국인구학」, 29(1), 1-23.

김학수(2013). "R&D에 대한 정부 지원 : 기업규모별 지원 현황과 종합 평가의 중요성". 「재정포럼」, 4월호, 42-63.

김혜정(2011). "일·가정양립 정책에 대한 젠더 비평적 분석-모성보호 제도와 보육정책을 중심으로". 「여성학연구」, 21(2), 113-152.

김호범·곽소희(2007). "한국의 인구전환과정과 경제성장 - 연령구조 변화를 중심으로". 「경제연구」, 25(4), 125-144.

나유미·김미경(2010). "우리나라 저출산 관련 연구 동향 분석". 「한국생활과학회지」, 19(5), 817-833.

남지민(2009). "한국 복지체제의 발전주의적 성격에 관한 연구". 「대한 정치학회보」, 16(3), 273-297.

노병만(2013). "저출산현상의 원인에 대한 개념구조와 정책적 검토". 대한정치학회보, 21(2), 179-207.

대통령자문 정책기획위원회(2008). 「국방계획 2020」.

대통령직속 저출산·고령사회위원회(2006). 「제1차 저출산고령사회 기본계획 2006년도 중앙부처 시행계획」.

대한가족계획협회(1975). 「한국 가족계획 10년사」.

대한민국정부(2009). 「제1차 저출산·고령사회기본계획 보완판

(2006-2010)」.

대한민국정부(2011). 「제2차 저출산·고령사회기본계획 고령사회분야 보완판 (2011-2015)」.

대한민국정부(2016). 「제3차 저출산·고령사회기본계획 (2016-2020)」.

류연규(2005). "복지국가의 아동양육지원제도가 출산율에 미친 영향에 대한 비교 연구". 「사회보장연구」, 21(3), 233-261.

문형표 외(2005), 「인구구조 고령화의 경제·사회적 효과와 대응책」, 한국개발연구원.

박상태(2004). "동아시아 인구사상 - 홍량길과 맬서스의 비교". 「한국 인구학」, 27(1), 171-201.

박승준(2014). 「건강보험 중·장기 재정추계 모형 연구」. 국회예산 정책처.

박재간(1980). "한국노인문제의 현황과 대책, 그레이-파우워가 국가사회에 미치는 영향". 「한국노년학」, 1(0), 44-52.

박휴용·여영기(2014). "한국의 저출산 현상의 원인과 유아교육·보육 정책의 방향분석". 「한국영유아보육학」, 85, 69-95.

배은경(1999). "출산통제와 페미니스트 정치 - '가족계획' 이전의 담론 지형", 심영희 외(1999), 「모성의 담론과 현실 – 어머니의 성·삶·정체성」. 파주: 나남출판, 137~166.

서동희(2015). "저출산 극복의 새로운 길, 저출산 적응정책". 「공공사회 연구」, 5(1), 69-102.

손낙구(2008). 「부동산 계급사회」. 서울: 후마니타스.

손명세 외(2011), 「전국 인공임신중절 변동 실태조사」, 보건복지부.

손준규 (1986), "한국의 사회보장", 신섭중 외, 「각 국의 사회보장」, 서울: 예풍출판사, 447-511쪽.

손준규(1983). 「사회보장사회개발론」. 서울: 집문당.

신광영(2003). "한국의 사회계급과 불평등 실태 - 서베이 자료 분석을 넘어서", 「경제와 사회」, (59), 32-54.

안상훈(2011), "사회서비스형 복지국가전략의 지속가능성", 「경제논집」, 50(3), 263-293.

양재진(2008). "한국 복지정책 60년." 「한국행정학보」, 42(2), 327-349.

윤종주(1980), "한국 노인문제의 현황과 대책 - 우리나라 노년인구에 대한 사회인구학적 고찰", 「한국노년학」, 1(0), 1980, 22-37.

은석(2015), "교육 및 사회정책의 출산율 고양효과에 대한 비교 연구", 「보건사회연구」, 35(2), 5-31.

이민아(2013), "계획적 무자녀 가족-한국사회에서 아이 갖기의 의미와 가족주의의 역설", 「한국사회학」, 47(2), 143-176.

이부영(1980). "노인의 정신질환". 「한국노년학」, (1), 18-21.

이삼식 외(2015), 「가족변화에 따른 결혼 출산 행태와 정책 과제」, 한국보건사회연구원.

이삼식(2015a), 「2015년 전국 출산력 및 가족보건 · 복지실태조사」, 한국보건사회연구원.

이삼식 · 박종서 · 이소영 · 오미애 · 최효진 · 송민영(2015a). 「2015년 전국 출산력 및 가족보건 · 복지실태조사」. 한국보건사회연구원.

이삼식 · 최효진 · 윤홍식(2015b). 「가족 변화에 따른 결혼 · 출산행태 변화와 정책과제」. 한국보건사회연구원.

이효재 외(1979), "한국 저소득층 노인생활에 관한 사회 · 경제 및 공간 문제 연구", 「이대논총」, (35), 239~286.

장경섭(2009), 「가족 · 생애 · 정치경제」, 파주: 창비.

장경섭(2011). "개발국가, 복지국가, 위험가족". 「한국사회정책」, 18(3), 63-90.

전병유·정준호(2015). "한국경제 성장 체제의 재구성을 위한 시론". 「동향과 전망」, 9-43.

정무권(2002), "한국 사회복지정책의 성격". 김연명 (편), 「한국 복지국가 성격 논쟁 I」 (pp. 29-80), 서울: 인간과 복지.

정재훈(2010). "독일의 저출산 문제 등장 배경과 정책적 대응 양상". 「민족연구」, (41), 168-198.

정재훈(2016a). 「독일복지국가론」. 서울: EM커뮤니티.

정재훈(2016b). 「양성평등의 불편한 진실」. 서울: EM커뮤니티.

조명덕(2010). "저출산·고령사회의 원인 및 경제적 효과 분석". 「사회보장연구」, 26(1), 1-31.

조항록(1974). "기독교와 인구문제". 「새가정」, (226), 54-60.

차상미(2015), 「노동생산성 국제비교 2015」.

차흥봉(1980). "노인복지정책의 과제". 「한국노년학」, 1(0), 63-66.

최선영·장경섭(2012). "압축산업화시대 노동계급가족 가부장제의 물질적 모순 - 남성생계부양자 노동생애 불안정성의 가족전이". 「한국사회학」, 46(2), 203-230.

최용옥(2016). "급속한 기대수명 증가의 함의". 「KDI Focus」, (69), 1-7.

최형아·이화영(2013). "우리나라 '캥거루族' 규모 및 현황". 「한국고용정보원 고용이슈」, 3월호, 6-25.

통계청(2010). 「사회조사를 통해 본 베이비붐 세대의 특징」.

통계청(2012), 「베이비부머 및 에코세대의 인구·사회적 특성 분석」.

통계청(2015a). 「세계와 한국의 인구현황 및 전망」.

통계청(2015b). 「2015 고령자통계」.

통계청(2016a). 「한국의 사회지표 2015 - 보도자료」.

통계청(2016b). 「통계로 보는 여성의 삶 2016」.

통계청(2016c). 「2015 인구주택총조사 100세 이상 고령자조사 집계 결과」.

통계청(2016d). 「2015 출생통계」.

통계청(2016e). 「2016 고령자통계」.

통계청(2017a). 「2016년 출생·사망 통계 잠정 결과」.

통계청(2017b). 「2016년 12월 인구동향」.

하상락(1979), "한국노인에 대한 사회복지 정책", 「한국사회복지학」, 1, 109~118.

한국보건사회연구원(1991), 「인구정책 30년」.

한국여성정책연구원(2015), 「2015년 가족실태조사 분석연구」.

한상진(1986), "유신체제의 정치경제적 성격". 박현채, 한상진 외, 「해방 40년의 재인식 II」 (pp. 163-184), 서울: 돌베개.

한준성(2012). "'박정희가 만든 집' : 초기 복지정치의 유산". 「동아연구」, 62, 329-367.

허백윤(2016), 「독박육아」, 서울: 시공사.

허정(1980), "한국의 노인문제와 예상되는 연구과제", 「한국노년학」, 1(0), 5-7.

홍찬숙(2013), "1980~90년대 한국의 저출산 현상", 「한국여성학」, 29(3), 1-40.

황정미(1999), "발전국가와 모성 - 1960~1970년대 '부녀정책'을 중심으로", 심영희 외(1999), 「모성의 담론과 현실 - 어머니의 성·삶·정체성」, 파주: 나남출판, 167~196.

황정미(2005), "저출산과 한국모성의 젠더정치", 「한국여성학」, 21(3), 99-132.

Anderson, James(1981), 「공공정책론」, 박흥식 역, 서울: 대영사.

BMAS(Bundesministerium für Arbeit und Soziales)(1997), Bilder und Dokumente zur Sozialgeschichte.

Braun, Hans(2003), "'Lebensqualität' im Alter - Gesellschaftliche Vorgaben und individuelle Aufgaben", In: Die NEUE ORDNUNG H.4, August 2003, S.244~254.

Braun, Hans(2015), "Dankbarkeit", In: Die NEUE ORDNUNG H.6, Dezember 2015, S.436~444.

Dent, H. (2015). 「2018 인구 절벽이 온다 - 소비, 노동, 투자하는 사람들이 사라진 세상」. 권성희 역. 서울: 청림출판. (원서출판 2014)

Firestone, S. (1983). 「성의 변증법」. 김예숙 역. 서울: 도서출판 풀빛. (원서출판 1971).

Kaufmann, Franz-Xaber(2005), Schrumpfende Gesellschaft - Vom Bevölkerungsrückgang und seinen Folgen, edition suhrkamp SV.

Liddiard, Mark(2007), "Social Need and Patterns of Inequality," in: Baldock, John et. al.(2007), Social Policy, Oxford University Press, pp.120-143.

List, Friedrich(1928), Das nationale System der Politischen Ökonomie, 5. Auflage, Gustav Fischer(Original erschienen 1841).

Malthus, Thomas(1798), An Essay on the Principle of Population, London.

OECD Social Policy Division(2016), Directorate of Employment, Labour and Social Affairs.

OECD(2014), Education at a Glance.

Opielka(2004), Sozialpolitik, Rowohlt Taschenbuch Verlag, Hamburg.

UN(2002), World Population Ageing. 1950-2050.

UN(2006). World Population.

경제협력개발기구: www.oecd.org

국가기록원 인구정책: theme.archives.go.kr

대한민국 통계청: kostat.go.kr

국가지표체계: www.index.go.kr

독일 통계청: www.destatis.de

독일 연방재정부: www.bundesfinanzministerium.de

복지로: www.bokjiro.go.kr

세계보건기구: www.who.int

세계은행: www.worldbank.org

인구보건복지협회: www.ppfk.or.kr

저출산고령사회위원회: precap.go.kr

고령화

고령화사회   65세 이상 노인이 전체 인구에서 차지하는 비중이
7%에 도달한 사회

고령사회   65세 이상 노인이 전체 인구에서 차지하는 비중이
14%에 도달한 사회

초고령사회   65세 이상 노인이 전체 인구에서 차지하는 비중이
20%에 도달한 사회

노령화 지수   고령화 지수65세 이상 노인인구와 0~14세 유소년
인구 간 비율 (65세 이상 노인인구 ÷ 0~14세 유
소년 인구) × 100

부양

노년부양비   15세 이상 64세 이하 생산가능인구 100명이 부양
해야 할 65세 이상 노인 수의 비율
(65세 이상인구 ÷ 15세~64세 인구) × 100

부양인구비   총부양비

| 인구보너스 | 낮은 출산율로 인하여 생산가능인구의 부양부담이 낮은 수준이 지속되는 상황 |
| 총부양비 | 노인인구와 유소년인구를 더한 값에 대한 생산가능인구(15~64세) 비율 (0~14세 유소년 인구 + 65세 이상 노인인구) ÷ 15~64세 생산가능인구 |

성장

| 성장률 | 과거를 기준으로 일정 기간 내 국내총생산(GDP)의 증가 비율 |
| 잠재성장률 | 현재를 기준으로 미래에 성취 가능한 경제성장률 |

수명

| 기대수명 | 기대여명. 평균수명
연령·사고·질병 등 여러 요인에 따른 사망 수준이 현재 시점처럼 유지된다는 전제 하에 특정 연령 집단이 앞으로 살 수 있을 것이라고 추정해내는 연수(年數)기준 시점 0세의 출생자가 앞으로 생존할 수 있을 것으로 기대하는 평균 생존 기간을 의미하기 때문에 '평균수명'이라고 부르기도 함 |

연령

| 중위연령 | 전체 인구를 나이순으로 늘어놓는 가상적 상황에서 가장 중간에 위치한 사람의 나이 |

인구

생산가능인구   15세 이상 64세 이하 취업활동을 할 수 있다고 전제하는 연령대 인구

인구보너스   낮은 출산율로 인하여 생산가능인구의 부양부담이 낮은 수준이 지속되는 상황

인구절벽   생산가능인구 감소, 총인구 감소, 소비·투자인구 감소 현상
소비절벽. 40대 중심 소비·투자인구의 감소.

인구증가율   인구성장률
출생과 사망에 따른 자연증가율과 이민·이주 등 인구의 국제적 이동에 따른 사회적 증가율을 합한 결과 전년도에 비해 올해 인구 규모 변화 혹은 특정시점에서 시점까지 인구 규모 변화 정도

총인구   매년 7월 1일 현재 인구. 연앙인구(年央人口)
현재를 기준으로 이미 파악한 총인구는 확정인구
인구변동 요인으로서 출생·사망·인구 유입과 유출을 토대로 예측한 총인구는 추계인구

경제활동인구   생산가능인구 중 실업자라 하더라도 취업활동 의사를 밝히고 계속 구직을 하는 사람과 실제 취업활동을 하고 있는 사람의 합. 따라서 경제활동인구는 취업자와 실업자로서 구성됨

통계적 인구   국가 영토로서 경계가 분명한 공간에서 관청에 등록되어 있고 따라서 국가 통계적으로 파악 가능한 인구

| 핵심근로인구 | 25~49세 연령대 취업활동인구 |

출산

출산력	임신을 해서 아이를 낳을 수 있는 능력 자체. 여성의 신체적 조건, 보건·의료, 경제·사회적 상황에 따라 아이를 낳을 수 있는 수준
출생력	살아서 태어나는 아이의 수의 규모. 가임여성 1천 명당 연간 출생아수인 출생율의 토대가 되는 개념
	출산력 - (출산소모 + 출산억제 + 기타억제)
출산소모	태아의 자연적 사망, 즉 사산이나 자연적 유산
출산억제	인공유산을 비롯하여 피임과 불임
기타억제	성행위 시작 시기, 혼인과 출산을 연계하는 사회적 규범, 성관계 능력, 성관계를 갖고자 하는 가치와 태도 그리고 의지 등
출산율	가임여성 인구 1천명 당 출생아수
대체출산율	현재 인구규모를 유지하기 위하여 필요한 합계출산율 2.1 수준
합계출산율	15~49세 여성이 평생 낳은 평균 자녀 수. 연령별 출산율의 합
	연령별(5세 계급) 출산율의 합 ÷ 1,000 × 5
연령별 출산율	15~19세, 20~24세, 25~29세, 30~34세, 35~39세, 40~44세, 45~49세 각 연령 구간 여성 1천명이 낳은 자녀 수

혼인

이혼율   조이혼율. 인구 1천명 당 이혼 건수

연간 이혼건수 ÷ 해당 연도 총인구(연앙인구) × 1000

일반이혼율. 15세 미만 인구를 제외한 인구 1천명 당 이혼 건수 연간

연간 이혼 건수 ÷ 해당 연도 15세 이상 인구(연앙인구) × 1000

저출산 · 고령사회와 그 적들

초판 1쇄 발행 2017년 4월 16일

초판 2쇄 발행 2018년 3월 28일

펴낸곳 | EM실천

인쇄처 | EM실천

주 소 | 서울 금천구 서부샛길 648 대륭테크노타운 6차 1004호

전 화 | 02)875-9744

팩 스 | 02)875-9965

e-mail | em21c@hanmail.net

ISBN : 979-11-960753-0-9 (93330)